¿QUÉ
TE
PASÓ?

¿QUÉ TE PASÓ?

TRAUMA, RESILIENCIA Y CURACIÓN

DR. BRUCE D. PERRY
OPRAH WINFREY

DIANA

Obra editada en colaboración con Editorial Planeta – España

Título original: *What Happened To You*

© 2021 por Bruce D. Perry, M.D., Ph.D. y Oprah Winfrey
© Traducción, Ana Pedrero Verge y Montserrat Asensio Fernández, 2023
© Diseño de interiores, Paul Kepple y Alex Bruce,
de Headcase Design headcasedesign.com
© Ilustraciones de interiores, Henry Sene Yee instagram.com/henryseneyee_draws/
© Editorial Planeta, S. A., 2023 – Barcelona, España

Derechos reservados

© 2023, Editorial Planeta Mexicana, S.A. de C.V.
Bajo el sello editorial DIANA M.R.
Avenida Presidente Masarik núm. 111,
Piso 2, Polanco V Sección, Miguel Hidalgo
C.P. 11560, Ciudad de México
www.planetadelibros.com.mx

Primera edición impresa en España junio de 2023
ISBN: 978-84-08-26662-4

Primera edición impresa en México: septiembre de 2023
ISBN: 978-607-39-0547-3

En los casos de los pacientes del Dr. Perry, se han cambiado todos los nombres y muchos detalles de identificación, y algunos casos incluyen una combinación de situaciones clínicas.

No se permite la reproducción total o parcial de este libro ni su incorporación a un sistema informático, ni su transmisión en cualquier forma o por cualquier medio, sea este electrónico, mecánico, por fotocopia, por grabación u otros métodos, sin el permiso previo y por escrito de los titulares del *copyright*.

La infracción de los derechos mencionados puede ser constitutiva de delito contra la propiedad intelectual (Arts. 229 y siguientes de la Ley Federal de Derechos de Autor y Arts. 424 y siguientes del Código Penal).

Si necesita fotocopiar o escanear algún fragmento de esta obra diríjase al CeMPro (Centro Mexicano de Protección y Fomento de los Derechos de Autor, http://www.cempro.org.mx).

Impreso en los talleres de Litográfica Ingramex, S.A. de C.V.
Centeno núm. 162-1, colonia Granjas Esmeralda, Ciudad de México
Impreso en México – *Printed in Mexico*

DEDICATORIAS

DR. BRUCE D. PERRY:

A mi clan:
Barbara, Grant, Jay, Emily, Maddie, Benji, Elisabeth,
Katharine, Robert y Emily.

En recuerdo de Martha McGillis Perry.

OPRAH WINFREY:

A todas las hijas que he conocido que creyeron
que tenían las alas rotas.
Les deseo no solo que vuelen, sino que lleguen a lo más alto.

ÍNDICE

NOTA DE LOS AUTORES · *9*

INTRODUCCIÓN · *11*

CAPÍTULO 1 · *21*
DOTAR DE SENTIDO AL MUNDO

CAPÍTULO 2 · *49*
BUSCAR EL EQUILIBRIO

CAPÍTULO 3 · *77*
CÓMO NOS QUISIERON

CAPÍTULO 4 · *105*
EL ESPECTRO DEL TRAUMA

CAPÍTULO 5 · *135*
UNIR LOS PUNTOS

CAPÍTULO 6 · *171*
DE LA SUPERACIÓN A LA CURACIÓN

CAPÍTULO 7 · *207*
SABIDURÍA POSTRAUMÁTICA

CAPÍTULO 8 · *235*
NUESTRO CEREBRO, NUESTROS SESGOS, NUESTROS SISTEMAS

CAPÍTULO 9 · *273*
EL MUNDO MODERNO Y EL HAMBRE RELACIONAL

CAPÍTULO 10 · *303*
QUÉ NECESITAMOS AHORA

EPÍLOGO · *319*

RECURSOS · *331*

CRÉDITOS Y AGRADECIMIENTOS · *335*

Nota de los autores

Este libro es para todo aquel que tenga una madre, un padre, una pareja, un hijo o una hija que haya pasado por experiencias traumáticas. Y también será para ti si alguna vez alguien ha usado términos como *servil, autosaboteador, conflictivo, amigo de las discusiones, ausente, incapaz de conservar un trabajo* o *un desastre para las relaciones* para hablar de ti o de tus seres queridos. Y si simplemente quieres entenderte mejor a ti mismo y a los demás, este libro también es para ti.

Somos conscientes de que esta lectura te hará pensar y sentir, y que en ocasiones esos sentimientos serán difíciles y dolorosos. El contenido de este libro, intenso y a veces perturbador, podrá incomodar a algunos. A otros, quizá los conceptos sobre el cerebro no les resulten familiares y al principio les cueste comprenderlos. Te pedimos que tengas paciencia y que confíes tanto en nosotros como en ti mismo.

Cuando sientas que leer estas páginas te está afectando demasiado, para, cierra el libro y no lo tomes durante una hora o una semana. Ahí seguirá cuando te sientas capaz de retomarlo. Y cuando estés listo para seguir explorando por qué «lo que te pasó» influye en cómo piensas, cómo sientes y cómo actúas, serás bienvenido. Quién sabe, quizá termines encontrando un camino para seguir avanzando.

INTRODUCCIÓN

—Deja de llorar —me advertía—. Será mejor que te calles.

El estoicismo se refleja en mi rostro. Mi corazón se detiene. Me muerdo con fuerza el labio inferior para que ni una palabra escape de mi boca.

—Lo hago porque te quiero —me repetía al oído, defendiéndose.

De pequeña, me golpeaban con frecuencia. En aquella época, estaba aceptado que los cuidadores recurrieran al castigo físico para educar a los niños. Mi abuela, Hattie Mae, empleaba este método, pero ya a los tres años sabía que aquello no estaba bien.

Una de las peores palizas que recuerdo ocurrió un domingo por la mañana. Ir a la iglesia era fundamental en nuestra vida. Justo antes de salir para ir a misa, me mandaron al pozo que había en la parte de atrás de la casa para sacar agua; en la granja en la que vivía con mis abuelos no había agua corriente. Desde la ventana, mi abuela me vio jugando a hacer remolinos con los dedos en el agua y se enojó. Aunque yo estaba soñando despierta, inocentemente, como haría cualquier niño, ella estaba furiosa porque aquella era el agua que íbamos a beber y yo había metido los dedos en ella. Me preguntó si había estado jugando con el agua y dije que no. Me dobló sobre mí misma y me golpeó con tal violencia que me salieron moretones. Cuando terminó, me puse como pude el vestido blanco de los domingos; la sangre empezó a filtrarse y tiñó la impecable tela de un rojo carmín. Al verlo se puso furiosa, me reprendió por manchar de sangre el vestido y me mandó a la escuela dominical. Así nos educaban a los niños afrodescendientes en el sur rural. No conocía a nadie que no recibiera esos castigos.

Me pegaban por las razones más insignificantes. Por derramar agua, por romper un vaso, por ser incapaz de mantenerme callada o quieta. Una vez oí a un comediante afrodescendiente decir: «El paseo más largo es el que das para ir a tomar tu propia vara». No solo tenía que caminar para tomar la vara, sino que, si no había ninguna a la mano, tenía que ir a buscar una: una rama delgada y tierna era lo que mejor funcionaba, pero si era demasiado fina, tenía que trenzar dos o tres para hacerla más resistente. A menudo, mi abuela me obligaba a ayudarla a trenzarla. A veces los golpes se reservaban para el sábado por la noche, cuando estaba desnuda y recién bañada.

Después de golpearme, cuando apenas podía mantenerme en pie, me decía que «borrara ese puchero» de mi cara y sonriera. Enterrarlo como si nunca hubiera sucedido.

Con el tiempo desarrollé un agudo sentido para percibir cuándo se avecinaba una tormenta. Reconocía el cambio en la voz de mi abuela o la mirada que significaba que la había disgustado. No era mala persona, creo que se preocupaba por mí y quería que fuera una buena chica. Pronto entendí que callarme la boca o estar en silencio era la única forma de asegurar que el castigo y el dolor pasaran rápido. Durante los siguientes cuarenta años, ese patrón de conformidad condicionada —consecuencia de un trauma profundamente arraigado— definió cada una de mis relaciones, interacciones y decisiones.

El efecto a largo plazo que tuvo haber recibido esos maltratos —y que luego me obligaran a callar e incluso a sonreír— me convirtió en una persona sumamente complaciente durante la mayor parte de mi vida. Si me hubiera criado de otra forma, no me habría costado media vida aprender a poner límites y a decir «no» con seguridad.

Ahora, de adulta, doy las gracias por tener relaciones duraderas, estables y afectuosas con muchas personas. Aun así, esas primeras golpizas, las fracturas emocionales y los vínculos fragmentados que había tenido con las figuras centrales de mis primeros años contribuyeron, sin duda alguna, a que desarrollara una independencia solitaria. Haciendo mías las rotundas

INTRODUCCIÓN

palabras del poema Invictus, *soy la capitana de mi alma y la dueña de mi destino.*

Millones de personas recibieron el mismo trato durante su infancia y crecieron creyendo que sus vidas carecían de valor.

Mis conversaciones con el doctor Bruce Perry y los miles de personas que tuvieron el valor de compartir sus historias conmigo en The Oprah Winfrey Show *me han enseñado que las consecuencias del trato que recibí por parte de las personas que debían cuidarme no eran puramente emocionales, sino que también había una respuesta biológica. Trabajar con el doctor Perry me ha hecho entender que, a pesar de haber sido maltratada y vivir experiencias traumáticas de niña, mi cerebro encontró formas de adaptarse.*

Y ahí es donde reside la esperanza para todos nosotros: en la adaptabilidad única de nuestros milagrosos cerebros. Tal como explica el doctor Perry en este libro, entender cómo reacciona el cerebro ante el estrés o el trauma en los primeros años de vida ayuda a arrojar luz sobre cómo lo que nos ocurrió en el pasado dicta cómo somos, cómo nos comportamos y por qué hacemos lo que hacemos.

A través de este prisma podemos construir nuestra autoestima desde un nuevo punto de vista y, en última instancia, recalibrar cómo respondemos ante las circunstancias, las situaciones y las relaciones. En otras palabras, esta es la clave para remodelar nuestras propias vidas.

Oprah Winfrey

Una mañana de 1989, me encontraba en mi laboratorio —el Laboratorio de Neurociencias del Desarrollo de la Universidad de Chicago— examinando los resultados de un experimento reciente cuando mi ayudante asomó la cabeza por la puerta de mi despacho.

—Tienes una llamada de Oprah.

—Muy bien, pues que deje un mensaje. —Había pasado la noche en vela, escribiendo: los resultados del experimento parecían erróneos. No estaba de humor para bromas.

Mi ayudante sonrió.

—No, en serio. Es alguien de Harpo.

No había ninguna razón en el mundo que pudiera llevar a Oprah a llamarme a mí, un joven académico dedicado al campo de la psiquiatría pediátrica que estudiaba el efecto del estrés y del trauma en el desarrollo. Solo había un puñado de personas que conocían mi trabajo; la mayoría de mis colegas psiquiatras no pensaban demasiado en la neurociencia o en el trauma infantil. El papel del trauma como un factor decisivo en la salud física y mental no se había estudiado. Pensé que alguno de mis amigos me estaba haciendo una broma, pero atendí la llamada.

—La señora Winfrey está organizando un encuentro de personalidades eminentes en el ámbito del maltrato infantil en Washington para dentro de dos semanas. Nos gustaría que asistiera.

Tras darme una explicación más, quedó claro que el encuentro reuniría a muchas personas y organizaciones conocidas y de prestigio. Mi trabajo —el estudio del efecto del trauma sobre el cerebro en desarrollo— quedaría enterrado entre otras perspectivas predominantes y que contaban con más aceptación política. Muy educadamente, decliné la invitación.

Varias semanas después recibí otra llamada.

—Oprah lo invita a un día de retiro en su granja en Indiana. Estarán otras dos personas, además de usted y Oprah. Queremos pensar en soluciones para el problema del maltrato infantil.

INTRODUCCIÓN

Esta vez, ante la oportunidad de contribuir de un modo que podría valer la pena, acepté.

Ese día, la voz cantante la llevó Andrew Vachss, autor y abogado especializado en representar a menores. Su trabajo pionero puso de manifiesto la necesidad de hacer seguimiento a los abusadores de menores de los que se tenía constancia; en aquel entonces, podían mudarse de un estado a otro y no había forma de seguirles la pista o de saber si estaban cumpliendo con las restricciones que los obligaban a evitar todo contacto con niños. Aquel encuentro en Indiana en 1989 condujo a la redacción del borrador, en 1991, de la Ley Nacional de Protección Infantil para establecer una base de datos nacional de condenados por abuso de menores. El 20 de diciembre de 1993, tras una campaña de apoyo que duró dos años e incluyó testificar ante el Comité Judicial del Senado de Estados Unidos, se aprobó la *ley Oprah*.

Ese día de 1989 abrió la puerta a muchas otras conversaciones. Algunas tuvieron lugar en *The Oprah Winfrey Show* y nos permitieron hablar sobre las historias concretas de algunos niños y sobre campañas acerca de la importancia de la primera infancia y el desarrollo del cerebro. Sin embargo, la mayoría de nuestras conversaciones se enmarcaron en el contexto de la Academia de Liderazgo para Niñas de Oprah Winfrey (OWLAG, por sus siglas en inglés), fundada por Oprah en Sudáfrica en 2007. Esta notable institución se creó para seleccionar, respaldar, formar y enriquecer a niñas *desfavorecidas* con gran potencial. La intención explícita era crear un grupo de futuras líderes. Muchas de estas niñas habían mostrado resiliencia y alto rendimiento académico a pesar de enfrentarse a toda una serie de adversidades, entre ellas la pobreza, alguna pérdida traumática y violencia comunitaria o intrafamiliar. Desde el principio, esta escuela trabajó a partir de muchos de los conceptos que se tratan en este libro; hoy, la OWLAG se está convirtiendo en un modelo de entorno educativo sensible al trauma y consciente de su importancia en el desarrollo.

En 2018 participé junto a Oprah en un reportaje del programa *60 Minutes* acerca de la «atención informada del trauma». Aunque finalmente el segmento solo incluyó dos minutos de nuestra conversación, millones de personas lo vieron y lo escucharon, y emocionó muchísimo a la comunidad de profesionales que trabajan con el trauma de un modo u otro. Pero lo cierto es que todavía queda mucho por decir.

Ese entusiasmo por nuestra conversación reflejaba en parte el propio entusiasmo de Oprah por la importancia de esta cuestión. En el programa *This Morning* de la CBS, Oprah le dijo a Gayle King que estaría dispuesta a bailar sobre una mesa para atraer la atención del público sobre el efecto del trauma en los cerebros en desarrollo de los niños. En un suplemento de *CBS News* que complementaba el programa de *60 Minutes*, Oprah dijo que era el reportaje más importante de su vida.

Oprah llevaba toda su carrera hablando sobre el maltrato, el abandono y la recuperación. Su dedicación a educar al público sobre cuestiones relacionadas con el trauma ha sido el sello distintivo de sus programas. Millones de personas han visto cómo Oprah escuchaba, conectaba, consolaba y aprendía con personas que compartían sus experiencias o conocimiento sobre todo tipo de traumas. Ha tratado los efectos de las pérdidas traumáticas, el maltrato, el abuso sexual, el racismo, la misoginia, la violencia doméstica, la violencia comunitaria, los problemas de género e identidad sexual, las detenciones ilegales y muchas otras situaciones, y con ello nos ha ayudado a explorar la salud, la recuperación, el crecimiento después del trauma y la resiliencia.

Durante veinticinco años, *The Oprah Winfrey Show* analizó reflexiva y profundamente las adversidades del desarrollo, las situaciones problemáticas, el distrés, el estrés, el trauma y la resiliencia. Exploró el trastorno de identidad disociativo en 1989; la importancia de las experiencias en la primera infancia en el desarrollo del cerebro en 1997; los derechos de los niños adoptados en 2005; el efecto de la negligencia parental grave en 2009,

INTRODUCCIÓN

y un largo etcétera. En muchos sentidos, sus programas abrieron paso a una concienciación más amplia y sistémica sobre todas estas cuestiones. La última temporada incluyó un episodio en el que doscientos hombres, incluido Tyler Perry, compartieron sus historias de abusos sexuales. Ha sido y seguirá siendo una firme defensora y una guía para las personas que se han visto afectadas por la adversidad y el trauma.

Oprah y yo llevamos más de treinta años hablando sobre el trauma, el cerebro, la resiliencia y la curación del trauma, y, en muchos sentidos, este libro es la culminación de todas esas conversaciones. Nos hemos servido de la conversación y de las historias humanas como recurso para arrojar luz sobre los hechos científicos que subyacen a todo lo anterior.

Los aspectos relacionados con el desarrollo, el cerebro y el trauma son demasiados como para repasarlos todos en un único libro, especialmente uno que se ha escrito a partir de historias. La terminología y los conceptos que empleamos aquí reflejan el trabajo de miles de científicos, médicos e investigadores de campos que van desde la genética hasta la epidemiología o la antropología. Es un libro apto para cualquier persona.

El título, *¿Qué te pasó?*, denota un cambio de perspectiva que reconoce el poder del pasado para moldear nuestro funcionamiento actual. La frase surgió en el pionero grupo de trabajo de la doctora Sandra Bloom, desarrolladora del modelo Sanctuary. En palabras de la doctora Bloom:

> Corría el año 1991 y estábamos [el equipo de tratamiento de Sanctuary] en una reunión de equipo de la unidad de pacientes hospitalizados, tratando de describir el cambio que habíamos vivido en nuestra forma de reconocer y responder al problema del trauma, especialmente en lo que ha venido a conocerse como adversidad infantil —como factor causal de los problemas de la mayoría de las personas a quienes estábamos tratando— y Joe Foderato, trabajador social colegiado, siempre bueno para las observaciones concisas, dijo:

«¿es que hemos cambiado nuestra pregunta fundamental de ¿Qué te pasa? a ¿Qué te pasó?».

Oprah y yo estamos convencidos de que plantear la pregunta fundamental *¿Qué te pasó?* puede ayudarnos a todos a saber un poco más sobre cómo las experiencias —buenas y malas— nos convierten en lo que somos. Nuestra esperanza al compartir estas historias y conceptos científicos es que cada lector pueda, a su manera, aprender algo que nos ayude a todos a tener una vida mejor y más plena.
Doctor Bruce Perry

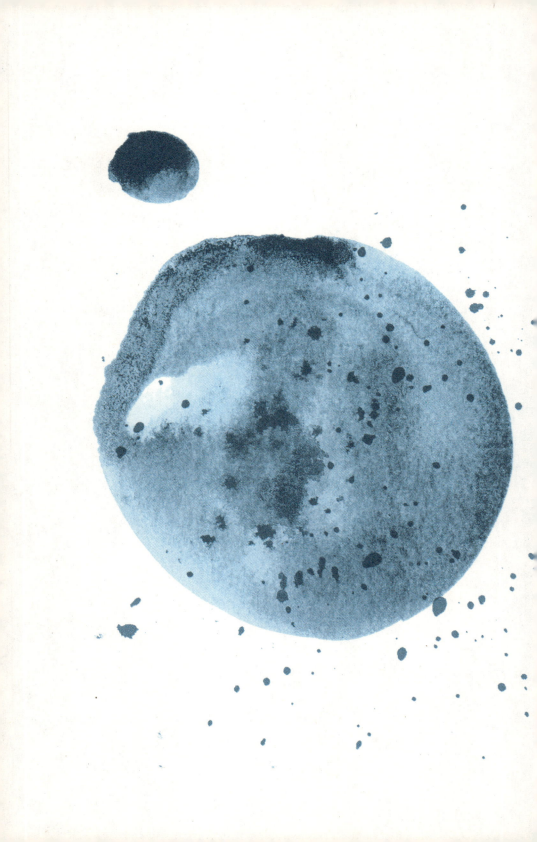

CAPÍTULO 1

DOTAR DE SENTIDO AL MUNDO

Cada año nacen más de ciento treinta millones de bebés en todo el mundo. Cada uno de ellos llega a un contexto social, económico y cultural único. Algunos son recibidos con gratitud y felicidad y sus ilusionadísimos padres y familiares los mecen entre sus brazos; otros son más como yo y son rechazados por una madre joven que soñaba con una vida distinta, por una pareja asediada por la pobreza o por un padre lleno de rabia que perpetúa el ciclo del maltrato.

Pero tanto si se les quiere como si no, todo recién nacido de hoy y de ayer (eso nos incluye a ti y a mí) comparte un rasgo de suma importancia. A pesar del sinfín de circunstancias que nos envuelven al nacer, venimos al mundo con una sensación innata de plenitud. No empezamos nuestras vidas preguntando: ¿soy suficiente?, ¿soy digno?, ¿merezco ser amado?

No existe ni un solo bebé que en sus primeros momentos de conciencia se pregunte: «¿Importo?». En su mundo todo es asombroso, pero desde la primera vez que respiran, estos seres humanos diminutos empiezan a intentar dotar de sentido a lo que los rodea. ¿Quién los cuidará y les dará amor? ¿Qué los consolará? A muchos pequeños, la vida empieza a pasarles factura a través de los estallidos violentos procedentes de sus cuidadores o sencillamente con la ausencia de una voz que los reconforte o una mano que los acaricie. Nuestras experiencias como humanos comienzan a tomar caminos distintos a partir de nuestras primeras interacciones.

El sentimiento más generalizado que recuerdo de mi infancia es la soledad. Mi madre y mi padre estuvieron juntos una única vez, bajo un viejo roble cercano a la casa de Kosciusko, Misisipi, en la que se crio mi madre, Vernita. Mi padre, Vernon, solía decirme que jamás habría nacido de no ser por su curiosidad por saber qué había debajo de la rosa falda de capa de mi madre. Nueve meses después de aquel singular encuentro, llegué yo. Desde el momento en que pude darle sentido a este mundo, supe que no se me quería. Mi padre ni siquiera supo de mi existencia hasta que mi madre le envió una tarjeta anunciando mi nacimiento y pidiéndole dinero para comprar ropa de bebé.

La casa de mi abuela Hattie Mae era un lugar donde a los niños se les veía, pero no se les escuchaba. Recuerdo perfectamente a mi abuelo apartándome con su bastón, pero no conservo ningún recuerdo de él dirigiéndome la palabra. Cuando mi abuela falleció, alternaba entre la casa de mi madre, que se había mudado a Milwaukee, y la de mi padre, en Nashville. Al no conocer a ninguno de los dos, se me hacía difícil desarrollar vínculos o conexiones profundas con mis padres. Mi madre trabajaba como empleada doméstica por 50 dólares a la semana en Fox Point, en la costa norte de Milwaukee, y hacía lo que podía para mantener a tres hijos pequeños. No tenía tiempo para criarnos. Yo siempre trataba de no molestarla ni preocuparla. Ella se mostraba distante y fría ante las necesidades de aquella niña. Invertía toda su energía en mantenerse a flote, en sobrevivir. Siempre sentí que era una carga, «otra boca que alimentar». Apenas tengo recuerdos de haber sido querida. Desde que tuve uso de razón, supe que estaba sola.

Lo que he aprendido con mis conversaciones con tantas víctimas de sucesos traumáticos, maltrato o abandono es que, tras absorber estas experiencias tan dolorosas, el niño empieza a sentir dolor. Un profundo anhelo por sentirse necesitado, validado y valorado comienza a arraigar. A medida que van creciendo, estos niños carecen de la capacidad de establecer qué es lo que merecen. Y si no se pone remedio a esta carencia, lo que suele venir después es un patrón complicado y frustrante de autosabotaje, violencia, promiscuidad o adicciones.

Y aquí es donde hay que empezar a trabajar, a trabajar para excavar las raíces que se echaron mucho antes de que aprendiéramos las palabras necesarias para articular lo que nos estaba pasando.

El doctor Perry me ha ayudado a abrir los ojos ante las formas en que las experiencias sensoriales intensas, aterradoras

DOTAR DE SENTIDO AL MUNDO

o aislantes, tanto si duran unos segundos como si se prolongan durante años, pueden permanecer bloqueadas en lo más profundo del cerebro. Y, sin embargo, a medida que este se va desarrollando, a medida que absorbe sin parar experiencias nuevas mientras trata de dar sentido al mundo que nos rodea, cada momento se posa sobre la base de todos los demás momentos que lo preceden.

Para mí, la expresión que dice que la bellota contiene el roble siempre ha tenido mucho sentido, y gracias a mi trabajo con el doctor Perry, ahora también sé que es cierta: si queremos entender al roble, debemos fijarnos en la bellota que lo contuvo.

Oprah

Recuerdo que, al principio de nuestra relación, Oprah dijo: «Tú eres el tipo que lo ve todo a través del prisma del cerebro. ¿Piensas en el cerebro todo el tiempo?». La respuesta breve es que sí, casi siempre. Pienso mucho sobre el cerebro: me formé como neurocientífico y llevo estudiando el cerebro y los sistemas de respuesta al estrés desde la universidad. También soy psiquiatra, un ámbito en el que me introduje tras formarme en neurociencia, y me he dado cuenta de que tener una perspectiva que tiene «presente el cerebro» me sirve de mucho para llegar a entender a las personas.

Como psiquiatra pediátrico, a menudo se me pregunta sobre comportamientos preocupantes. ¿Por qué este niño actúa como un bebé? ¿No puede actuar acorde con su edad? ¿Cómo puede una madre quedarse al margen y ver cómo su novio le da una golpiza a su hijo? ¿Qué puede llevar a alguien a maltratar a un niño? ¿Qué problema tienen ese niño, esa madre o ese novio?

Con los años, he observado que un comportamiento que aparentemente no tiene sentido lo adquiere en cuanto te fijas en lo que hay tras él. Y como el cerebro es la parte de nuestro ser que nos permite pensar, sentir y actuar, siempre que trato de entender a alguien me hago preguntas sobre su cerebro. ¿Por qué ha hecho tal cosa? ¿Qué habrá podido llevarlo a actuar de esa forma? Algo pasó que influyó en cómo funciona su cerebro.

La primera vez que pude utilizar el prisma de la neurociencia para entender el comportamiento era un joven psiquiatra que todavía se estaba formando. Trabajaba en el caso de un hombre mayor, Mike Roseman. Mike era inteligente, divertido y amable. Había estado en la guerra de Corea y había visto muchos combates. Presentaba los síntomas típicos del TEPT (trastorno de estrés postraumático), en el que profundizaremos más adelante; tenía ansiedad, dificultades para dormir, depresión y episodios de flashbacks en los que se sentía exactamente como si estuviera en pleno combate. Había empezado a automedicarse con alcohol y bebía en exceso, lo que, naturalmente, contribuyó a que surgieran conflictos en casa y en el trabajo que, finalmente, lo condujeron al divorcio y a la jubilación forzada.

Llevábamos cerca de un año trabajando juntos, y aunque Mike había logrado controlar su alcoholismo con bastante éxito, los otros síntomas persistían. Un día me llamó, muy alterado.

—Doctor, ¿puedo ir a verlo hoy? Es importante. Sally también quiere ir.

Sally era una profesora jubilada con la que había empezado a salir; en las sesiones anteriores, había dicho repetidamente que esta vez no quería «cagarla». Entendí que era urgente y le dije que viniera. Esa misma tarde, entraron en mi consultorio y se sentaron juntos en el diván, tomados de la mano. Sally le susurró algo al oído con delicadeza; Mike estaba visiblemente avergonzado, y era evidente que ella trataba de darle ánimos. Parecían una pareja de adolescentes nerviosos.

Mike empezó a hablar.

—¿Le puede explicar qué es el trastorno de estrés postraumático? Ya sabe, lo que hace que esté tan deshecho. —Se le llenaron los ojos de lágrimas—. ¿Qué me pasa? Lo de Corea fue hace más de treinta años. —Sally se acercó para abrazarlo.

Me dejó sin palabras —¿cómo explicar el trastorno de estrés postraumático?—, así que intenté ganar tiempo:

—Si me permite la pregunta, ¿por qué ahora, Mike? ¿Pasó algo?

—Ayer íbamos a salir. Tuvimos una cena muy agradable y dábamos un paseo hasta el centro para ir al cine. Y de pronto me encontré en la calle, entre dos coches estacionados, acostado bocabajo y cubriéndome la cabeza con las manos, aterrado. Pensaba que nos estaban disparando. Estaba muy desorientado, supongo. En un momento dado, me di cuenta de que había sido el ruido del escape de una moto. Sonó como si fueran disparos. Me rasgué las rodillas de los pantalones. Estaba sudando y el corazón me latía al mil por hora. Me moría de vergüenza. Me llevé un susto de muerte. Solo quería irme a casa y emborracharme.

Sally dijo:

—*Pasó de ir tomado de mi brazo tranquilamente, a estar de pronto en una trinchera en Corea, gritando. Intenté acercarme para ayudarlo, pero me apartó. Me golpeó.* —*Hizo una pausa*—. *Me pareció que duró diez minutos, pero creo que en realidad solo pasaron un par. Dígame cómo puedo ayudarlo.* —*Se giró para mirar a Mike*—. *No pienso dejarte tirado.*

—*Cuéntele qué me pasa* —*suplicó.*

Corría el año 1985. La investigación sobre el trastorno de estrés postraumático aún estaba en su fase inicial, y yo era un psiquiatra de 29 años todavía en formación y sin experiencia; no tenía ni idea.

—*No estoy seguro de tener las respuestas que buscan* —*dije*—. *Pero lo que sí sé es que Mike no pretendía hacerle ningún daño.*

—*Eso ya lo sé.*

Sally me miró como si fuera idiota; como si fuera el idiota que, de hecho, era. Pero aunque no tenía mucha idea sobre ciertos aspectos clínicos, sí sabía mucho sobre el cerebro, la memoria y las reacciones ante el estrés. Pensé en Mike resguardándose en plena calle no como médico, sino como neurocientífico. ¿Qué ocurrió en su cerebro cuando oyó el escape de esa moto? Empecé a plantearme un problema clínico a través del prisma del cerebro.

—*Creo que, en parte, el problema es que hace muchos años, en Corea, el cerebro de Mike se adaptó a estar constantemente en peligro, y su cuerpo y su cerebro se volvieron hipersensibles e hiperactivos ante cualquier señal de amenaza del exterior. En aquella época, para mantenerse con vida, su cerebro estableció una conexión —que en esencia era un tipo especializado de memoria— entre los sonidos de los disparos y de las bombas y la necesidad de activar una respuesta extrema de supervivencia.*

—*Hice una pausa*—. *No sé si me explico...*

Sally asintió:

—*Se sobresalta con facilidad.*

—Mike, lo vi encogerse de miedo y asustarse en mi consultorio muchas veces cuando se oye un portazo o cuando pasa un carrito haciendo demasiado ruido por el pasillo. Además, examina la sala constantemente. Cualquier cambio mínimo de actividad, sonido o luz atrae su atención.

—Si no agachabas la cabeza —dijo Mike—, eras hombre muerto. Si no estabas atento por las noches, eras hombre muerto. Si te quedabas dormido, eras hombre muerto. —Miró al vacío sin pestañear. Tras un momento en silencio, suspiró—. Detesto el 4 de Julio. Y año nuevo. Los fuegos artificiales me aterran. Aunque sé que habrá fuegos artificiales, me asusto y siento como si el corazón me fuera a estallar en el pecho. Lo odio. Después me paso una semana sin poder dormir.

—Entiendo. Eso significa que esa memoria adaptativa y protectora de entonces sigue presente. No ha desaparecido.

—Pero ya no le hace falta —dijo Sally—. Y en realidad le está amargando la vida. ¿No puede desaprenderla?

—Muy buena pregunta —dije—. Lo complicado es que no todos esos recuerdos relacionados con el combate se encuentran en partes del cerebro que Mike pueda controlar de forma consciente. Dejen que se lo explique un poco mejor.

Saqué una hoja y dibujé un triángulo invertido y tres líneas que lo dividían en cuatro partes. Era la primera vez que representaba el cerebro de esta forma. Han pasado treinta y cinco años y todavía utilizamos este modelo básico como soporte para explicar el cerebro, el estrés y el trauma.

—Centrémonos en la organización básica del cerebro. Es como un pastel de cuatro capas. Arriba está la corteza cerebral, que es la parte más propiamente humana de nuestro cerebro.

Fui escribiendo sobre el dibujo las distintas funciones mediadas por el cerebro, como se ve en la ilustración. Mientras lo hacía, se lo iba explicando:

—Los sistemas de la parte superior se encargan del habla y el lenguaje, del pensamiento y de la planificación; aquí es donde se *alojan los valores y las creencias. Y, esto le incumbe a usted especialmente, es la parte del cerebro capaz de «percibir el tiempo». Cuando la corteza cerebral está «encendida» y activa, podemos pensar en el pasado y mirar hacia el futuro. Sabemos qué elementos forman parte del pasado y qué elementos están en el presente, ¿me entienden?* —Mike y Sally asintieron.

»Muy bien. Ahora fijémonos en la parte inferior del cerebro, el tallo cerebral. Esta parte del cerebro controla funciones menos complejas, principalmente reguladoras, como la regulación de la temperatura corporal, la respiración, el ritmo cardiaco, etcétera. Pero en esta parte inferior no hay redes que piensen o perciban el tiempo. A veces nos referimos a esta parte del cerebro como cerebro reptiliano; piensen en lo que son capaces de hacer los reptiles: no planean demasiado ni piensan; en general viven en el presente y reaccionan. Pero los humanos, gracias a la parte superior del cerebro, la corteza cerebral, podemos inventar, crear, planificar y percibir el tiempo.

Los miré para asegurarme de que me seguían antes de continuar.

—*La información que reciben nuestros sentidos —la vista, el oído, el tacto y el olfato— llega primero a las áreas inferiores de nuestro cerebro. Ninguna información sensorial va directamente a la corteza cerebral; todo se conecta primero con las partes inferiores del cerebro.*

Asintieron.

—*Cuando esta señal llega al tallo cerebral —en este punto dirigí su atención a la base del triángulo—, se procesa. Básicamente lo que ocurre es que la señal que entra se compara con las experiencias que hemos almacenado anteriormente. En este caso, este proceso de comparación conectó el ruido del escape de la moto con los disparos (¿recuerdan la memoria de combate?). Y dado que el tallo cerebral no percibe el tiempo ni sabe cuántos años han pasado, activa la respuesta al estrés y usted experimenta una respuesta de amenaza. Se siente y actúa como si lo estuvieran atacando. Su*

Figura 1

UN MODELO DEL CEREBRO

CORTEZA
- Creatividad • «Pensamiento» • Lenguaje • Valores
- Tiempo • Esperanza

LÍMBICO
- Recompensa • Memoria • Vínculos • Emociones

DIENCÉFALO
- Excitación • Sueño • Apetito
- Movimiento

TALLO CEREBRAL
- Temperatura
- Respiración
- Cardiaco

ORGANIZACIÓN JERÁRQUICA DEL CEREBRO HUMANO

El cerebro se puede dividir en cuatro partes interconectadas: el tallo cerebral, el diencéfalo, el límbico y la corteza cerebral. La complejidad estructural y funcional aumenta desde las partes inferiores y más sencillas del tallo cerebral hasta la corteza cerebral. La corteza facilita las funciones más propiamente «humanas», como el discurso y el lenguaje, la cognición abstracta y la capacidad de reflexionar sobre el pasado e imaginar el futuro.

cerebro no puede decirle: «Oye, no te alteres, que lo de Corea pasó hace treinta años. Ese ruido solo fue el escape de una moto».

Los observé mientras asimilaban la información.

—Entonces, cuando el estímulo llega a la corteza cerebral, esta puede comprender qué está pasando de verdad. Pero algo de lo primero que ocurre cuando se activa la respuesta al estrés es que los sistemas de las partes superiores del cerebro, entre ellos la capacidad de «percibir el tiempo», se apagan. Por eso, aunque la información sobre el escape de la moto llegó a la corteza cerebral, tardó un poco en hacerlo. Y, mientras tanto, usted volvió a Corea y luego se sintió desorientado. Le llevó toda la noche poder calmarse, ¿verdad?

—No dormí ni un minuto. —Mike parecía agotado, pero aliviado—. Entonces, ¿no estoy loco?

—No. Su cerebro está haciendo exactamente lo que cabría esperar teniendo en cuenta las experiencias que ha vivido. Pero una respuesta que en su día fue adaptativa, hoy es inadecuada. Lo que le salvó la vida en Corea lo está matando en casa. Tenemos que encontrar la manera de ayudar a sus sistemas de respuesta al estrés para que sean menos reactivos e hipersensibles.

Naturalmente, la historia de Mike no terminó aquí, pero comprender lo que había detrás de su desconcertante comportamiento tranquilizó muchísimo tanto a Mike como a Sally. Para mí, supuso el inicio de un proceso mucho más activo para integrar los principios de la neurociencia en la práctica clínica. Arrojó luz sobre cómo las «señales evocadoras» —es decir, cualquier estímulo sensorial, como una imagen, un sonido, un olor, un sabor o un roce— pueden activar un recuerdo traumático. En el caso de Mike, el ruido del escape de la moto evocó el recuerdo complejo del combate. Este fue uno de los primeros ejemplos que compartí con Oprah cuando empezamos a hablar sobre el trauma.

Oprah: Cuando oí la historia del señor Roseman, lo primero que advertí es que sentía que algo fallaba en él; llegó incluso a preguntar «¿Qué me pasa?». Pero tú te centraste en el «¿Qué me pasó?» en lugar de en «¿Qué me pasa?», que es precisamente el cambio de perspectiva que estamos intentando que adopten más personas.

Su historia también me ayudó mucho a entender a qué te refieres cuando hablas de la organización secuencial del cerebro.

Dr. Perry: Todas las experiencias se procesan de abajo hacia arriba, es decir, que para llegar a la parte superior, la parte *inteligente* del cerebro, tenemos que pasar por la parte inferior, no tan inteligente. Este procesamiento secuencial hace que la parte más primitiva y reactiva del cerebro sea la primera encargada de interpretar y actuar a partir de la información que recibe de nuestros sentidos. En pocas palabras: *nuestro cerebro está organizado para actuar y sentir antes de pensar*. También es así como se desarrolla el cerebro; secuencialmente, de abajo arriba. El bebé que se está desarrollando *actúa* y *siente*, y estas acciones y sentimientos ayudan a organizar cómo empezará a *pensar*.

Oprah: Llevas años diciéndome que las primeras experiencias son las que más influencia tienen porque es cuando el cerebro crece con mayor rapidez.

Dr. Perry: Preguntar *¿Qué te pasó?* no solo es clave cuando se quiere entender a alguien, sino que también es clave si queremos entender el cerebro. En otras palabras, tu historia personal —las personas y los lugares de tu vida— influye en el desarrollo de tu cerebro. La consecuencia es que cada cerebro es único. Nuestras experiencias vitales moldean la forma en que se organizan y funcionan los sistemas fundamentales de nuestro cerebro. Por eso, cada uno vemos y entendemos el mundo de un modo único.

El ejemplo del señor Roseman parte de experiencias traumáticas que vivió a los veinticuatro años. Si aquellas vivencias cambiaron el cerebro de una persona de veinticuatro años, imagina el efecto que tienen las experiencias traumáticas en el cerebro de un bebé o de un niño pequeño, y cuánto más persistentes serán sus efectos.

Ya en el vientre de la madre, el cerebro que se está desarrollando empieza a almacenar partes de nuestra experiencia vital. El desarrollo cerebral fetal puede verse influido por toda una serie de factores, como el estrés de la madre; el consumo de drogas, alcohol y nicotina; la dieta y los patrones de actividad. Durante los primeros nueve meses, el desarrollo es explosivo, y en ocasiones alcanza un ritmo de *nacimiento* de 20 000 neuronas nuevas por segundo. (En comparación, un adulto puede crear, con suerte, unas 700 neuronas nuevas al día.) Al nacer, el bebé tiene 86 000 millones de neuronas, que seguirán creciendo y conectándose para crear redes complejas que permiten al recién nacido empezar a darle sentido a su mundo. Todo esto es extremadamente complejo y los científicos todavía no lo han entendido del todo, pero hay algunos principios básicos que nos ayudarán en nuestra conversación sobre cómo todo ello se relaciona con el trauma.

Los sentidos externos —la vista, el oído, el olfato, el gusto y el tacto— controlan lo que pasa fuera del cuerpo. Para hacerlo, se apoyan en los órganos sensoriales, es decir, en los ojos, los oídos, la nariz y la piel. Cuando estos son estimulados por una luz, un sonido, un olor o un contacto, unas neuronas especializadas envían una señal al cerebro.

También poseemos sistemas sensoriales que nos dicen lo que está ocurriendo en el interior de nuestro cuerpo. Esto recibe el nombre de *interocepción*, y crea las sensaciones, por ejemplo, de tener sed, hambre o falta de aire. Toda la información sensorial del mundo exterior y de nuestro mundo interior proporciona una retroalimentación constante al cerebro para que se activen los sistemas apropiados para mantenernos sanos y a salvo. Si tenemos sed, buscamos agua; si tenemos hambre, buscamos alimento;

si percibimos peligro, ponemos en marcha nuestros sistemas de respuesta al estrés.

El cerebro clasifica toda la información sensorial y la manda *hacia arriba del triángulo* a otras partes del cerebro para seguir integrándola y procesándola. Esto genera una versión cada vez más rica y detallada de cada experiencia, ya que las distintas informaciones se vinculan en función de su clasificación. Por ejemplo, el cerebro envía una entrada visual a las mismas áreas a las que envía sensaciones auditivas (sonidos), táctiles (contacto) y olfativas (olor) que llegan exactamente al mismo tiempo. Entonces, estas sensaciones distintas —las imágenes, los sonidos, los olores y los movimientos propios de la misma experiencia— se conectan entre ellas. Es el primer paso para empezar a darle sentido al mundo.

A medida que tu cerebro empieza a crear los recuerdos complejos que almacenan estas conexiones se va creando tu catálogo personal de experiencias. Conforme crecemos, intentamos darle sentido a lo que pasa a nuestro alrededor. ¿Qué significa ese sonido? ¿Qué significa que alguien me frote la espalda? ¿Qué significa esa expresión en su rostro? ¿Qué más ocurre cuando ese olor está presente?

Para un niño, el contacto visual significa «Me importas, me interesas»; para otro, puede significar «Estoy a punto de gritarte». En nuestros primeros años, el cerebro clasifica y almacena las experiencias personales instante a instante, creando así nuestro propio *libro de códigos* que nos ayuda a interpretar el mundo. Cada uno de nosotros crea una visión del mundo única moldeada por nuestras experiencias vitales.

Imagina por un momento los cambios radicales que experimenta el universo sensorial de un recién nacido. Su mundo, que hasta hace poco fue cálido, rítmico y oscuro, se convierte, en el momento del nacimiento, en un abrumador baño sensorial de imágenes, sonidos, cambios de temperatura y exposición al aire. El cerebro recibe un auténtico bombardeo de nuevos patrones de estímulos sensoriales. Y dado que cuando eres un bebé casi todo lo que hay en el mundo es nuevo para ti, el cerebro establece con más rapidez estas nuevas conexiones. Las experiencias de los primeros años de vida tienen una influencia desproporcionada en la forma en que se organiza el cerebro.

Oprah: Una de las cosas más importantes que he aprendido de tu trabajo es que los niños pequeños absorben mucha más información de la que creemos. Cuanto más pequeño eres, más sensible eres también a tu entorno emocional. La gente piensa que puede decir groserías o comportarse de forma violenta delante de los niños. He hecho cientos de programas en los que las madres decían: «Cuando crezca, dejaré al padre maltratador», pensando que su hijo es demasiado pequeño para entender lo que está pasando, cuando, en realidad, es todo lo contrario.

Dr. Perry: Sí, es exactamente lo contrario. Cuanto más pequeño eres, más dependes de tus cuidadores —padres, madres y otros adultos— para que te ayuden a interpretar el mundo. En cierto sentido, el niño interactúa con el mundo a través de los filtros de estos adultos.

Aunque es posible que un niño muy pequeño no entienda las palabras que empleamos al hablar, sí percibe los aspectos no verbales de la comunicación, como el tono de voz. Son capaces de sentir la tensión y la hostilidad de un habla enojada y la desesperanza de un habla deprimida. Y dado que el cerebro crece a un ritmo frenético en los primeros años de vida y crea sin parar miles y miles de asociaciones sobre el funcionamiento del mundo, las experiencias tempranas tienen un mayor efecto en los bebés y los niños pequeños.

Por ejemplo, cuando los niños tienen un padre violento, sus cerebros empiezan a conectar a los hombres con la amenaza, la rabia y el miedo. Y se genera esta visión del mundo en la que los hombres son peligrosos y amenazantes, que te harán daño a ti y a las personas a las que quieres. Si esa es la visión del mundo que se arraiga en tu cerebro, imagina lo que pasará cuando tengas un maestro o un entrenador. Imagina cómo verás a un hombre nuevo, sano y no violento presente en la vida de tu madre.

Oprah: Y cuando no has desarrollado las palabras o la capacidad de identificar lo que ves o lo que sientes, funcionas a partir de las vibraciones. Y la vibración que hay en casa es: «esto es malo».

Dr. Perry: Esa vibración, como tú la describes, equivale al tono emocional del entorno.

Oprah: Sí, yo creo que cada entorno tiene un tono. Si entraras en casa de alguien a quien no conoces y sin hablar el mismo idioma, serías capaz de percibir sin ningún género de duda si es un lugar en el que hay amor. Igual que percibimos que algo no está bien. Puede que no sepamos qué es, pero sientes que algo está mal.

Dr. Perry: Del mismo modo, podrías entrar en un kínder y decir: «Vaya qué entorno tan agradable». Percibimos la atmósfera, el tono emocional. Y podrías entrar en otro salón de la misma escuela y decir: «Uy, ¿qué pasa aquí?». Son sensaciones muy potentes. Hay partes de nuestro cerebro que son extremadamente sensibles a las señales relacionales no verbales. Y en nuestra sociedad se subestima mucho este aspecto del funcionamiento de los humanos. Tendemos a ser una sociedad muy verbal —damos mucho peso a las palabras que escribimos y decimos—, pero lo cierto es que la comunicación es mayoritariamente no verbal.

Oprah: Tú enseñas que un trauma que se experimenta en los primeros años de vida, es decir, desde el nacimiento hasta los dos años —antes de que se haya desarrollado la habilidad de explicar los hechos—, puede tener un efecto mayor en el cerebro que si se vive cuando se tienen las palabras para explicarlo.

Pienso en los niños que sufren abusos sexuales cuando son tan pequeños que carecen del vocabulario para procesar lo que ocurrió. La experiencia se instala en la mente de un modo que no sucedería si el niño pudiera expresar con palabras lo que le sucedió.

Dr. Perry: Estás describiendo un tipo de recuerdo. Volvamos al triángulo invertido que le dibujé al señor Roseman.

Cada sistema biológico de nuestro cuerpo cambia de una forma u otra como respuesta a la experiencia; en cierto modo, ese cambio es un registro de experiencias pasadas o, en otras palabras, de recuerdos. Las neuronas son sumamente sensibles a las experiencias, y las redes neuronales de todas las partes del cerebro pueden crear recuerdos. Recordar nombres, números de teléfono y dónde dejaste las llaves es una función de las redes neuronales de la corteza cerebral. Pero también tenemos recuerdos emocionales: una canción puede despertar un sentimiento, una asociación con una experiencia que ocurrió años atrás. El olor de un pavo asado o del pan recién hecho puede evocar una agradable sensación de pertenencia o bien una de melancolía por un pasado perdido. Estos sentimientos surgen de las asociaciones que se encuentran almacenadas en las redes neuronales del sistema límbico y de otras áreas cerebrales. Y hay recuerdos motores-vestibulares —en esencia, cuando nos acurrucamos en posición fetal, estamos recordando— almacenados en redes en áreas todavía más inferiores del cerebro. Pero las experiencias traumáticas pueden crear rastros complejos de recuerdos que involucran a *todas* las zonas del cerebro.

Como ya hemos dicho, el cerebro se desarrolla de forma secuencial, de abajo hacia arriba y de dentro hacia fuera, desde las funciones básicas del tallo cerebral hasta las complejas hazañas de la corteza cerebral. Cada área del cerebro tiene la capacidad de crear recuerdos, de cambiar como respuesta a la experiencia y de almacenar esos cambios en sus redes neuronales propias.

En el caso de un niño, la corteza cerebral todavía no se ha desarrollado del todo; en los niños de menos de tres años, las redes neuronales carecen de la madurez necesaria para crear lo que se conoce como *memoria narrativa lineal* (en otras palabras, la memoria que se encarga del quién, el qué, el cuándo y el dónde). Sin embargo, en las partes inferiores del cerebro, otras redes neuronales están procesando nuestras primeras experiencias y van cambiando mientras lo hacen. En estas redes inferiores se están creando asociaciones o recuerdos, lo que influye mucho en cómo se almacena el trauma en los cerebros de los más pequeños.

Si un niño es maltratado, su cerebro podría establecer una asociación entre los rasgos del maltratador o las circunstancias del maltrato —el color del cabello, el tono de voz o la música que suena de fondo— y el miedo. Las asociaciones complejas y confusas pueden influir en el comportamiento durante años; por ejemplo, ya de adulto, ser atendido en un restaurante por un mesero de cabello castaño, que se queda de pie a tu lado mientras te toma la orden, te puede provocar un ataque de pánico. Pero dado que no hay un recuerdo cognitivo arraigado con firmeza —un recuerdo narrativo lineal—, este pánico suele vivirse e interpretarse como una reacción aleatoria e independiente de las experiencias previas.

Cuando se experimenta un trauma a una edad temprana, puede surgir un conjunto de creencias y comportamientos que se mantendrán durante toda la vida. En una de sus manifestaciones más graves, el abuso sexual en edades tempranas puede envenenar las relaciones íntimas, incluso aunque la persona no tenga ningún recuerdo de momentos concretos en los que se abusó de ella.

Oprah: Doscientos diecisiete capítulos de *The Oprah Winfrey Show* se centraron en los abusos sexuales, y observé una línea de acción de fondo en la mayoría de las víctimas, yo incluida. Cuando te han criado para que obedezcas, te incomoda cualquier tipo de confrontación porque nunca te han enseñado que tienes derecho a decir que no; de hecho, lo que se te enseñó es que *no puedes* decir que no. La idea de ser lo suficientemente digno como para establecer tus propios límites te ha sido arrebatada. Muchas personas reaccionan enterrando los sentimientos que les hacen querer decir que no y tratan de complacer a todo el mundo. Yo entro en esta categoría. Durante años, dije que sí a cosas que sabía que realmente no quería hacer, o evitaba conversaciones difíciles porque no podía soportar la incomodidad de tener que defenderme a mí misma. He conocido a otras víctimas de trauma que boicotean situaciones hasta que alguien dice que no en su nombre, es decir, cuando se rompe su relación, una amistad se vuelve tóxica o pierden un empleo. En eso pienso cuando te oigo hablar sobre personas cuya intimidad está envenenada.

Pero las experiencias extremas de las que hemos hablado hasta ahora —abuso sexual, maltrato infantil y guerra— no son las únicas que pueden provocar un trauma. Este término también puede aplicarse a una amplia gama de experiencias vitales.

Para mí, nada ilustra mejor todo esto que la historia de Kris y Daisy, que aparecieron en *The Oprah Winfrey Show* en un capítulo que trataba sobre hijos de padres divorciados. En aquel entonces, Kris tenía siete años, y su hermana Daisy, once. No solo habían pasado por el trauma del divorcio de sus padres, sino que llevaban varios años sin tener contacto alguno con su madre. Kris tenía apenas cuatro años la última vez que la había visto, y su añoranza era desgarradora. Creía que si le compraba a su madre un anillo con el dinero que había ahorrado, volvería a su lado. Aquello me partió el alma.

En cambio, el dolor de Daisy se manifestaba en forma de rabia. «No puedes tener novio si estás casada», me dijo, refiriéndose a su madre. La mujer que debía quererla sin reservas y ser su mayor maestra había desaparecido de su vida. Daisy lo describió como «insoportable».

En el programa, el rabino y terapeuta familiar M. Gary Neuman me dijo que la mayoría de los niños viven los divorcios como si fueran muertes. Me explicó que los niños no ven a sus padres como personas independientes que se juntaron en un momento dado: ven una unidad parental dentro de una unidad familiar. Por eso, incluso cuando el divorcio es la mejor opción para la familia, los niños sienten como si les arrancaran un trozo de su ser. Y si uno de los progenitores deja de estar disponible, o introduce de pronto una nueva relación en la dinámica antes de que el niño pueda empezar a confiar, esto afecta a las zonas del cerebro que tienen que ver con el desarrollo de la autoestima. El sentido de la identidad impregna todas las relaciones que entablamos y las decisiones que tomamos a lo largo de nuestra vida. Y cuando los niños sienten que las decisiones de sus padres no los respetan, todo lo que creen sobre sí mismos se viene abajo.

Kris y Daisy fueron los primeros niños a los que oía hablar con tanta sinceridad sobre el trauma que supone la separación de los padres. Algunas personas creen que cuanto más pequeño es el niño, más fácil será que acepte una relación nueva; la historia de Kris y Daisy me confirmó que esto no es cierto.

Sé que tus estudios apuntan a lo mismo. Explícame, desde el punto de vista neurológico, lo que le pasa al cerebro de un niño en esa situación.

Dr. Perry: Cuando una relación nueva entra en escena, ocurren dos cosas. La primera es que el niño —y esto ocurre incluso con los bebés— empieza a preguntarse internamente: «¿Quién es esta persona y qué está pasando?». La segunda es que sienten que la atención del padre o de la madre ahora se centra en esta otra persona. Es fácil ver hasta qué punto esta situación puede resultar desestabilizadora, incluso cuando no hay situaciones hostiles, agresivas o de maltrato de por medio.

Oprah: Es decir, que ocurre incluso cuando las relaciones son relativamente sanas.

Dr. Perry: Eso es. Incluso si la persona que está entrando en la vida del niño es muy simpática, amable y respetuosa, al niño le lleva mucho tiempo entender el cambio y volver a un estado regulado y de calma. Como veremos más adelante, todo lo que es nuevo activa nuestros sistemas de respuesta al estrés. Por defecto, nuestra respuesta a la novedad: «Ay, ¿qué pasa aquí?». Y hasta que no se demuestre que lo nuevo es seguro y positivo, se clasifica como una posible amenaza. Para la mayoría de las personas, lo desconocido es una de las causas principales de los sentimientos de ansiedad o agobio.

Y, naturalmente, es peor si la relación es conflictiva. Imaginemos que a un niño le grita el nuevo novio de su madre. Esta experiencia será procesada y almacenada en la corteza cerebral como un recuerdo narrativo (quién, qué, cuándo y dónde): «El lunes, el novio vino a casa y me gritó». Pero también queda almacenada en una parte más profunda del cerebro. Cuando el novio gritaba, la respuesta al estrés del niño se activó. Los principales sistemas reguladores regidos por las partes inferiores de su cerebro aceleraron su ritmo cardiaco, aumentaron su tono muscular y enviaron señales a su cuerpo para que se preparara para luchar o huir. El miedo bloquea el pensamiento e intensifica el sentimiento, y, en ese momento, el niño tiene miedo. Y mientras su cerebro trata de darle sentido a la experiencia, también está creando un recuerdo traumático.

Más adelante, cuando este niño se vea expuesto a una señal desencadenante o evocadora que le recuerde a su cerebro esa experiencia traumática, se acelerará su ritmo cardiaco, su postura corporal cambiará, y también lo hará el cóctel hormonal de su cuerpo. Con todo esto, vengo a decir que los principales sistemas reguladores del organismo se pueden ver alterados a causa de las experiencias traumáticas. Un niño que esté expuesto a situaciones de estrés impredecibles o extremas se encontrará en lo que llamamos un *estado desregulado*.

Oprah: Y vivir en un entorno traumatizante hará que el niño esté continuamente en este estado desregulado.

Dr. Perry: Sí. Por ejemplo, si un niño ve cómo uno de sus progenitores es víctima de un maltrato verbal, emocional o físico de forma repetida, o él mismo recibe malos tratos por parte de la pareja de su padre o madre, su cerebro establecerá conexiones entre todos los atributos del maltratador y una situación amenazante. Estas asociaciones pueden influir en cómo el niño experimentará e interpretará las relaciones según vaya creciendo.

Oprah: Y eso forma lo que llamas el *catálogo personal* o *libro de códigos* que conforma el prisma a través del cual percibimos el mundo.

Dr. Perry: Exactamente. Estas asociaciones que se establecen en los primeros años de vida son sumamente potentes y persistentes. En una ocasión, estaba trabajando como consultor en un centro residencial de tratamiento donde había unos cien chicos de edades comprendidas entre los siete y los diecisiete años. Todos ellos eran *niños del Estado*, es decir, el Estado se había hecho cargo de su custodia después de apartarlos de sus familias a causa de situaciones de maltrato o abandono. Habían tenido problemas en sus hogares de acogida y los habían asignado a este programa residencial. Vivían en un entorno parecido al de una residencia de estudiantes y la mayoría iba a una escuela que había en el propio centro.

Uno de los niños con los que trabajé tenía catorce años y se llamaba Samuel. A los siete años, los servicios de protección de menores lo habían sacado de su casa junto a sus cuatro hermanos y hermanas menores. Su familia no se había ocupado de ellos, y Samuel había estado cuidando y protegiendo a los demás; cuando su padre bebía, Sam era el blanco de sus estallidos de ira más violentos. Cuando sacaron a los niños de aquella situación, los más pequeños fueron a un hogar de acogida distinto. Sam estaba muy alterado, y se escapaba constantemente de sus casas de acogida para encontrarlos. Había pasado por doce hogares de acogida —y doce escuelas— antes de que lo llevaran al centro residencial a los once años. Una de las primeras cosas que hicimos fue facilitar que retomara el contacto con sus hermanos, por medio de llamadas semanales y visitas mensuales. Saber que estaban a salvo y que los estaban tratando con cariño lo tranquilizó. Solo entonces pudo comenzar realmente el duro trabajo de recuperación.

Durante los tres años siguientes, Sam progresó muchísimo. Sus habilidades sociales mejoraron, desarrolló un mayor autocontrol cuando se sentía frustrado o decepcionado, tenía más esperanzas y estaba más centrado en el futuro. Aunque el caos por el que había pasado lo había hecho ir con tres cursos de retraso en la escuela, se estaba poniendo al día, hasta el punto de que lo pasaron a una clase más avanzada.

El nuevo maestro de Sam era muy vital, simpático, tenía mucha experiencia..., pero era hombre. Durante la primera semana en su nueva clase, Sam tuvo tres estallidos de rabia importantes; dos de ellos, dirigidos al maestro, fueron tan agresivos y violentos que tuvieron que contenerlo físicamente. En aquel programa, este tipo de intervención se consideraba un último recurso, y ese comportamiento no era en absoluto propio de Sam. Por desgracia, se siguió repitiendo. El personal estaba confundido y frustrado. Sam se mostraba taciturno y avergonzado.

Me reuní con el maestro para hablar de cada uno de los incidentes, y ni él ni yo fuimos capaces de detectar ningún desencadenante evidente para aquellos estallidos de rabia. Observé la clase de Sam y no vi que el maestro mostrara ningún comportamiento inapropiado o que pudiera resultar provocador. Y, aun así, Sam se agitaba visiblemente cada vez que el maestro le decía algo o trataba de ayudarle con la tarea. La proximidad era el único desencadenante posible que veía; cuanto más se acercaba el maestro, más se alteraba Sam. Con el tiempo, el maestro empezó a evitar interactuar con él: nada de contacto visual, de apoyo verbal o de sonrisas. Se estaba alejando de él, tanto emocional como físicamente. Estaba claro que aquellos dos no se caían bien.

Un día que hablé del tema con Sam, su única explicación fue: «Me odia. Nada de lo que hago le parece bien». Uno de los empleados del centro interrumpió nuestra sesión para avisar a Sam de que casi era la hora de la visita con su padre. Dichas visitas debían ser supervisadas, y la persona encargada no había llegado todavía, así que me ofrecí a acompañar a Sam. Fuimos a una sala de reuniones y me senté en un rincón a esperar a que apareciera el padre de Sam. Sam estaba sentado a la mesa, apilando fichas de damas. Esperando. Su padre llegaba tarde... otra vez. Finalmente, la puerta se abrió y el padre entró y se sentó frente a él. Se saludaron con torpeza y se prepararon para jugar a las damas. Durante los siguientes diez minutos, a lo sumo intercambiaron diez palabras mientras jugaban.

No se miraban. La tensión era palpable.

Mientras jugaban, me distraje. Me encontré pensando en mi propio padre. Los días que me llevaba de pesca en Canadá, al norte de Flin Flon. Cuando me despertaba de mis dulces sueños a las cinco de la madrugada para salir por los lucios. La camisa a cuadros de franela roja que se ponía y que tenía su aroma: su mezcla especial de puro, sudor y Old Spice. Un aroma cálido y tranquilizador. Me envolvió una intensa sensación de seguridad y amor.

Al despertar de mi ensoñación, el olor a Old Spice todavía flotaba en la sala. ¿Era posible? Me acerqué a la mesa y me agaché entre Sam y su padre.

—¿Cómo va la partida?

—Sam va ganando —dijo el padre. Me llegó el olor a alcohol de su aliento y al Old Spice en el que se había bañado para disimularlo. Tenía que estar sobrio para venir a ver a Sam.

Cuando terminó la visita, fui a ver al maestro. Estaba en su clase preparándose para el día siguiente.

—Puede que esto le parezca un poco extraño —dije—, pero ¿qué desodorante utiliza?

—Old Spice. ¿Por qué?

Saqué papel y lápiz y dibujé el triángulo invertido para representar el cerebro, y pasamos un minuto o dos hablando sobre la memoria, las asociaciones y los desencadenantes. Le dije que creía que el olor a Old Spice era una señal evocadora para Sam (al igual que los sonidos explosivos eran una de las señales de este tipo para el señor Roseman). El maestro accedió a cambiar a un desodorante sin perfume.

Esa misma tarde, le pedí a Sam que nos viéramos y le expliqué qué era lo que creía que lo hacía sentirse tan incómodo y enojado con el maestro. Le enseñé el dibujo del triángulo invertido y hablamos sobre la forma en que nuestro cerebro le da sentido al mundo conectando imágenes, sonidos y olores que *coexisten*. Asintió; tenía sentido para él. Me dio otros ejemplos de cosas que lo alteraban: cuando alguien gritaba, quería salir corriendo y esconderse; cuando una persona se metía con alguien más pequeño, quería atacar. Le pregunté si estaría dispuesto a que nos reuniéramos con el maestro para ver si podíamos arreglar su relación.

Tanto Sam como el maestro accedieron a darse otra oportunidad. A lo largo del año siguiente, su relación se volvió sólida, y Sam terminó siendo un alumno ejemplar en esa clase.

La historia de Sam ilustra muy bien cómo el cerebro almacena los recuerdos. Tanto él como yo tuvimos experiencias anteriores en las que nuestros cerebros crearon recuerdos conectados al olor a Old Spice. Mis asociaciones despertaban sentimientos positivos; las suyas despertaban distrés y miedo. Al abrirnos paso por el mundo, son infinitos los sonidos, olores e imágenes que pueden devolvernos a los recuerdos que creamos anteriormente. Esos recuerdos pueden ser recuerdos completos de un hecho concreto, o pueden ser fragmentos: un sentimiento, una sensación de *déjà vu*, una impresión.

Cuando conocemos a alguien, nos formamos una primera impresión («Parece muy simpático»), a menudo sin ninguna información aparente en la que basarnos. Esto ocurre porque ciertos atributos de la persona evocan en nosotros algo que ya hemos clasificado anteriormente como familiar y positivo. También puede ocurrir lo contrario («Este tipo es un idiota») si alguno de sus atributos nos recuerda alguna experiencia negativa anterior.

Nuestro cerebro cataloga cantidades ingentes de información procedente de nuestra familia, comunidad y cultura, además de lo que se nos muestra en los medios de comunicación. A medida que le va dando sentido a todo lo que ha almacenado, va formando nuestra visión del mundo. Si pasado el tiempo conocemos a alguien con unas características distintas a las que hemos catalogado, nuestra reacción por defecto es desconfiar, ponernos a la defensiva. Al mismo tiempo, si tenemos los cerebros llenos de asociaciones basadas en sesgos propiciados por los medios de comunicación sobre cánones de belleza o estereotipos raciales o culturales, por ejemplo, mostraremos sesgos implícitos (y quizá también explícitos).

Muchos fenómenos de la vida cotidiana están directamente relacionados con este proceso cerebral de dar sentido al mundo mediante la creación de asociaciones y recuerdos. Por eso es tan importante preguntar *¿Qué te pasó?* para comprender lo que te está ocurriendo ahora.

CAPÍTULO 2

BUSCAR EL EQUILIBRIO

¿Cuánto piensas en tu corazón?

Desde antes siquiera de tu nacimiento, esta milagrosa máquina ha estado bombeando energía vital sin parar por todo tu cuerpo. Día tras día, al menos 115 000 latidos diarios, con el único propósito de mantenerte con vida.

Pero más allá de la compleja labor física de llevar nutrientes esenciales a todas y cada una de las células, tejidos y órganos, el pulso de tu corazón también regula tu energía emocional. Un ritmo potente y regular puede traer consigo una sensación de calma; un staccato rápido haría que hasta a la persona más sana le entrara el pánico.

Hubo una época, cuando me acercaba a los cincuenta años, en que noté un cambio, como un aleteo rápido, en mi corazón. Enseguida me puse muy mal. Una noche desperté porque el corazón me latía con tal intensidad que, por primera vez en mi vida, pensé que me iba a morir.

Pasaron seis meses hasta que entendí qué estaba pasando. En un libro que encontré en una mesa fuera del estudio donde grabábamos The Oprah Winfrey Show se decía que las palpitaciones pueden ser uno de los síntomas de la menopausia. Mi médico confirmó que era cierto y que mi cuerpo estaba atravesando los cambios propios de la menopausia, y no sabes el alivio que sentí. Estaba aliviada y asombrada. Porque, para mí, aquellos mensajes directos del corazón eran una de las conexiones más fuertes que había establecido con mi sistema biológico, y venían a demostrar lo que yo ya creía: que mi cuerpo está constantemente comunicándose conmigo.

Y el tuyo lo está contigo. Desde que naces, tu corazón te envía constantemente mensajes sobre el estado de tu bienestar. Está totalmente al corriente de cualquier cambio en tu salud física y emocional, por pequeño que sea, y cuando envía una señal de advertencia, todo tu ser siente su efecto.

Desde que tuve aquellos episodios con el corazón, me he sentido profundamente agradecida de tener esta alarma interna que siempre está activa. En los momentos de estrés, sus cambios de cadencia han sido un regalo.

Pero, tal como he aprendido del doctor Perry, permanecer en un estado constante de alerta máxima puede tener unas consecuencias muy nocivas para la salud física y emocional en general. La correlación entre el estrés a largo plazo y las afecciones como la ansiedad, la depresión, los accidentes cerebrovasculares, las cardiopatías y la diabetes es tangible.

Tenía veintitantos años cuando me vi obligada, por primera vez y muy seriamente, a regular mi propio estrés. Había aceptado un trabajo como reportera y trabajaba cien horas a la semana. Quería ser una más del equipo, pero cada vez me sentía más fuera de lugar. Como expliqué antes, las experiencias traumáticas que atravesé de niña, que incluían el desarraigo familiar, sufrir abusos sexuales y ser golpeada habitualmente, me habían condicionado para convertirme en una persona sumamente complaciente, incluso cuando serlo suponía agotar mi energía por completo. Por eso, cuando notaba los indicadores de estrés que me enviaba mi cuerpo, los ignoraba y optaba por tranquilizarme con la droga que tenía más a mano: la comida. Cuanto más desequilibrado era mi ritmo de vida, más buscaba ese alivio para silenciar las señales.

Era consciente de que me estaba traicionando a mí misma. Sabía que solo contaba con una cierta cantidad de energía y que necesitaba conservarla y reponerla, pero tardé décadas en aprender a vivir acorde con mis propios ritmos.

Ahora, cuando empiezo a sentirme abrumada, doy un paso atrás. He aprendido a decir que no. Cuando estoy con alguien que me agota, levanto un muro: una barrera invisible que me protege de la energía negativa de esa persona.

También he creado un espacio personal sagrado: los domingos están reservados para renovarme, para permitirme estar conmigo misma, para permitirme ser, sin más. Cuando alguien invade mi estado de calma e interrumpe o amenaza este *momento, me vuelvo irritable, propensa a la ansiedad y al distrés ante la toma de decisiones, y esa no es en absoluto la persona que quiero ser. La forma más rápida y fiable que tengo de recuperar mi propio ritmo es pasear por la naturaleza. Concentrarme únicamente en la respiración, en el latido regular de mi corazón, en la quietud de un árbol o en la complejidad de una hoja me ayuda a centrarme en la plenitud de lo que me rodea.*

La música, reír, bailar (incluso si es una fiesta para uno), tejer, cocinar..., encontrar algo que te calme de forma natural no solo te regulará el corazón y la mente, también te ayudará a que te mantengas abierto a todo lo bueno que hay en ti y en el mundo.

Oprah

Oprah: Recuerdo pasear contigo por el campus de la Academia de Liderazgo para Niñas de Oprah Winfrey (OWLAG), viendo a las niñas cantar, bailar y reírse mientras iban de una clase a otra. Llevabas más de diez años trabajando con las alumnas de la academia, y, mientras las observábamos, dijiste algo así como: «Esto las ayudará a aprender». Y acabamos hablando sobre lo importante que es el ritmo.

Dr. Perry: El ritmo es esencial para que el cuerpo y la mente se mantengan sanos. Seguramente, todas las personas del mundo son capaces de pensar en algo rítmico que las hace sentirse mejor: caminar, nadar, la música, el baile, el sonido de las olas que rompen en la orilla...

Oprah: Por eso mecemos a los bebés cuando lloran. Estamos intentando ayudarles a encontrar su propio ritmo para que consigan calmarse.

Dr. Perry: Exactamente, y eso nos ayudará a calmarnos también. Las emociones de las personas que nos rodean son contagiosas. Si nuestro bebé está alterado, nosotros también podemos alterarnos. Por eso nos acercamos al bebé, lo tomamos en brazos y caminamos con él. Empezamos con un ritmo que nos calma a nosotros y, si no funciona, poco a poco vamos cambiando a un patrón que regule al bebé. La respuesta del bebé a nuestros intentos de calmarlo va moldeando el estilo del ritmo que utilizamos para lograrlo.

A medida que crecemos, encontramos los ritmos y las actividades que nos regulan. Para algunos será pasear; para otros, tejer o andar en bici. Todos tenemos algo a lo que acudir cuando nos sentimos desubicados, ansiosos o frustrados. El elemento común es el ritmo. El ritmo nos regula.

Oprah: Se usa la palabra *bienestar* para hablar de la salud general o del equilibrio entre la mente, el cuerpo y el espíritu. Pero tú hablas de *regulación*. Explícame a qué te refieres.

Dr. Perry: La regulación también tiene que ver con estar en equilibrio. Contamos con una gran variedad de sistemas que vigilan constantemente nuestro cuerpo y el mundo exterior para asegurarse de que estamos a salvo y en equilibrio; que tenemos suficiente alimento, agua y oxígeno. Cuando estamos regulados, estos sistemas tienen lo que necesitan.

El estrés es lo que aparece cuando una exigencia o un problema nos desequilibra, nos aleja de nuestros *puntos de equilibrio* regulados. Cuando nos desequilibramos, nos desregulamos y sentimos incomodidad o distrés. Cuando recuperamos el equilibrio, nos sentimos mejor. Cuando aliviamos el distrés —cuando recuperamos el equilibrio—, se activan las redes de recompensa del cerebro. Cuando recuperamos ese equilibrio, sentimos placer: pasamos del frío a la calidez, de tener sed a no tenerla, de estar hambrientos a sentirnos saciados.

Oprah: Y la regulación es más que un concepto biológico. En todas las facetas de nuestra vida, buscamos lo que necesitamos para sentirnos estabilizados, equilibrados y regulados.

Dr. Perry: Sí. El equilibrio es el núcleo de la salud. Nos sentimos y funcionamos mejor cuando los sistemas de nuestro cuerpo están equilibrados, y cuando estamos en equilibrio con nuestros amigos, familiares, la comunidad y la naturaleza.

Oprah: Y es fundamental que los padres sean conscientes de lo que acabas de decir: que el aprendizaje de la *autorregulación* saludable comienza realmente en la infancia temprana. Cuando un bebé llora, lo hace porque tiene hambre o sed o sueño, o porque hay que cambiarle el pañal o necesita contacto físico. Y dado que no se puede alimentar a sí mismo ni cambiarse él solo el pañal, el llanto es su forma de recuperar el equilibrio, de lograr que su cuidador haga lo que toca en cada momento para que recupere el equilibrio. El problema surge cuando el cuidador no responde. En lugar de recuperar el equilibrio —de volver a regularse—, el bebé se alterará todavía más.

Dr. Perry: Así es. Si me entra hambre, me levanto y me hago un bocadillo: me autorregulo. Pero, como dijiste, el bebé depende de los adultos para que lo ayuden con todas estas cosas. Los cuidadores le proporcionan una regulación externa. Con el tiempo, estos adultos que responden a las necesidades del bebé ayudan a que el cerebro del pequeño empiece a desarrollar capacidades de autorregulación. Y, como ya hemos dicho, el ritmo es una de las herramientas más potentes que utilizamos para ayudar a regular a un bebé angustiado.

Oprah: ¿Y eso por qué?

Dr. Perry: Todo en la vida es rítmico. Los ritmos del mundo natural están integrados en nuestros sistemas biológicos. Esto empieza ya en el vientre materno, cuando los latidos del corazón de la madre crean un sonido, una presión y unas vibraciones rítmicos que son percibidos por el feto en desarrollo y proporcionan información rítmica constante al cerebro organizador. Estas experiencias crean unas asociaciones muy potentes —en esencia, recuerdos— que conectan el ritmo de entre 60 y 80 latidos por minuto con la regulación. El ritmo cardiaco medio de un adulto en descanso está entre 60 y 80 latidos por minuto; es el ritmo que el feto ha percibido y el que equivale a sentirse en equilibrio, a estar a una temperatura agradable, saciado, sin sed y seguro. Después de nacer, los ritmos que se encuentran en estas frecuencias pueden consolar y tranquilizar, mientras que la pérdida del ritmo, o los patrones elevados, variables e impredecibles de estímulos sensoriales se asocian con el peligro.

Al mecer a un bebé que está angustiado, el movimiento rítmico activa este recuerdo de seguridad. El bebé se siente más equilibrado y se calma.

Además, si mecemos al bebé mientras lo alimentamos, lo mantenemos abrigado y le damos cariño, los adultos que cuidamos de él reforzamos las asociaciones primarias entre el ritmo y la regulación. Estas interacciones afectuosas empiezan a ampliar el *recuerdo* complejo de la regulación al sumarle el contacto humano. El olor del cuidador, su tacto, su sonrisa y su voz también se conectan con la regulación, con la seguridad. Las raíces de la salud son el ritmo y la regulación. Cuando les sumas un cuidado atento, sensible y afectuoso, se empiezan a organizar las raíces y el tronco del árbol de la regulación de nuestro cerebro (véase la figura 2).

Oprah: Es decir, que cuando creces en un entorno en el que recibes afecto, apoyo y cuidados, y si lloras alguien atiende tus necesidades, te están regulando. Y así, al crecer rodeado de esta atención afectuosa, lo que describes como el árbol de la regulación crece contigo, y estas redes de tu cerebro te permiten regularte y conectar con los demás por medio de relaciones sanas.

Dr. Perry: Exactamente. Y este punto es tan importante que merece que profundicemos en él. Primero, como hemos estado diciendo, tenemos importantes redes neuronales involucradas en la regulación, incluidos nuestros sistemas de respuesta al estrés. En segundo lugar, tenemos redes neuronales que participan en la formación y el mantenimiento de relaciones. Y, finalmente, tenemos redes neuronales que intervienen en la *recompensa*; cuando se activan, nos proporcionan placer. Cuando estos tres sistemas empiezan a conectarse entre sí, crean nuestros recuerdos fundamentales, que son la razón por la que nos sentimos regulados y recompensados cuando recibimos señales de aceptación o de calidez por parte de alguien. La capacidad de una persona para conectar, regular y estar regulada, recompensar y ser recompensada es el pegamento que mantiene unidas a las familias y a las comunidades.

Figura 2

EL ÁRBOL DE LA REGULACIÓN

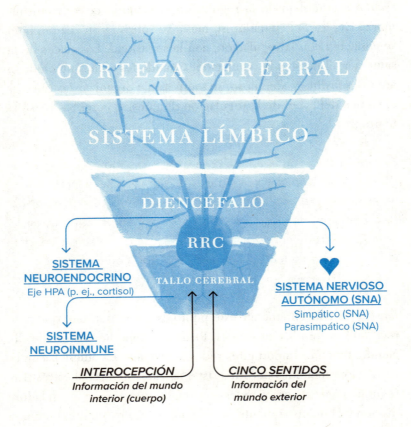

Nota: HPA = eje hipotalámico-pituitario-adrenal; SNA = sistema nervioso autónomo; RRC = redes reguladoras centrales

El árbol de la regulación está formado por un conjunto de redes neuronales que nuestro cuerpo utiliza para ayudarnos a procesar el estrés y responder a él. Tendemos a emplear la palabra estrés en sentido negativo, pero el estrés no es más que una exigencia procedente de uno o más de los muchos sistemas fisiológicos de nuestro cuerpo. El hambre, la sed, el frío, el ejercicio físico, un ascenso laboral: todas son situaciones de estrés, y el estrés es una parte esencial y positiva del desarrollo normal; resulta fundamental para el aprendizaje, el dominio de habilidades nuevas y el desarrollo de la resiliencia. El factor principal para determinar si el estrés es positivo o destructivo es el patrón que sigue, tal como muestra la figura 3.

Contamos con un conjunto de redes reguladoras centrales (RRC), o sistemas neuronales, que se originan en las partes inferiores del cerebro y se extienden por todo el cerebro, que trabajan conjuntamente para mantenernos regulados ante cualquier elemento estresante.

En conjunto, las ramas de este árbol de la regulación dirigen o influyen en todas las funciones cerebrales (como pensar o sentir) y corporales (influyen en el corazón, el estómago, los pulmones y el páncreas, entre otros). Su cometido es intentar mantenerlo todo en equilibrio, regulado.

Oprah: Regulación, relación y recompensa.

Dr. *Perry*: Sí. Cuando el adulto sensible y atento acude a ayudar al bebé que está llorando, ocurren dos cosas muy importantes. El bebé siente el placer de verse regulado tras un momento de angustia, y experimenta la visión, el olor, el tacto, el sonido y el movimiento de una interacción humana. Las sensaciones de cariño proporcionadas por el adulto que lo cuida empiezan a asociarse con el placer. A lo largo de miles de momentos, cuando los cuidadores atienden las necesidades del bebé, el cerebro conecta la relación con la recompensa y la regulación. Así, cuando te comportas como un cuidador sensible, atento y solícito con estos pequeños, estás tejiendo, literalmente, esta asociación a tres bandas; estás construyendo un sistema de raíces sano para su árbol de regulación.

Además, tal como hemos mencionado antes, estas experiencias de vinculación emocional crean la visión que el bebé tendrá de los humanos. Un cuidador constante y afectuoso generará la visión interna de que las personas no suponen ningún peligro, son predecibles y solícitas.

Oprah: Los humanos que vienen a regularme no son malos. Cuando necesite algo, todo irá bien. Las personas proporcionan seguridad y apoyo.

Dr. *Perry*: Precisamente, y esta visión del mundo es extraordinaria y muy potente. Aprendemos que establecer una conexión con otra persona puede resultar gratificante y regulador. Nos empuja a relacionarnos con nuestros profesores, entrenadores y compañeros de clase. A menudo conduce a establecer unas interacciones humanas cada vez más positivas que van ampliando nuestro catálogo interno de experiencias. El cerebro es una máquina generadora de significados, nunca deja de intentar darle sentido al mundo. Si nuestra visión del mundo es que las personas son buenas, esperaremos cosas buenas de la gente. Proyectamos esa expectativa en nuestras interacciones con los demás y, al hacerlo, obtenemos cosas buenas de ellas. Nuestra visión personal del mundo se convierte en una profecía autocumplida; proyectamos lo que esperamos, y eso nos ayuda a obtener lo que esperamos.

Hace muchos años, estaba en el aeropuerto O'Hare de Chicago, de camino a un congreso académico. Era invierno, estaba nevando y todos los vuelos iban con retraso. Todos en la puerta de embarque estaban irritados, incluido el caballero que estaba sentado a mi lado. Llevaba un traje muy caro y un Rolex, y su enojo era evidente. Cada vez que anunciaban un nuevo retraso, murmuraba con rabia y abría enojado el periódico antes de retomar la lectura.

Me fijé en una pareja joven. Ambos parecían agotados y se iban turnando para seguir a su hija, de unos dos años, que exploraba la zona. Durante horas, mientras el nivel de irritación aumentaba entre los pasajeros atrapados en la sala, la niña no dejó de sonreír, explorar y tocar todo lo que veía.

En un momento dado, cuando la azafata de tierra anunció otro retraso, el hombre que estaba sentado a mi lado se levantó de golpe y fue disparado hacia la azafata para exigirle, casi gritando, que avisara a su superior. «Soy viajero platino y conozco a algunos miembros del consejo de administración. Me esperan en Cleveland para una reunión muy importante». Se hizo el silencio en la puerta de embarque mientras el hombre seguía quejándose.

La pobre azafata de tierra miró por la ventana, señaló la intensa nevada que estaba cayendo y dijo: «Lo siento, señor. Hacemos lo que podemos, pero no podemos controlar el clima». El hombre volvió a su asiento resoplando.

En el modelo a través del que yo veo el mundo, los hombres groseros, que creen que tienen más privilegios que el resto y que tratan mal a los demás, son unos imbéciles, pero cuando miré a la niña, tenía la cabeza ladeada como si estuviera intentando entender por qué todo el mundo se había callado cuando aquel hombre había empezado a hablar. El modelo a través del que ella veía el mundo le decía que la gente es buena. Así que, al margen de todas las demás cosas que pudiera ser ese hombre, también era bueno.

Se le acercó y se quedó parada delante de él; le puso sus manitas pegajosas en las rodillas y le sonrió. Él frunció el ceño y abrió el periódico para seguir leyendo, justo delante de su cara. Aquel gesto reforzó mi visión del mundo: ¿maleducado también con los niños? Imbécil de remate.

La niña se quedó quieta. Sin duda, pensó que se trataba de un juego —porque las personas son buenas, ¿verdad?—, así que sonrió y le bajó el periódico, plantándole su mejor sonrisa al que pensaba que sería su nuevo compañero de juegos.

«Uf —pensé—, esto no va a acabar bien». Pero me equivoqué. Era ella quien tenía razón.

Le sonrió, radiante, y el hombre, negando con la cabeza en señal de derrota, le devolvió la sonrisa. La *bondad proyectada* de la niña era contagiosa. Sacó lo mejor de aquel señor, y su visión del mundo salió reforzada. Durante los siguientes treinta minutos, jugaron mientras los padres observaban; el hombre llegó incluso a ponerse en cuatro patas —no importa el traje caro— para hacerle de caballito por la sucia y abarrotada puerta de embarque.

Obtuvo lo que había proyectado gracias a una visión del mundo interiorizada que procedía de miles de momentos cariñosos en los que sus padres, familiares y cuidadores estuvieron presentes, le prestaron atención y respondieron a sus necesidades con gestos afectuosos.

Oprah: Pero ¿qué ocurre cuando un bebé no recibe ese tipo de respuestas positivas y cariñosas? ¿Por ejemplo, si una madre está sola y no tiene a nadie que la ayude, o está deprimida, o

Figura 3

PATRONES DE ACTIVACIÓN DEL ESTRÉS

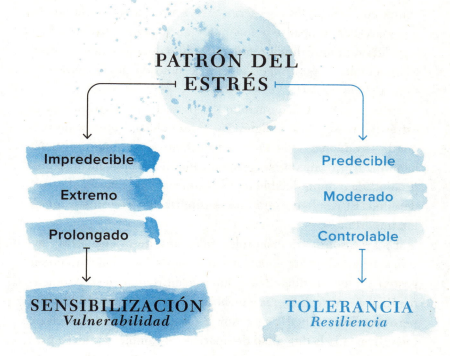

El patrón de activación del estrés determina los efectos del estrés a largo plazo. Cuando los sistemas de respuesta al estrés se activan de forma impredecible, extrema o prolongada, los sistemas se vuelven hiperactivos y excesivamente reactivos, es decir, se sensibilizan. Con el tiempo, esto puede provocar una vulnerabilidad funcional, y, dado que los sistemas de respuesta al estrés llegan en conjunto a todas las partes del cerebro y del cuerpo, se produce toda una serie de riesgos para la salud emocional, social, mental y física. Por el contrario, la activación predecible, moderada y controlable de los sistemas de respuesta al estrés, como la de los retos propios del desarrollo que observamos en la educación, el deporte, la música, etcétera, puede llevar a una capacidad de respuesta al estrés más fuerte y flexible, es decir, a la resiliencia.

tiene una pareja violenta? Puede que quiera ser una madre cariñosa y atenta, pero ¿acaso se lo permiten las circunstancias?

Dr. Perry: Ese es uno de los problemas principales de nuestra sociedad; hay demasiados padres que cuidan de sus hijos sin contar con los apoyos necesarios. Y la consecuencia es la que te imaginas. Para un padre o una madre abrumada, exhausta y desregulada será muy difícil regular a su hijo de un modo uniforme y predecible. Y esto puede afectar al niño de dos formas muy significativas.

Primero, afecta al desarrollo de los sistemas de respuesta al estrés del niño (véase la figura 3). Si un cuidador abrumado responde —y regula— de forma inconstante a un niño que tiene hambre, frío o miedo, se generará una activación inconstante, prolongada e impredecible de los sistemas de respuesta al estrés del niño. El resultado será una sensibilización de estos sistemas tan importantes.

En los casos de trauma prolongado, las redes reguladoras centrales del árbol de la regulación cambian y se adaptan para poder gestionar mejor la dificultad a la que se enfrentan en ese momento. El sistema se esfuerza mucho para mantenerte equilibrado, pero puede ser difícil y agotador. Y en estos casos a largo plazo, incluso cuando la dificultad desaparece, el cambio que se ha producido en estos sistemas persiste. La hipervigilancia de un niño que convive con la violencia doméstica, que escudriña su casa en busca de cualquier señal de amenaza, es sumamente adaptativa; en un salón, esa hipervigilancia puede dificultar que el niño preste atención a la maestra y dar como resultado que le pongan la etiqueta del trastorno por déficit de atención (TDAH), lo cual es una mala adaptación.

El segundo gran problema tiene que ver con el proceso de crear conexiones sobre las relaciones. Si mientras el niño está creando el modelo a través del cual ve el mundo su cuidador responde de formas impredecibles o muestra episodios de mal carácter, irritabilidad, distanciamiento o ausencia, el niño empezará a crear una visión del mundo diferente.

Llevamos a cabo un proyecto en colaboración con una escuela de preescolar que consistía en observar las interacciones entre los alumnos y los maestros. En uno de los salones, había una maestra joven, apasionada y muy cariñosa. Al inicio del curso, la maestra saludó efusivamente a cada niño con un abrazo y una gran sonrisa. Durante todo el día, se mostró muy atenta con los niños.

Observamos que una niña evitaba el afecto físico de esta maestra y nunca establecía contacto visual con ella. Cuando la maestra la abrazaba, se quedaba quieta y no le devolvía el abrazo. Con el tiempo supimos que la madre de esta niña estaba muy agobiada y deprimida, y que no había ningún otro adulto en casa.

A medida que pasaba el tiempo, la maestra seguía mostrándose cercana y efusiva con los otros niños, pero, semana a semana, disminuían sus gestos positivos con aquella niña retraída y triste. Es fácil imaginar que la visión del mundo de esta niña era que ella no importaba demasiado; que las personas no son de fiar.

Más o menos un mes después de empezar el curso, la clase estaba haciendo una actividad cuando la niña levantó la mano para pedir ayuda; era la primera vez que buscaba atención de esa forma. Mantuvo la mano bien alzada. La movió. Pero la maestra estaba totalmente concentrada en un grupo de niños en otra mesa y no la vio. La maestra reía y sonreía con los otros niños; la niña los miró unos instantes y luego bajó la mano lentamente. Durante el resto del curso, nunca volvió a pedir ayuda.

Una vez terminado el proyecto, le mostramos el video a la maestra, que se puso a llorar. Se sintió terriblemente culpable. No había tenido la intención de ignorarla, pero todos necesitamos cierta retroalimentación social recíproca para mantener el compromiso en una relación. El modelo a través del cual veía el mundo aquella niña —no importo— se proyectó en la clase y se convirtió en una profecía autocumplida. Obtenemos del mundo lo que proyectamos en él; pero lo que proyectas se basa en *lo que te pasó* de pequeño.

Oprah: Lo que ocurre es que, dado que es posible que esta niña no tuviera sus necesidades básicas cubiertas cuando era más pequeña porque su madre estaba abrumada, sola, agotada y deprimida, y por lo tanto era incapaz de «estar presente, prestarle atención y responder a sus necesidades», como dices, la niña no estaba en equilibrio. Y si este patrón de cuidado termina convirtiéndose en abandono —en una situación en la que sus necesidades fundamentales se desatienden durante periodos cada vez más prolongados, o en la que se ignoran sus llamadas de atención o se responde ante ellas con rabia o castigo—, la niña vivirá con un distrés constante. En cualquiera de los dos casos, no estará en equilibrio.

Dr. Perry: Precisamente. Y es probable que el aspecto más importante de todo esto sea el patrón de activación del estrés. Si los padres son constantes, predecibles y afectuosos, los sistemas de respuesta al estrés se vuelven resistentes. En cambio, si estos sistemas se mantienen activos durante periodos prolongados o se activan de una forma caótica, como ocurre en los casos de maltrato o abandono, terminan siendo sensibles y disfuncionales.

Aunque en general no somos conscientes de ello, percibimos y procesamos información del mundo exterior constantemente; basándose en esta información, nuestro cerebro y nuestro cuerpo responden de formas que nos ayudan a mantenernos conectados, vivos y prósperos. Cuando algo provoca que perdamos ese equilibrio, disponemos de una serie de sistemas de respuesta al estrés que se activan para ayudarnos.

Muchas personas conocen la expresión *lucha o huida*. Se refiere a un conjunto de respuestas que se pueden activar cuando tenemos miedo. El cerebro centra su atención en la posible amenaza y bloquea los procesos mentales innecesarios (como reflexionar sobre el sentido de la vida o soñar despierto con las próximas vacaciones). Tu sentido del tiempo se reduce a ese preciso momento. Tu ritmo cardiaco se acelera y envía sangre a los músculos para que se preparen para, llegado el caso, huir o luchar. La adrenalina recorre todo el cuerpo. Esta respuesta está activando tu cuerpo. Como veremos más adelante, esta respuesta de *excitación* no es la única forma en que podemos responder ante una amenaza. Imagina una situación en la que eres demasiado pequeño como para ganar una pelea y no puedes huir. En este caso, el cerebro y el resto del cuerpo se preparan para recibir un golpe. El ritmo cardiaco se ralentiza y tu cuerpo libera su propio analgésico, los opioides. Desconectas del mundo exterior y, psicológicamente, huyes hacia tu mundo interior. El tiempo parece pasar más lentamente. Puede que te sientas como si estuvieras en una película, o flotando y viendo la situación desde fuera. Todo esto forma parte de otra capacidad de adaptación que recibe el nombre de *disociación*. En el caso de los bebés y de los niños muy pequeños, la disociación es una estrategia adaptativa muy frecuente; luchar o huir no te protegerá, pero *desaparecer* tal vez sí. Y, con el tiempo, tu capacidad de retirarte a ese mundo interior —un lugar seguro, libre y que puedes controlar— aumenta. Una parte clave de la habilidad sensibilizada de disociarse es ser complaciente. Haces caso de lo que quieren los demás; terminas haciendo cosas solo por evitar el conflicto, por asegurarte de que la otra persona que participa en la interacción esté contenta, además de volverte más propenso a llevar a cabo distintas actividades reguladoras, aunque disociativas.

Encontrar el equilibrio puede ser una misión agotadora para cualquier persona cuyos sistemas de respuesta al estrés se hayan visto alterados por experiencias traumáticas. El afán por evitar el dolor del distrés puede conducir a métodos de regulación extremos y, en última instancia, destructivos.

Oprah: Una de las conversaciones más duras que he tenido sobre la dificultad para encontrar alivio en situaciones de desequilibrio emocional fue con Russell Brand, actor y comediante británico. En ese momento llevaba once años sobrio, pero hacía poco que había publicado un ensayo muy impactante en el que decía que seguía pensando en la heroína casi a diario. «Mi problema no son las drogas y el alcohol —escribía—. Mi problema es la realidad; las drogas y el alcohol son mi solución».

Russell me contó que, de niño, se sentía aislado de las personas que lo rodeaban. Fue criado por una madre soltera que tenía muy poco dinero, y se describía a sí mismo como un niño confundido, que se sentía solo y no tenía ni idea de cómo gestionar sus sentimientos. Hubo momentos en su vida en los que no era capaz de «distinguir dónde empezaba y dónde terminaba el dolor», y desarrolló hábitos peligrosos que incluían comer compulsivamente, obsesión por la pornografía y, con el tiempo, una devastadora adicción a las drogas.

«No podía soportar ser yo», decía. Aun así, incluso en algunos de sus momentos más oscuros, a menudo se sentía agradecido por el alivio que le ofrecían las drogas de lo que definió como una «tormenta interna» insoportable.

En su decimosexto aniversario como hombre sobrio, Russell recurrió a las redes sociales para dar las gracias a la clínica de rehabilitación hospitalaria, a los grupos de apoyo y a los mentores que lo habían ayudado. Dijo: «Ahora tengo libertad, y ustedes también pueden ser libres».

El maestro espiritual Gary Zukav dijo: «Cuando detectes una adicción, no te avergüences. Alégrate. Encontraste algo que viniste a sanar en este mundo. Cuando te enfrentas a una adicción y la curas, estás acometiendo la labor espiritual más profunda que puedes hacer en la Tierra».

Todo esto es para decir que, ya desde hace años, sabemos que existe una correlación entre la adicción a las drogas y el trauma, pero el número de muertes no deja de crecer. Doctor Perry, en tu trabajo con víctimas de traumas, has descubierto que la mayoría de las personas no consumen drogas por las razones que imaginamos. No tiene que ver con la autoindulgencia ni con la búsqueda del placer, ni tampoco son una forma de huir de la realidad en general, sino que más bien se trata de evitar el dolor y el distrés que provoca la desregulación. ¿Es así?

Dr. Perry: Muy a menudo, cuando preguntamos ¿*Qué te pasó?*, damos con una historia de trauma durante el desarrollo. La mayoría de las personas que se han enfrentado a adversidades durante el desarrollo presentan una desregulación crónica: tienden a ser personas nerviosas, ansiosas. A veces tienen una intensa sensación de agitación o, tal como Russell Brand lo describió con mucho tino, de tormenta interna. Como veremos enseguida, sus redes reguladoras centrales están sensibilizadas.

Si creces en un hogar o en una comunidad que se caracteriza por la impredecibilidad, el caos y las amenazas constantes, es muy probable que tus sistemas de respuesta al estrés se vean alterados, especialmente si el maltrato, el caos o la exposición a la violencia tuvieron lugar en el hogar, y los mismos adultos que se suponía que debían cuidarte y protegerte fueron la fuente del dolor, el caos, el miedo o el maltrato.

Recuerda lo que hemos dicho sobre el patrón de activación del estrés: incluso cuando no se han vivido experiencias traumáticas graves, el estrés impredecible y la falta de control que trae consigo bastan para que nuestros sistemas de respuesta al estrés se sensibilicen —se vuelvan hiperactivos y demasiado reactivos— y den lugar a la mencionada tormenta interna.

Y recuerda también que los humanos nos *contagiamos* las emociones, es decir, que percibimos el distrés del otro. Imagina que un niño vive en un hogar con un padre lleno de frustración y rabia que carece de perspectivas laborales, que no es respetado por la comunidad en la que vive debido a su posición o a su color de piel, y que vuelve a casa sintiéndose impotente, derrotado.

Figura 4

LLENAR LA CUBETA DE LA RECOMPENSA

A

La activación de las redes neuronales clave del cerebro puede generar la sensación de placer o recompensa. Estos circuitos de recompensa se pueden activar de múltiples formas, incluidas el alivio del distrés (por ejemplo, utilizar el alcohol para automedicarse o el ritmo para regular la ansiedad producida por un sistema de respuesta al estrés alterado a consecuencia de un trauma); las interacciones humanas positivas (relaciones); la activación directa de los sistemas de recompensa mediante el consumo de drogas como la cocaína o la heroína (drogas); comer alimentos dulces, salados o grasos (alimentos DSG), y los comportamientos acordes con los propios valores o creencias (creencias).

Necesitamos llenar esa cubeta de la recompensa todos los días. La línea discontinua corresponde al nivel mínimo de recompensa que necesitamos para sentirnos adecuadamente regulados y recompensados; si las recompensas que recibimos a diario están por debajo de esta línea, nos

B

sentimos angustiados. Si superamos la línea superior de puntos, nos sentimos satisfechos y regulados. Cada uno de nosotros tiene su forma más o menos individualizada de hacerlo.

Muchos tenemos oportunidades para obtener recompensas sanas: abundantes interacciones humanas positivas en el trabajo, en la iglesia o en actividades de voluntariado que se correspondan con nuestros valores y creencias, por ejemplo (A). Pero la carencia de relaciones y conexiones sólidas puede hacer que una persona sea más vulnerable al uso excesivo de otras formas de recompensa menos saludables (B). Una combinación de recompensas saludables (por ejemplo, tener muchas interacciones humanas positivas, trabajar en algo que se corresponda con tus valores, integrar un ritmo sano y la sexualidad en tu día o mantenerte regulado de formas saludable), puede contribuir a reducir la atracción por una forma única y poco saludable de recompensa, como el consumo de drogas o comer en exceso.

La tormenta interna de este padre se convierte en la tormenta interna del hogar; su caos se convierte en el caos del hogar. Quizá recurra al alcohol o a alguna droga para gestionar su distrés; pero un padre que consume drogas, un padre alcohólico, sobrepasado y frustrado creará un clima de miedo para sus hijos. Por mucho que quiera proteger a sus hijos de su distrés, y por mucho que pueda quererlos, el daño ya está hecho. Los niños crecerán interiorizando la situación; el miedo ha sido su incubadora.

Y a medida que estos niños crezcan y empiecen a consumir ellos mismos drogas o alcohol, es posible que descubran que pueden sentir una calma que nunca habían experimentado; el placer que produce el alivio del distrés se convierte en una recompensa muy potente. Porque recordemos que el alivio del distrés genera placer. Se sienten relajados por primera vez en su vida. El impulso de volver a consumir es muy fuerte, aunque estará influido por lo desregulados que estén y por la naturaleza y la fuerza de las otras fuentes de recompensa presentes en su vida. Cada día *llenamos nuestra cubeta de la recompensa* con distintas fuentes de recompensa, y no todos los días son iguales (véase la figura 4). Algunos días tendrá mucho de amigos y familiares; otros días es posible que llenemos la *cubeta de recompensas* trabajando como voluntarios en un banco de alimentos. Y otros días se quedará vacía, y nosotros con ella. A muchos nos resultó más difícil *llenarnos* durante la pandemia de la COVID-19; aumentaron la ansiedad y la depresión, y muchas personas recurrieron a algunas de las formas menos saludables de recompensa para llenar ese vacío.

El problema de activar nuestros circuitos de recompensa es que el placer se desvanece. La sensación de recompensa es breve. Piensa en cuánto dura el placer de comerte una papa frita: unos segundos. Y luego quieres otra. Lo mismo ocurre con la nicotina de un cigarro, o incluso con la sonrisa de un ser querido. En el momento nos sentimos muy bien, y podemos evocar el recuerdo y obtener un poco de placer, pero esa intensa sensación de recompensa se va desvaneciendo. Así que cada día nos vemos empujados a llenar nuestra cubeta de recompensas.

La forma más sana de hacerlo es a través de las relaciones. La conexión nos regula y nos recompensa. Sin embargo, cuando entra en escena el consumo de sustancias, este hábito puede alejar a nuestros seres queridos. Muchas de las intervenciones que se utilizan para tratar el consumo de sustancias son punitivas y aumentan la angustia, de forma que el impulso de consumir es todavía más intenso. La desconexión, la marginalización, la demonización y el castigo solo empeoran los problemas del consumo de sustancias. El ciclo de desregulación, automedicación, problemas relacionales y ausencia de recompensas conduce a un mayor consumo de sustancias. Y la espiral continúa.

Pero he aquí lo interesante sobre el consumo de drogas: en el caso de las personas que están bien reguladas, cuyas necesidades básicas se ven satisfechas y que disponen de otros tipos de recompensa saludables, consumir una droga tendrá cierto efecto, pero el impulso de volver a consumirla una y otra vez no será tan fuerte. Puede producir una sensación agradable, pero no necesariamente llevará a la adicción.

La adicción es una cuestión compleja, pero creo que muchas personas que se enfrentan al problema del consumo de drogas y alcohol, en realidad, están tratando de automedicarse debido a sus propias historias marcadas por la adversidad y el trauma durante el desarrollo.

Oprah: Es interesante oírte decir eso, porque conozco a muchas personas que toman fármacos para su ansiedad, mientras que yo he encontrado que este tipo de medicación hace que me duerma. Como mi punto de partida ya es la calma, cuando tomo algo pensado para relajarme, me quedo dormida.

Dr. Perry: Exacto. Seguramente tienes amigos que toman la misma cantidad que a ti te hace dormir.

Oprah: Y algunos toman el doble. Y yo pienso: «¿Cómo es que no están todos dormidos?». Pero si tu respuesta al estrés de base ya es elevada, necesitarás más medicación para la ansiedad para ponerte por debajo de esa base. Por eso hay personas que, aunque no parecen estar en un estado de hiperalerta o de ansiedad, biológicamente están aceleradas.

Dr. Perry: Sí, y la droga calma esa aceleración. Pero cuando se trata de encontrar soluciones al consumo de sustancias y de liberarnos de él, nunca resolveremos el problema realmente hasta que empecemos a centrarnos en lo que les pasó.

Oprah: Sí. La primera pregunta que hay que hacer siempre es: ¿Qué te pasó?

Dr. Perry: Por eso es tan importante que se adopte una perspectiva informada sobre el desarrollo y consciente del trauma en todos los sistemas que se ven afectados o están relacionados con el consumo y la dependencia de sustancias: educación, salud mental, salud, cuerpos policiacos, sistema judicial de menores y criminal, y tribunales de familia. Es imposible encontrar alguna parte de la sociedad en la que esto no suponga un problema. Las intenciones son buenas, y tenemos gente muy capaz y nos estamos gastando mucho dinero en ello, pero somos ineficaces porque no estamos comprendiendo los mecanismos subyacentes que hacen que una persona sea vulnerable al consumo crónico de sustancias.

Oprah: Tenemos que entender que las víctimas de traumas son más propensas a caer en todo tipo de adicciones porque su línea de base de estrés es diferente.

Dr. Perry: Y volvemos a la desregulación. El impulso de regular, de buscar la comodidad, de llenar esa cubeta de recompensas siempre está ahí. Pero resulta que el tipo de recompensa más potente es el de las relaciones. Las interacciones positivas con los demás nos recompensan y nos regulan; si carecemos de conexiones con personas que nos tengan aprecio, que nos dediquen tiempo y que nos presten su apoyo, es prácticamente imposible alejarse de cualquier forma nociva de recompensa y regulación. Y esto incluye el abuso de alcohol o de drogas, consumir demasiados alimentos dulces y salados, la pornografía, autolesionarse o pasar horas y horas jugando videojuegos. La conexión contrarresta la atracción de los comportamientos adictivos. Es la clave.

CAPÍTULO 3

CÓMO NOS QUISIERON

Desde la sala en penumbra observaba a la madre, Gloria, y a su hija de tres años, Tilly, a través del espejo unidireccional. Se veían muy bien juntas. Gloria respondía a las señales de Tilly con mucha más sintonía que en las visitas anteriores. Las dos parecían más cómodas la una con la otra. En los dos años que llevaba observando sus visitas, habían avanzado mucho.

A mi izquierda tenía a la nueva trabajadora social del servicio de protección de menores de Tilly, la quinta en dos años. A mi derecha tenía a Mamá P, la madre de acogida de la niña. A Mama P la conocía desde hacía años: era una mujer cariñosa con una inagotable reserva de energía positiva. Había acogido a decenas de niños y cada uno había sido especial para ella; los había querido a todos. Es muy probable que Mama P me enseñara más que nadie sobre el trauma y su curación.

A Gloria la habían separado de su familia a los seis años. La pasó mal mientras estuvo a cargo del sistema de protección de menores, saltando de una familia de acogida a otra, cambiando de escuela y de comunidad. Presentaba varios problemas complejos de índole social, emocional y de salud relacionados con sus muchas experiencias traumáticas. Por desgracia, nadie la había entendido: ni sus terapeutas, ni sus familias de acogida, ni sus trabajadores sociales, ni los jueces ni sus maestros. Hace veinte años, los efectos del trauma no se tenían demasiado en cuenta.

A los dieciocho, cuando ya fue demasiado mayor para el sistema, Gloria consumía una serie de drogas para automedicarse contra el dolor que sentía. Cuando cumplió los diecinueve, estaba embarazada de ocho meses y no tenía un lugar donde vivir. Cuando cumplió los veinte, tenía a una niña pequeña, ningún apoyo, ni familia ni trabajo. Finalmente, el sistema de protección de menores se hizo cargo de Tilly. Y, por suerte, la pequeña cayó directamente en las manos de Mamá P.

Durante los dos años siguientes, Mamá P ayudó tanto a Gloria como a Tilly. Era atenta y afectuosa, y creó un hogar seguro y estable para la niña. Invitó a Gloria a que estuviera presente y a que participara en la vida de Tilly siempre que no consumiera ni bebiera. Mamá P se dio cuenta de que Gloria necesitaba tanta seguridad y tantos cuidados como Tilly; veía a Gloria como a una niña falta de amor en un cuerpo de mujer. Al principio, Gloria no se involucró demasiado, pero, pasados unos nueve meses, aceptó nuestra invitación para recibir ayuda clínica para sus problemas derivados del trauma.

A estas alturas, tanto Tilly como Gloria habían crecido mucho. Se acercaba el momento en que Gloria sería capaz de ocuparse de Tilly por sí misma. Pero, para que eso ocurriera, el servicio de protección de menores tendría que presentar su recomendación al juzgado, y aquella visita observada formaba parte de su plan de reunificación.

Los tres observábamos en silencio a Tilly y a Gloria. Tras unos diez minutos de juegos, Gloria se metió la mano en el bolsillo y sacó unos caramelos. Noté que la trabajadora social se ponía tensa. «Sabe que no puede traer caramelos a estas sesiones». A mi derecha, noté cómo Mamá P se alteraba ante las palabras de la trabajadora social. Le puse la mano a Mamá P en el hombro, tratando de tranquilizarla sin palabras. Era muy protectora cuando se trataba de Gloria y de Tilly.

Tilly era prediabética. En su primer año de tratamiento, nos habíamos dado cuenta de que Gloria, que disponía de muy pocas herramientas para establecer relaciones, utilizaba los caramelos para que Tilly estuviera contenta. *Con el tiempo entendimos que este había sido el recurso principal que sus familias de acogida habían empleado con ella de pequeña; para Gloria, que le dieran caramelos era lo más cercano a sentirse querida. Nuestros cerebros se desarrollan como un reflejo del mundo en el que crecemos. Queremos a los demás de la misma forma en que nos han querido. Gloria solo estaba demostrándole su amor a su hija del mejor modo que tenía a su alcance.*

La trabajadora social siguió diciendo:

—Sabe que no puede hacer eso. Esta niña es prediabética. Esto es maltrato.

—No —dije—. Son caramelos sin azúcar.

Era evidente que aquella trabajadora social, que acababa de empezar a ocuparse del caso de Tilly y que seguramente tenía otros sesenta casos entre manos, no había leído los informes más recientes.

—¿Cómo lo sabe?

—Se los di yo antes de la sesión.

Noté que Mamá P sonreía. Un año antes, en una reunión de equipo en la que estábamos tratando de equilibrar la condición prediabética de Tilly con el impulso de Gloria de utilizar los caramelos como forma de demostrar su cariño, uno de los miembros de mi equipo clínico quiso amonestar a Gloria. Sugirió registrarla antes de las visitas y prohibir todo contacto si lograba darle caramelos a escondidas. Mamá P discrepó:

—Esta pobre madre está haciendo todo lo que puede. Dejen que le dé caramelos a su hija. No sabe hacerlo de otra forma. No la convertirán en una madre mejor castigándola o avergonzándola. Si lo que queremos es que sea una madre más cariñosa, tenemos que ser más cariñosos con ella.

Así que, en lugar de regañar a Gloria, sencillamente le dijimos que tenía que darle caramelos sin azúcar y le explicamos todo lo que tenía que saber sobre nutrición y diabetes. Y, naturalmente, Mamá P se aseguró de que tanto Gloria como Tilly recibieran mucho cariño.

Le contamos la situación a la nueva trabajadora social, y juntos trazamos un plan de transición para la reunificación que incluyera mucho apoyo para madre e hija. Gloria obtuvo el graduado escolar y fue a la escuela de estudios superiores para estudiar enfermería. Mamá P siguió siendo un miembro activo de su pequeña familia. En lugar de ponerle trabas a una madre que hacía todo lo que podía, seguimos dándoles mucho amor tanto a ella como a Tilly, y las enseñamos a querer.

¿QUÉ TE PASÓ?

Una de las propiedades más extraordinarias de nuestro cerebro es su capacidad de cambiar y adaptarse a nuestro mundo individual. Las neuronas y las redes neuronales cambian físicamente cuando se estimulan; es lo que se denomina neuroplasticidad. *Y este estímulo lo reciben de nuestras experiencias personales: el cerebro cambia de forma dependiendo del uso; por ejemplo, las redes neuronales que están involucradas en la acción de tocar el piano cambian cuando las activa un niño que practica. Estos cambios dependientes de la experiencia se traducen en una capacidad mejorada de tocar el piano. Este aspecto de la neuroplasticidad —que la repetición genera cambios— es bien conocido y es la razón por la que la práctica, ya sea en el deporte, en el arte o en los estudios, puede hacernos mejorar.*

La especificidad es un principio clave de la neuroplasticidad. Para cambiar cualquier parte del cerebro, hace falta activar esa parte específica del cerebro. Si quieres aprender a tocar el piano, no puedes limitarte a leer sobre la práctica en sí o a ver y escuchar videos en YouTube de otros tocando el piano. Tendrás que poner las manos sobre las teclas y tocar; debes estimular las partes del cerebro que participan en la acción de tocar el piano para cambiarlas.

Este principio de especificidad *se aplica a todas las funciones mediadas por el cerebro, incluida la capacidad de amar. Si nunca te han querido, las redes neuronales que permiten a los humanos amar estarán sin desarrollar, como en el caso de Gloria. La buena noticia es que, con el uso y la práctica, estas capacidades pueden surgir. Si se le da amor, alguien a quien nunca han querido aprenderá a amar.*

Dr. Perry

Oprah: Si contara a todas las personas a las que he entrevistado —y, créeme, lo he intentado—, serían más de cincuenta mil. Y en las conversaciones que he mantenido durante casi cuarenta años, desde mis inicios en Nashville, pasando por *The Oprah Winfrey Show* y hasta hoy, hay un denominador común que nunca ha cambiado: todos queremos saber que lo que hacemos, lo que decimos y lo que somos importa.

Como un reloj, ya sea el presidente de Estados Unidos, Beyoncé con todo su poderío, una madre que comparte un secreto doloroso o un criminal convicto que busca perdón, al final de cualquier entrevista, la persona que tengo delante me pregunta «¿Qué tal lo hice?» y escudriña mi rostro buscando una reacción. «¿Lo hice bien?», preguntan siempre. Todos compartimos el mismo anhelo de que nuestra verdad sea aceptada y validada. Y más allá de lo que diga la ciencia, sé que se reduce a cómo nos quisieron.

Dr. Perry: Sí, el sentido de pertenencia y ser amado son aspectos fundamentales de la experiencia humana. Somos una especie social, y como tal debemos vivir en comunidad, interconectados con los demás emocional, social y físicamente. Si te fijas en la organización y el funcionamiento básicos del cuerpo humano, incluido también el cerebro, verás que una gran parte está destinada a ayudarnos a crear, mantener y gestionar las interacciones sociales. Somos seres relacionales.

Y nuestras primeras relaciones moldean nuestra capacidad de conectar de forma profunda y saludable. El amor y el cuidado afectuoso son los cimientos de nuestro desarrollo. *Lo que te pasó* de pequeño tiene una influencia enorme en la capacidad de amar y de ser amados.

Oprah: A muchos se les llena la boca hablando de *amor*, pero en realidad la clave está en cómo te cuidaron; en cómo se cubrieron tus necesidades específicas. Pienso en lo que hablábamos antes sobre la regulación. Un bebé tiene hambre o frío y estará desequilibrado. Y cuando el bebé llora para expresar su necesidad, su cuidador viene y *regula* al niño.

Dr. Perry: Que el cuidador venga a satisfacer las necesidades del bebé es clave. Para un recién nacido, el *amor es acción*; es el cuidado atento, sensible y afectuoso que proporcionan los adultos. Puede que un padre o una madre quieran muchísimo a su hijo, pero si están sentados frente a la computadora publicando en redes sociales cuánto lo quieren mientras el niño está en otra habitación, despierto, hambriento y llorando, ese bebé no percibe ningún tipo de amor. La calidez del contacto piel con piel, el olor de sus padres, la visión y los sonidos de sus cuidadores, las acciones atentas y sensibles de estos: eso es lo que para el bebé se convierte en *amor*.

Esos miles de interacciones cariñosas y sensibles moldean el cerebro en desarrollo del niño. Esos momentos afectuosos construyen, literalmente, los cimientos de la organización del cerebro.

El patrón de activación del estrés que se genera cuando el niño tiene hambre, sed o frío y su cuidador satisface su necesidad y lo devuelve a un estado de equilibrio es el patrón de desarrollo de resiliencia del que hablábamos antes (véase el capítulo 2, figura 3). Un niño moderadamente estresado llora; el llanto atrae al adulto receptivo, que lo regula, y como los adultos están presentes, atentos y receptivos, los comportamientos cariñosos se vuelven predecibles. *Cuando tengo hambre, lloro, y entonces vienen y me dan de comer*. El bebé empieza a asociar estas personas receptivas con el placer, el sustento, la calidez; su visión del mundo se está moldeando. ¿Te acuerdas de la niña del aeropuerto? *Las personas son buenas*. La visión del mundo del niño se construye a través de estas interacciones y, en función de la calidad y del patrón de las respuestas de su cuidador, se desarrollará la resiliencia o se contribuirá a sensibilizar al niño y hacerlo vulnerable.

Oprah: En cada interacción hay un momento en el que todos nos preguntamos: «¿Me ves?, ¿Me oyes?». Los niños saben desde su nacimiento si los ojos de su cuidador se iluminan cuando entran en la habitación. Perciben y responden a la ternura, la alegría, la compasión y la paciencia. Saben lo que significa pasar momentos de calidad juntos. Saben que son queridos.

Dr. Perry: Y, a su vez, estas interacciones con sus cuidadores contribuyen a construir la capacidad de amar del bebé. Los comportamientos atentos y cariñosos hacen crecer las redes neuronales que nos permiten sentir amor y que luego actuemos de forma cariñosa con los demás. Si te quieren, aprendes a querer. Cuidar de un bebé de esta forma cariñosa también cambia el cerebro del adulto que proporciona el cuidado. Estas interacciones regulan y recompensan tanto al niño como al cuidador.

La capacidad de amar está en el centro del éxito de la humanidad. La razón por la que hemos sobrevivido en este planeta es que hemos sido capaces de formar y mantener grupos eficaces. Aislados y desconectados, somos vulnerables. En comunidad, podemos protegernos los unos a los otros, cazar y recolectar de una forma cooperativa, compartir con las personas dependientes de nuestra familia, de nuestro clan. El pegamento relacional mantiene viva a nuestra especie, y el amor es el superpegamento de las relaciones.

Oprah: El trato que se le da a un niño desde el momento en que nace es lo que lo prepara para el éxito o la lucha. Lo que estás diciendo es que cómo te quisieron afecta al modo en que se forman las redes neuronales más importantes, especialmente las redes reguladoras centrales de las que hablábamos antes.

Dr. Perry: Sí, eso es. Es una cuestión muy compleja, pero las interacciones caracterizadas por la atención y el afecto organizan y moldean las redes reguladoras centrales, lo que crea una base para la salud que se irá desarrollando a medida que el niño crezca.

Imagina que estamos construyendo una casa. Primero se colocan los cimientos, luego la estructura, después el suelo, la instalación eléctrica y las tuberías..., todo antes de que se pueda vivir en ella. Como hemos dicho, el cerebro también se desarrolla de abajo hacia arriba. Las redes más bajas, que son las que constituyen las redes reguladoras centrales, se desarrollan primero, ya desde que estamos en el vientre materno, y las funciones que median y modulan son las primeras que aparecen durante nuestro desarrollo. Un recién nacido sano, por ejemplo, es capaz de regular su temperatura corporal y su respiración básica, pero no es capaz de razonar de forma abstracta. Ni siquiera el sueño está todavía bien organizado, y el movimiento motriz está descoordinado. Sin embargo, con el tiempo, un bebé será capaz de ponerse de pie, en un par de años será capaz de hablar, en algunos más empezará a planificar, etcétera. Las funciones relacionadas con las partes media y superior del cerebro empiezan a organizarse completamente (véase la figura 1).

El proceso del desarrollo es muy temprano, lo que significa que la mayor parte del crecimiento y de la organización cerebral tiene lugar en los primeros años de vida. Esto no quiere decir que el cerebro no cambie tras la primera infancia, sino que las experiencias vitales más tempranas afectan enormemente al modo en que nos desarrollamos.

Fijémonos otra vez en el árbol de la regulación (véase la figura 2). En conjunto, las redes de regulación centrales pueden llegar a todas las partes del cerebro en desarrollo. De hecho, las señales que recibe el cerebro de estas redes de regulación centrales desempeñan un papel fundamental en cómo se desarrolla cada una de sus áreas. Si las redes reguladoras centrales están normalmente organizadas y reguladas, sus señales conducirán a un desarrollo sano de las áreas superiores importantes (por ejemplo, el sistema límbico y la corteza cerebral), pero si algo altera o

Figura 5

CURVA DE ESTADO-REACTIVIDAD

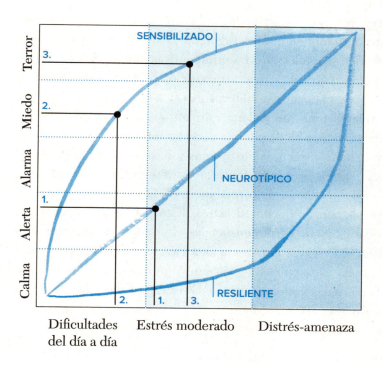

Un desafío o un factor estresante nos desequilibrará, y se activará una respuesta interna al estrés para recuperar el equilibrio. Si no hay factores estresantes significativos —nuestras necesidades internas (hambre, sed, etc.) están cubiertas y no hay complicaciones o amenazas externas—, estaremos en un estado de calma. A medida que las dificultades y el estrés aumenten, nuestro estado interno cambiará, desde la alerta hasta el terror (véase la figura 6). En alguien con sistemas neurotípicos de respuesta al estrés, la relación entre el grado de estrés y el cambio en su estado interno es lineal (línea diagonal recta). Por ejemplo, ante un factor estresante moderado (1), una activación proporcional pondrá al individuo en un estado de alerta activa. Si un individuo tiene una respuesta al estrés sensibilizada (curva superior) causada por su historial de trauma, incluso las dificultades diarias más básicas (2) inducirán un estado de miedo. Alguien con una respuesta al estrés sensibilizada (3) reaccionará con una respuesta de terror incluso ante un estrés moderado. Esta hiperreactividad tendrá un peso importante en sus problemas emocionales, conductuales y de salud física.

interrumpe las redes de regulación centrales, todos los sistemas cerebrales y corporales en los que influyen pueden verse afectados negativamente.

Hay tres tipos de *adversidades del desarrollo* que previsiblemente alterarán las redes reguladoras centrales y provocarán problemas generalizados. La primera es la alteración que ocurre antes del nacimiento, como la exposición prenatal a las drogas, el alcohol o a una angustia materna extrema (del tipo que se puede dar en situaciones de violencia doméstica, por ejemplo). La segunda es algún tipo de alteración de las interacciones tempranas entre el bebé y su cuidador; si estas son caóticas, impredecibles, hostiles, agresivas o inexistentes, los sistemas de respuesta al estrés se desarrollarán de forma anormal. La tercera es cualquier patrón de sensibilización al estrés. Esto puede ser el resultado de toda una serie de circunstancias, de las que hablaremos más adelante con mayor detalle; la idea básica es que cualquier cosa que pueda causar unas activaciones impredecibles, incontrolables o extremas y prolongadas de la respuesta al estrés provocará una respuesta al estrés hiperactiva y excesivamente reactiva (véase la figura 5).

Oprah: Así que hablar de cómo te quisieron es mucho más complejo que decir simplemente «Cuando eras pequeño no te trataron con cariño, así que serás una persona triste». Lo que realmente estás diciendo es que, si te trataron de un modo agresivo, o si los cuidados que recibiste fueron caóticos o te desatendieron, o si de bebé no te tomaban en brazos, tu cerebro podría estar afectado biológicamente.

Dr. Perry: Eso es. Las experiencias de la infancia afectan, literalmente, a la biología del cerebro.

Oprah: Y, como resultado, afectará a tu forma de funcionar durante el resto de tu vida.

Dr. Perry: Puede hacerlo. Nuestras experiencias de desarrollo más tempranas, especialmente el tacto y otras señales sensoriales basadas en las relaciones, incluido el olor del cuidador y su forma de mecer al bebé, las canciones que tararea mientras le da de comer o cualquier movimiento específico en su forma de responder al bebé cuando lo necesita, son experiencias organizadoras que ayudan a crear la *visión del mundo* del bebé, el *libro de códigos* del que hablábamos antes.

Piensa otra vez en cómo se construye una casa. El cerebro del feto se desarrolla muy rápidamente, es como si pusiera los cimientos de un edificio. En los dos primeros meses tras el nacimiento, está colocando la estructura. En el primer año, todas tus interacciones con los demás equivaldrían a la instalación del cableado eléctrico y las tuberías. Todos son elementos muy importantes de la construcción de una casa. Todavía no está organizada del todo, pero la mayoría de las características principales del edificio ya están en su lugar. Un niño de dos años todavía no está completamente desarrollado, pero las estructuras y los sistemas fundamentales ya están ahí, y serán la base de su desarrollo futuro.

En una casa, si pones mal los cimientos e instalas cableado eléctrico y tuberías de mala calidad, pero la decoras con un piso y unos muebles de película, los defectos fundamentales no se verán a simple vista, pero estos fallos iniciales de construcción traerán problemas más adelante. Lo mismo ocurre con un niño pequeño. Todos los aspectos del funcionamiento humano están influenciados por nuestras experiencias de desarrollo tempranas, tanto cuando hemos disfrutado de unas interacciones estables, predecibles y cariñosas como cuando hemos estado rodeados de caos, amenazas, impredecibilidad o falta de amor.

Oprah: ¡Exacto! Cómo te quisieron es lo que marca la diferencia. En todas las conversaciones que he mantenido, he sido testigo de cómo las disfunciones aparecen de forma directamente proporcional a cómo te quisieron o no te quisieron. ¿Te dieron lo que necesitabas para prosperar?

Dr. Perry: El amor, tanto el que se da como el que se siente, depende de la capacidad de estar presente, atento, en sintonía y receptivo con otro ser humano. Este pegamento de la humanidad ha sido esencial para la supervivencia de nuestra especie, y para la salud y la felicidad de sus individuos. Y esta capacidad se basa en *lo que te pasó*, especialmente cuando eras un niño pequeño.

Oprah: Hablar de esto me hace pensar en cuando me pidieron que hiciera una lista de mis momentos favoritos de *The Oprah Winfrey Show*. Y no eran tanto los grandes programas, las sorpresas o los invitados famosos, sino las conversaciones tranquilas. Y la niña de los cereales siempre es una de las primeras que me viene a la cabeza.

Kate, una niña de once años, y su hermano mayor, Zach, vinieron al programa unos meses después de perder a su madre, Kathleen. Me contaron que, antes de que falleciera, sus padres decidieron que pasarían los últimos meses que le quedaban viajando en familia. Le pregunté a Kate cuál había sido su momento favorito de esa época. Y lo que me contestó me hizo pensar: «Pues claro».

«Un día, cuando volví de la alberca —me contó Kate—, mi madre estaba en la cama. Me dijo: "Kate, ¿me traes un tazón de cereal?", y le dije: "Está bien". Luego, una semana antes de que se muriera, yo estaba en la habitación de mis padres. Le dije: "Mamá, si bajas por un tazón de cereal, ¿me despiertas?". Me dijo que sí. Así que, a las dos de la mañana, nos tomamos un tazón de cereal juntas». La familia había viajado por todas partes, pero lo que a Kate se le quedó grabado en la memoria fue un momento íntimo y cotidiano entre madre e hija.

Dr. Perry: Ese es un maravilloso ejemplo del pegamento del amor. Es en los momentos más insignificantes, cuando sentimos que la otra persona está totalmente presente, totalmente entregada, conectada, en los momentos de aceptación, cuando creamos los vínculos más fuertes y duraderos.

Oprah: Veinte años después de aquel momento de los cereales, fuimos a ver cómo le iba a Kate. Nos contó que, aunque había pasado por momentos personales dolorosos, sigue creyendo firmemente en el profundo poder de conexión de los pequeños, pero trascendentales, momentos de la vida, estos momentos seguros, enriquecedores y de plena presencia a los que te refieres.

Dr. Perry: Me encanta esta historia porque dice algo muy importante sobre estos momentos especiales: que las interacciones humanas más intensas y duraderas suelen ser muy breves. Puedes pasar horas con alguien, pero si no estás presente y atento, esas horas serán menos intensas que los breves momentos como el de los cereales.

Oprah: Y cuando no tienes momentos como el de los cereales —si eres un niño que nació en una atmósfera de caos, confusión, violencia o alteración, carente de normalidad o regularidad—, estarás llamado al fracaso. Porque las redes de tu cerebro no se organizan como deberían.

Dr. Perry: Correcto. Y eso puede llevar a unos cimientos más débiles o a una instalación eléctrica defectuosa que te hará estar en riesgo durante toda la vida. Una gran parte de tu vulnerabilidad vendrá de la forma en que una crianza caótica e impredecible influye en los sistemas en desarrollo de respuesta al estrés para que se sensibilicen.

Oprah: ¿Puedes explicar cómo funciona? ¿De qué forma ocurre?

Dr. Perry: Primero debemos hablar un poco más sobre la neuroplasticidad. Recordemos que la neuroplasticidad es, básicamente, la capacidad de cambio del cerebro. Uno de los principios principales de la neuroplasticidad es que el *patrón de activación* tiene mucho que ver con cómo cambia una red neuronal.

Por ejemplo, la activación moderada, predecible y controlable de nuestros sistemas de respuesta al estrés conduce a una capacidad de respuesta al estrés más flexible y robusta (véase la figura 3) que permite a una persona demostrar resiliencia frente a factores estresantes más extremos. Es como si nuestros sistemas de respuesta al estrés levantaran pesas; los ejercitamos para que se hagan más fuertes. Cuanto más nos enfrentemos a retos moderados y los superemos, más capaces seremos de plantar cara a retos mayores. Esto lo vemos en el deporte, en las artes escénicas, en la práctica clínica, en la extinción de incendios, en la enseñanza y en casi cualquier actividad humana; la experiencia puede mejorar el rendimiento. Por eso, el estrés no es algo que debamos temer o evitar. Es la capacidad de control, el patrón y la intensidad de ese estrés lo que puede causar problemas.

Desgraciadamente, para demasiadas personas, el patrón de activación del estrés es impredecible, incontrolable, prolongado o extremo.

Hace muchos años, me llamaron para que fuera a ver al hospital a un niño de trece años, Jesse. Estaba en coma a consecuencia de un traumatismo craneal causado por una pelea con su padre de acogida.

Jesse había nacido en una familia con un historial multigeneracional de abusos sexuales, explotación sexual y participación en el tráfico y la prostitución de niños. Cuando Jesse tenía cinco años, se descubrió en una investigación policiaca que sus padres habían estado prostituyéndolo.

Jesse fue apartado de su familia y asignado a una familia de acogida. Estuvo dando tumbos por el sistema y, después de tres asignaciones fallidas, terminó en un hogar de acogida especializado en niños con necesidades graves. Sus padres de acogida se ocupaban de otros nueve niños. Muchos de ellos presentaban graves problemas del desarrollo: retraso en el desarrollo del lenguaje, comportamientos explosivos y agresivos o manchado fecal. A todos los habían enviado allí porque presentaban comportamientos *incontrolables*, y se consideraba que esa familia tenía un buen historial tratando con niños *difíciles*.

Resultó que esa familia *manejaba* a los niños con terror y maltrato. Los dejaban sin comer si cometían pequeñas *infracciones*, el maltrato mediante castigos físicos era el pan de cada día, obligaban a los niños a hacer ejercicio para agotarlos, y si *se portaban mal*, los obligaban a dormir fuera, en un gallinero. El refrigerador tenía un candado para que los niños no pudieran *robar* comida; animaban a sus hijos biológicos adolescentes a que participaran en la humillación y el maltrato de los niños acogidos.

Jesse intentó escapar de ese infierno varias veces. Por las noches le quitaban los zapatos y la ropa para tratar de detenerlo. Se escapaba de todas formas, pero siempre lo encontraban y lo llevaban de regreso. Una vez, en invierno, mientras corría por una carretera rural descalzo y en ropa interior, lo encontró un ayudante del *sheriff* del condado. Jesse le explicó que lo estaban maltratando. El ayudante del *sheriff* le dijo que dejara de decir mentiras sobre las buenas personas que habían tenido la generosidad de acogerlo en su hogar. Esa noche lo obligaron a dormir en el gallinero. Cuando por fin entró en la casa, escribió en su diario secreto: «¿Por qué me odia Dios?».

Esta es una historia de sufrimiento increíblemente dolorosa, así que nos alejaremos por un momento de la experiencia de Jesse para hablar de cómo nuestros sistemas de respuesta al estrés nos ayudan durante este tipo de situaciones traumáticas constantes. Ya hemos mencionado la respuesta de lucha o huida. La expresión fue acuñada en 1915 por el pionero investigador del estrés Walter B. Cannon. Utilizó esta frase para describir la respuesta aguda al estrés ante una amenaza percibida y los cambios fisiológicos que la acompañan. A esto lo llamaremos *respuesta de activación*.

En la respuesta de activación, como hemos señalado antes, el cerebro se centra en la amenaza y silencia toda la información no esencial procedente del cuerpo y del mundo exterior. Para prepararnos para luchar o huir, nuestro ritmo cardiaco aumenta; se liberan adrenalina y hormonas del estrés relacionadas, como el cortisol, así como el azúcar que tenemos almacenado en los músculos, y la sangre se desvía hacia nuestros músculos. El enfoque general de la respuesta es externo.

Casi todos hemos experimentado alguna versión de esta respuesta de activación al sentirnos amenazados, ya sea la amenaza una visita al dentista, un golpe con el coche, un examen inminente, una discusión acalorada o la perspectiva de tener que hablar en público. Puedes sentir que te sudan las manos, que se te acelera el corazón, o que estás ansioso o nervioso. Todo esto se debe a que se desencadena la respuesta de activación.

Naturalmente, si eres como la mayoría de las personas, no pasarás de estar calmado a estar preparado para luchar en cuestión de segundos (véanse las figuras 5 y 6). Cuando nos encontramos ante una posible amenaza, nuestro comportamiento inicial por defecto es recurrir al rebaño.

Oprah: Un momento. Explica eso del rebaño.

Dr. Perry: Recuerda que los humanos somos seres muy sociales. Nos contagiamos de las emociones de los demás, y analizamos continuamente nuestro entorno de relaciones en busca de señales de aprobación y pertenencia, como en la situación que mencionabas antes: «¿Qué tal lo hice?».

Por eso, cuando percibimos una señal inesperada, confusa o potencialmente amenazadora, nos dirigimos a los demás para que nos ayuden a determinar lo que está ocurriendo. Nos fijamos en otras personas —especialmente en sus expresiones faciales— para obtener pistas emocionales sobre cómo interpretar la situación. Piensa en esa mirada de «¿Oíste lo que dijo?» o «¿Dijo lo que creo que dijo?» que podrían intercambiar Gayle y tú cuando oyen algo escandaloso o inapropiado.

Si no hay nadie más presente, o si confirmas que se trata de una situación amenazante, dejas atrás el rebaño y analizas el entorno para contextualizar mejor la posible amenaza.

Después, es posible que te bloquees. Imagina un estacionamiento a oscuras. Oyes un ruido extraño y te detienes en seco. Pausa. Tu pensamiento experimenta un bloqueo momentáneo. Este tipo de bloqueo también puede ocurrir cuando tienes una interacción tensa en la que hay opiniones discrepantes. Puede que pienses que el tema no es de tu incumbencia, pero de pronto alguien te pregunta: «¿Y tú qué opinas? ¿Qué deberíamos hacer?». Antes de poder procesar lo que está pasando y responder, puede que te quedes en blanco, paralizado. Y a menudo te parecerá que tu respuesta no fue demasiado *inteligente*; recuerda que cuanto más amenazados o estresados nos sentimos, menos acceso tenemos a la parte inteligente de nuestro cerebro, es decir, la corteza cerebral (véase la figura 6).

A medida que la sensación de amenaza se intensifica, finalmente llegas al estado de lucha o huida. Para resumir todo el continuo de la respuesta de activación, piensa en lo que ocurre cuando te encuentras con un ciervo en el bosque. Los ciervos están siempre hipervigilantes, formando rebaño constantemente. Si oyen algo o si el comportamiento de otro ciervo cambia, se quedan inmóviles. Esto los ayuda a localizar la posible amenaza y hace que sea más difícil que los vean los depredadores que se apoyan en la vista. Si la amenaza persiste, huyen. Pero si acorralas a un ciervo, luchará. Rebaño, paralización, huida y lucha (véase la figura 6).

Volvamos a Jesse. Durante su estancia en aquel hogar de acogida, su respuesta dominante al estrés era la respuesta de activación.

Resistiéndose y escapándose: huyendo. Y, en última instancia, luchando.

Uno de los métodos favoritos de esa familia para hacer que los niños fueran más fáciles de controlar era agotándolos. El ejercicio forzado era habitual; en concreto, los hacían subir y bajar corriendo un tramo de escaleras. Un día, Jesse se hartó. Tras subir las escaleras, se negó a seguir. El padre de acogida se enfureció con él, pero Jesse no cedía. Empezaron a pelearse. Jesse cayó, o lo lanzaron, por las escaleras, y se dio el grave golpe en la cabeza que lo dejó en coma, lo que lo condujo a su hospitalización.

Como ya hemos visto, nuestro cerebro utiliza un par de estrategias clave para ayudarnos a dotar al mundo de sentido. Primero establece asociaciones entre los patrones de informaciones sensoriales que concurren simultáneamente, creando *recuerdos* de nuestras experiencias. En segundo lugar, utiliza estos recuerdos almacenados para categorizar e interpretar las experiencias nuevas. Y si la nueva información es lo suficientemente similar a una experiencia previa, categorizará la nueva experiencia como similar o igual a la experiencia pasada.

Jesse tenía dos tipos de recuerdos traumáticos: uno del maltrato al que había sido sometido cuando era un niño muy pequeño; el otro, del maltrato que recibió en el hogar de acogida. Cuando era un niño muy pequeño sometido a maltrato, la respuesta de lucha o huida —resistirse, llorar, patalear o tratar de pelear— no era adaptativa; al contrario, habría provocado más dolor y lesiones. Afortunadamente, como hemos dicho antes, nuestro cerebro dispone de una respuesta al estrés muy distinta en la que apoyarse: la respuesta disociativa.

La disociación es una capacidad mental compleja que utilizamos en nuestra vida diaria; consiste en desconectarse del mundo exterior y centrarse en nuestro mundo interior. Soñar despiertos o dejar que nuestra mente divague son formas de disociación. Y al igual que la respuesta de activación, la respuesta disociativa es un continuo. A medida que el estrés o la amenaza crecen, la respuesta disociativa lleva a la persona a un modo de protección cada vez más profundo.

Mientras que la fisiología de la respuesta de activación es optimizar la lucha o la huida, la fisiología de la disociación es ayudarnos a descansar, reponer fuerzas, sobrevivir a las lesiones y tolerar el dolor. Mientras que la activación acelera el ritmo cardiaco, la disociación lo reduce; mientras que la activación envía sangre a los músculos, la disociación la mantiene en el tronco para minimizar la pérdida de sangre en caso de lesión. La activación libera adrenalina; la disociación libera los analgésicos del cuerpo, encefalinas y endorfinas. Y para el Jesse de cuatro años, la disociación era la única opción adaptativa cuando lo maltrataban: la capacidad de huir emocionalmente a su mundo interior.

Para evaluar a Jesse mientras estaba en coma, pude obtener ropa sin lavar de su padre biológico y de su padre de acogida. A pesar de estar inconsciente, Jesse mostró una respuesta fisiológica importante cuando estuvo expuesto de nuevo al olor de estos dos hombres. Cuando le puse la ropa de su padre de acogida bajo la nariz, empezó a agitarse y a gritar, y su ritmo cardiaco subió de 90 latidos por minuto a 162; creo que esta intensa respuesta de activación se debió a un conjunto de recuerdos relacionados con experiencias traumáticas que había vivido a manos de su padre de acogida. (Igual que en el caso del señor Roseman del primer capítulo, estos recuerdos se almacenan en las áreas inferiores del cerebro.) Cuando le acerqué a la nariz la ropa de su padre biológico, también reaccionó: esta vez con mucho menos movimiento y, aunque inicialmente se le aceleró el ritmo cardiaco, luego cayó en picada hasta situarse por debajo de los 60 latidos por minuto. Esta reacción se ajusta a una respuesta disociativa provocada por la activación del recuerdo del maltrato que sufrió a manos de su padre. Incluso cuando la corteza cerebral no estaba disponible (o, dicho de otra forma, cuando estaba dormido o en coma), estas señales evocadoras

Figura 6

FUNCIONAMIENTO DEPENDIENTE DEL ESTADO

«ESTADO»	CALMA	ALERTA
REGIONES CEREBRALES DOMINANTES	Corteza (RDN)	Corteza (Sistema límbico)
«Opción» ADAPTATIVA Activación	Reflexión (creación)	Agrupación en rebaño (hipervigilancia)
«Opción» ADAPTATIVA Disociación	Reflexión (ensoñación)	Evitación
COGNICIÓN	Abstracto (creación)	Concreto (rutinario)
CI funcional	120-100	110-90

Todo el funcionamiento del cerebro depende del estado en el que nos encontremos. Cuando pasamos de un estado interno a otro, se produce un cambio en las partes del cerebro que tienen el control (dominantes); cuando estás calmado, por ejemplo, puedes utilizar las partes más inteligentes del cerebro (la corteza cerebral) para reflexionar y crear. Cuando te sientes amenazado, esos sistemas corticales se vuelven menos dominantes, y las partes más reactivas de tu cerebro empiezan a tomar el control. Este continuo avanza desde la calma hasta el terror.

Los cambios dependientes del estado provocan los cambios correspondientes en una serie de funciones mediadas por el cerebro, como la capacidad de resolver problemas, el estilo de pensamiento (o cognición), y la esfera de preocupación. En general, cuanto más

ALARMA	MIEDO	TERROR
Sistema límbico	Diencéfalo (tallo cerebral)	Tallo cerebral
Paralización (resistencia)	Huida (desafío)	Lucha
Conformidad	Disociación (parálisis/catatonia)	Desmayo (colapso)
Emocional	Reactivo	Reflexivo
100-80	90-70	80-60

amenazada se sienta una persona, mayor será el control del funcionamiento que pasará de las partes superiores del cerebro (corteza cerebral) a las partes inferiores (diencéfalo y tallo cerebral). El miedo desactiva muchos sistemas corticales.

Los comportamientos adaptativos que se observan durante los cambios de funcionamiento dependientes del estado variarán dependiendo de cuál de los dos patrones de respuesta adaptativa principales (activación y disociación) sea el dominante en la persona durante un suceso estresante o traumático.

El término red neuronal por defecto (RND) hace referencia a una red ampliamente distribuida, principalmente en la corteza cerebral, que está activa cuando un individuo piensa en los demás o en sí mismo, recuerda el pasado y planifica el futuro.

desencadenaban comportamientos, emociones y respuestas fisiológicas complejas porque se debían a recuerdos almacenados en los sistemas inferiores del cerebro.

Lo que quiero decir con todo esto es que nuestras respuestas específicas relacionadas con el trauma dependerán de la respuesta al estrés que haya dominado en una experiencia determinada. Es posible que una persona tenga múltiples señales evocadoras que provoquen respuestas conductuales muy distintas. Algunas señales relacionadas con el trauma pueden hacer que te vuelvas evitativo y te encierres en ti mismo; otras te pueden llenar de rabia y activarte. La compleja huella de una experiencia traumática será única para cada individuo. El momento, la naturaleza, el patrón y la intensidad de una experiencia traumática pueden influir en cómo afectará a cada uno.

La historia de Jesse no acaba ahí. Salió del coma, pero, por desgracia, presentó algunos efectos secundarios. Finalmente fue a una residencia, donde vivió y trabajó como auxiliar de transporte. Su proceso de recuperación tiene mucho que decirnos sobre el poder terapéutico de la conexión. Cuando hablemos sobre la curación y la recuperación, volveremos al caso de Jesse, pero, por ahora, dejémoslo en que su historia muestra la increíble maleabilidad del cerebro y el poder de la esperanza.

Oprah: Creo que todo el que lea este libro buscará precisamente eso, la esperanza de saber que, pase lo que pase, existe un rayo de luz que puede guiarlos hacia delante. Las historias que estás contando aquí son las que ayudan a las personas a ver que no están solas en su trauma. Teniendo esto presente, ¿podemos dedicar un momento a hablar sobre el trauma y el miedo? Conozco a muchas personas que sufrieron maltrato cuando eran niños y que parecen vivir en un estado de miedo constante, a pesar de que la amenaza ha desaparecido. ¿Puedes explicar qué le ocurre al cerebro cuando se crece teniendo miedo?

Dr. Perry: Claro. Lo que acabas de decir es muy importante si queremos entender a niños como Jesse: viven en un estado de miedo constante. Las personas pensamos, aprendemos, sentimos y nos comportamos de una forma distinta cuando tenemos miedo y cuando nos sentimos seguros.

Todo el funcionamiento del cerebro es *dependiente del estado*. En todo momento, el estado colectivo de los sistemas de nuestro cuerpo y de la atención de la mente determina el estado en que nos encontramos, y nuestro estado puede cambiar muy rápidamente. Las dos categorías principales de los estados son despierto y dormido. En el sueño existen varias fases (por ejemplo, la fase REM, o de movimientos oculares rápidos). Lo mismo ocurre con la vigilia; pasamos por distintas *fases* o estados de activación cuando estamos despiertos. Podemos adentrarnos en estas fases si nos fijamos en la figura 6. Esta figura contiene mucha información, y habrá parte de ella que no toquemos hasta más adelante, así que permíteme que te oriente un poco.

Empecemos por la parte izquierda, con la columna de «Calma». En este estado podemos estar tranquilos, relajados, y dejar que nuestra mente divague y se distraiga; aquí tenemos acceso a la parte más inteligente de nuestro cerebro, la corteza cerebral. La siguiente columna, «Alerta», es donde nos centramos en algún aspecto del mundo exterior, como podría ser una conversación. Cuando estamos bien regulados, en equilibrio, podemos permanecer en estados activos de alerta y calma durante gran parte del día.

De vez en cuando nos encontraremos con algún problema, una sorpresa o una amenaza, y pasaremos al estado de «Alarma». Cuando esto ocurre, empezamos a pensar de forma más emocional, porque los sistemas inferiores del cerebro empiezan a dominar nuestro funcionamiento. Una conversación se convierte en una discusión; nuestros argumentos lógicos pasan a ser ataques emocionales o personales. Actuamos de una forma menos madura, y a menudo decimos o hacemos cosas de las que luego nos arrepentimos.

Si nos enfrentamos a una amenaza real, pasamos al estado de «Miedo». Aquí, las partes más inferiores de nuestro cerebro dominan nuestro funcionamiento. Nuestra capacidad de resolver problemas se deteriora; nos concentramos en ese preciso momento. Y en ese momento, esta estrategia es adaptativa. Los problemas aparecen cuando las personas se quedan estancadas en este estado. Un patrón de estrés extremo y prolongado puede hacer que esto ocurra. Pensemos en Jesse. La impredecibilidad era constante; el dolor, la sensación de amenaza y el miedo eran incontrolables y, a veces, extremos. Sus sistemas de respuesta al estrés se adaptaron y se sensibilizaron. Jesse se quedó estancado en un estado de miedo permanente.

Ahora bien, como hemos apuntado antes, lo que es adaptativo para un niño que vive en un entorno caótico, violento e impregnado de situaciones traumáticas se vuelve inadaptativo en otros entornos, especialmente en la escuela. La hipervigilancia del estado de alerta se confunde con el TDAH; la resistencia y la actitud desafiante de los estados de alarma y miedo se etiquetan como trastorno de oposición desafiante; el comportamiento de huida provoca que los expulsen de la escuela; el comportamiento de lucha hace que los acusen de agresión. La incomprensión generalizada de los comportamientos asociados al trauma tiene un efecto profundo en nuestros sistemas de educación, de salud mental y en los juzgados de menores.

Oprah: Y por eso necesitamos formación sobre el trauma en estas instituciones. Y es también la razón por la que tenemos que dejar de preguntar *¿Qué te pasa?* y empezar a preguntar *¿Qué te pasó?*

CAPÍTULO 4

EL ESPECTRO DEL TRAUMA

«Vestía de gris, como las nubes de lluvia».

Estas ocho palabras, llenas de verdad, me engancharon inmediatamente a Ruby, la novela superventas de Cynthia Bond. Para escribir la desgarradora historia de una valiente niña nacida de la tragedia, enzarzada en una batalla contra los horrores que vivió y los demonios internos a los que se enfrentó, Cynthia se inspiró en los años que pasó trabajando con jóvenes sin hogar y en situación de riesgo y en su experiencia personal como superviviente de abusos sexuales.

Después de acompañarme en una conversación para mi club de lectura, Cynthia escribió un artículo para O Magazine en el que detallaba sus problemas de salud mental. Durante mucho tiempo, decía, no supo qué le pasaba; solo sabía que veía el mundo a través de un «prisma de dolor».

«Durante muchos años —escribía—, raramente dormía, hacía vigilias nocturnas contra mis recuerdos. Algunas mañanas me sentía soldada a la cama. Me invadía una profunda vergüenza: ¿por qué no podía animarme, superarlo? Veía a los demás recuperarse de rupturas amorosas, despidos, ejecuciones hipotecarias y cosas mucho peores. Yo no era capaz de arreglarme. Empecé a pensar que el problema estaba en mi carácter».

Cynthia rezó para que desapareciera eso a lo que llamaba el dolor. Y, como tantas otras personas, especialmente mujeres, aprendió a resistir, a seguir adelante, bajo una máscara de fortaleza. Sin embargo, en los momentos más oscuros, pensó en quitarse la vida.

Finalmente le diagnosticaron depresión y trastorno de estrés postraumático (TEPT). Tras el diagnóstico, no todas las personas de su entorno la apoyaron. «Empezaron a desconfiar de mi voz. Cuestionaban mis decisiones, mi carrera, mi capacidad de ser madre. Algunos nunca volvieron a verme de la misma forma». Pero, con el tiempo, Cynthia encontró el apoyo que necesitaba. «Aprendí [...] que podía tener sentimientos sin que me *incapacitaran. Que no había hecho nada malo. Que no tenía por qué sentirme avergonzada».*

La historia de Cynthia hace que me dé cuenta, una vez más, de lo abrumador que puede ser lidiar con un trauma pasado. A muchas personas, cuando empiezan a pensar en el trauma que han vivido, les cuesta reconocer la relación entre sus experiencias tempranas y sus patrones de toma de decisiones en su vida adulta. Racionalizan su comportamiento diciendo que «así son las cosas». O, intentando dejar atrás cualquier malestar que puedan sentir, le quitan peso, encuentran formas (tanto saludables como perjudiciales) de calmarlo o, sencillamente, lo entierran. Convivir con el trauma no es fácil.

En esencia, el trauma consiste en los efectos duraderos de un choque emocional. Si no se examina, puede acarrear consecuencias físicas, emocionales y sociales a largo plazo. He pasado toda mi vida adulta escuchando y absorbiendo historias sobre esas consecuencias, los estragos que causan los traumas sin resolver.

Para mí, existen dos puntos de vista para abordar el qué te pasó. Está la explicación científica del efecto que el trauma temprano tiene sobre el cerebro, y luego están las innumerables acciones cotidianas que llevamos a cabo a lo largo de nuestra vida y que son el resultado, y también el reflejo, de ese trauma. Son acciones que, superficialmente, parecen malas decisiones, malos hábitos, autosabotaje y autodestrucción; todas esas acciones que hacen que los demás te juzguen.

Por eso creo tan firmemente en el enfoque del ¿Qué te pasó?, porque evita el juicio que implica el ¿Qué te pasa?

Adicciones de todo tipo, ansiedad, depresión, rabia, dificultad para mantener un empleo o un ciclo de relaciones tóxicas: lo que sé con certeza es que el dolor es siempre el mismo. Y creo que la desesperación que atraviesa casi todos los comportamientos destructivos es un sentimiento firmemente arraigado de que se es indigno. No es lo mismo pensar que mereces ser feliz que saber que eres digno de serlo. Muy a menudo bloqueamos nuestra fortuna porque, en el fondo, no creemos que seamos lo suficientemente buenos. Incluso si has acumulado una casa llena de cosas bonitas y la imagen de tu vida cabe en un precioso marco o si has pasado por un trauma, pero no has profundizado en él, las partes que tienes heridas afectarán a todo lo que has logrado construir.

Este capítulo pretende ayudarte a reconocer las señales que indican que puedes haber experimentado un trauma. Tengo la esperanza de que, gracias a las herramientas desarrolladas por expertos como el doctor Perry, puedas empezar a localizar los momentos que contribuyeron a que te convirtieras en la persona que eres hoy.

Mientras revisas tu pasado, recuerda que no importa lo que ocurriera; el mero hecho de que estés aquí, vivo, significa que eres digno. Y recuerda que hay esperanza. En palabras de Cynthia: «El bienestar es posible. Se llega a él momento a momento, paso a paso».

Oprah

Oprah: Tú y yo llevamos treinta años hablando sobre el trauma. En un momento dado, me dijiste que casi el 40 % de los niños menores de dieciocho años han sufrido algún tipo de trauma. Es una cifra aterradora.

Dr. Perry: Por desgracia, resulta que me equivoqué; ahora sabemos que las cifras son todavía peores. Un estudio reciente llevado a cabo por la National Survey for Children's Health observó que casi el 50 % de los niños de Estados Unidos han pasado por al menos una experiencia traumática significativa. Y aún más recientemente, en 2019, un estudio de los Centros para el Control y la Prevención de Enfermedades (CDC) de Estados Unidos descubrió que el 60 % de los adultos estadounidenses dicen haber vivido al menos una experiencia adversa en la infancia, y casi una cuarta parte dijo haber vivido tres o más. Estas cifras son todavía más desgarradoras si tenemos en cuenta que los investigadores de los CDC creen que son una subestimación.

Oprah: Analicemos a qué te refieres cuando utilizas la palabra *trauma*. Aunque la oímos muy a menudo, muchas personas no tienen claro cuál es su definición exacta. ¿Las experiencias adversas en la infancia son lo mismo que un trauma?

Dr. Perry: Has dado justo en el clavo, ya que se trata de un problema importante y difícil para quienes nos dedicamos a estudiar estas cuestiones. Tal como apuntas, la palabra *trauma* se utiliza muy a la ligera hoy en día. Para la mayoría de las personas denota un acontecimiento o una experiencia muy negativa, normalmente una que se te queda *pegada*, que no olvidas, y que puede tener una influencia prolongada.

Siempre hemos sabido que la muerte y las masacres que se ven en combate pueden cambiar a las personas. Desde hace siglos, los observadores del comportamiento humano han descrito problemas emocionales y conductuales significativos tras la guerra. En el año 800 a. C., en la *Ilíada*, Homero describió el deterioro emocional asociado al trauma de Áyax. Cuatrocientos años más tarde, el historiador griego Heródoto describió síntomas similares a los del trauma, como la ceguera histérica y la fatiga emocional, en los guerreros tras la batalla de Maratón. Los efectos sobre la salud mental asociados al trauma se conocieron como *corazón irritable* después de la guerra de Secesión, y como *neurosis de guerra* tras la primera guerra mundial.

La literatura y el cine están llenos de historias *traumáticas*; casi todas las historias que cuentan el origen de los superhéroes parten de una pérdida traumática, por ejemplo. Estoy seguro de que la novela *Ruby*, de Cynthia Bond, no es la única del club de lectura de Oprah que tiene como elemento narrativo principal una experiencia traumática; de hecho, apostaría a que es el caso del 80 % de los libros elegidos. *Al este del Edén*, por ejemplo, es una clase magistral sobre trauma transgeneracional.

Y, aun así, a la comunidad académica le ha costado definir qué es el trauma y, por tanto, comprender su dimensión real. Una parte del problema es que decir que un acontecimiento es *negativo* es subjetivo.

Veamos un ejemplo. Imaginemos que hay un incendio en una escuela de primaria. Una bombera experimentada podrá meterse entre las llamas y apagarlas, como ha hecho cientos de veces. En cambio, un niño de primero que ve cómo su salón es presa de las llamas experimentará unos minutos muy intensos de miedo, confusión e indefensión. Este ejemplo ilustra uno de los problemas principales para comprender un acontecimiento potencialmente traumático: ¿cómo vive el acontecimiento el *individuo* en concreto? ¿Qué está ocurriendo en su interior? ¿Su respuesta ante el estrés se activa de forma extrema o prolongada?

Oprah: En otras palabras, dado que la experiencia interior de un acontecimiento es distinta para cada persona, su efecto a largo plazo también lo es.

Dr. Perry: Exacto. Los efectos a largo plazo guardan relación con varios factores, incluida la naturaleza de tu respuesta al estrés (por ejemplo, puede haber una respuesta de activación, o de disociación, o una combinación de ambas), así como la intensidad y el patrón de dicha respuesta.

Imagina que, mientras ese niño de primero de primaria reacciona ante el incendio en su clase con terror, otro de quinto que está en otra parte del edificio no se siente igual de amenazado. Para él, el incendio ha sido casi emocionante; como estaba más alejado de la amenaza directa, se ha sentido seguro todo el tiempo.

Tenemos a tres personas que han vivido el mismo suceso, y cada una lo ha hecho de un modo distinto. Y puesto que cada una lo ha experimentado de forma distinta, cada una tiene una respuesta al estrés diferente. Gracias a sus años de experiencia y de práctica, la bombera tiene una activación moderada de sus sistemas de respuesta al estrés; el acontecimiento ha sido predecible y controlable. Para ella, es una experiencia de fortalecimiento de su resiliencia, no un trauma.

En el caso del niño de quinto, su respuesta al estrés se activa de forma temporal. En una semana, aproximadamente, los efectos agudos de esta activación han desaparecido; ha vuelto a su línea de base, está *equilibrado*, no traumatizado. Pero en el caso del niño de primero, la activación de sus sistemas de respuesta al estrés ha sido muy alta; desarrollará un sistema de respuesta al estrés sensibilizado (véanse las figuras 3 y 5).

Oprah: Entonces, ¿podemos decir que el incendio fue un trauma?

Dr. Perry: Para el niño de primero, sí, pero no para el de quinto. El niño de quinto experimenta una *reacción de estrés agudo*, y en algunas semanas vuelve a su línea de base. Y para la bombera, como ya hemos dicho, es una experiencia de fortalecimiento de su resiliencia.

Este es el problema que nos encontramos al estudiar el *estrés traumático*. ¿Cómo podemos estudiar los efectos del trauma si no disponemos de una definición más estandarizada?

Como respuesta a este problema, la Administración de Servicios de Salud Mental y Abuso de Sustancias (SAMHSA, por sus siglas en inglés) convocó a un grupo de académicos y médicos. Juntos, establecieron la definición del trauma de las *tres E*, que articula lo que acabamos de comentar, es decir, que un trauma se caracteriza por tres aspectos principales: el acontecimiento (*event*, en inglés), la experiencia y los efectos. La complejidad de estos tres componentes interrelacionados es lo que debería tenerse en cuenta en la práctica clínica y estudiarse en la investigación.

No es demasiado sencillo o satisfactorio, lo sé. El dilema que plantea la definición del trauma no se ha resuelto del todo, lo que conduce a que el término siga utilizándose de una forma confusa.

Mientras hablamos, por ejemplo, estamos inmersos en una pandemia global, y hay quien ha escrito que para los alumnos de último curso de enseñanza secundaria o universitaria es traumático que no vayan a poder celebrar su ceremonia de graduación. O que llevar cubrebocas en la escuela traumatiza a los niños. O que la pandemia es traumática para todos.

Otros, como yo, hemos dicho: a ver, un momento, es probable que todas estas cosas sean molestas, difíciles e incluso trágicas, pero no tienen por qué ser necesariamente traumáticas, y, desde luego, no lo serán para todos. En muchos sentidos, una pandemia es un acontecimiento compartido, pero es una experiencia única para cada uno de nosotros. Muchos no enfermaremos, ni perderemos nuestro trabajo o nuestro hogar ni sufriremos la muerte de amigos o familiares. El privilegio de algunos, como yo mismo, quedará desenmascarado, mientras que la vulnerabilidad de otros quedará expuesta. Las desigualdades y los defectos de nuestros sistemas públicos aumentarán. Los que menos tienen serán los que más probabilidades tendrán de quedar traumatizados.

Pero, para muchos, la experiencia, aunque estresante, no será traumática.

En mi opinión, la comprensión del trauma siempre ha estado relacionada con el estudio de los cambios específicos de los acontecimientos en los sistemas de respuesta al estrés. Estos acontecimientos pueden ser importantes y obvios para todos, como un maltrato físico por parte de un padre o una madre. Pero creo que el trauma también puede surgir de experiencias más silenciosas y menos evidentes, como la humillación, la vergüenza u otro tipo de maltrato emocional por parte de los padres, o como la marginación de un niño que pertenece a una minoría en una comunidad mayoritaria (crecer viviendo experiencias *marginales* puede sensibilizar los sistemas de respuesta al estrés [véase la figura 3]). Todo esto puede provocar efectos postraumáticos a largo plazo en el cerebro y en el resto del cuerpo.

Los efectos específicos sobre tu salud vendrán determinados por otros factores, entre ellos, la vulnerabilidad genética, la etapa del desarrollo en la que ocurrieron los acontecimientos traumáticos, tu historial de traumas previos, el historial de trauma de tu familia y la capacidad de amortiguación de tus relaciones sanas, de tu familia y de tu comunidad. Pero comprender cómo los patrones de estrés pueden afectar a la regulación o el equilibrio es fundamental para entender cómo *lo que te pasó* está conectado con tu salud, en todos los ámbitos, mental, físico y social.

Se ha estimado que la adversidad en la infancia desempeña un papel muy importante en el 45 % de todos los trastornos de salud mental en los niños, y en el 30 % de los trastornos de salud mental en los adultos. Estas estimaciones coinciden con otros estudios que demuestran que existe un riesgo más elevado de padecer depresión mayor, ansiedad, esquizofrenia y otros trastornos psicóticos después de haber tenido experiencias traumáticas o adversas en la infancia.

Oprah: Hablemos un poco más sobre las experiencias adversas en la infancia. Cuéntame exactamente qué son y cómo su estudio nos ha ayudado a entender mejor los efectos del trauma en la salud.

Dr. Perry: El estudio original sobre experiencias adversas en la infancia se publicó en 1998. Sus autores crearon un cuestionario sencillo de diez preguntas sobre *adversidades* que podrían haber ocurrido durante los primeros dieciocho años de vida (véase la figura 7). En el estudio original, 17 000 adultos contestaron el cuestionario para obtener una puntuación de experiencias adversas en la infancia que iba de 0 a 10. Después, los autores observaron la salud física, mental y social de dichos adultos.

El primer estudio epidemiológico sobre experiencias adversas en la infancia identificó una correlación entre esta puntuación y las nueve causas principales de muerte en la vida adulta. Es decir, cuantas más adversidades se atravesaron durante la infancia, más elevado era el riesgo de padecer problemas de salud. Los estudios que se llevaron a cabo posteriormente utilizando los mismos datos demostraron unas correlaciones similares entre la puntuación de experiencias adversas en la infancia en adultos y el riesgo de suicidio, problemas de salud mental, consumo y dependencia de sustancias y otros muchos problemas.

Estos estudios sobre experiencias adversas en la infancia están entre los estudios epidemiológicos más importantes de nuestro tiempo. Se han replicado muchas veces. Al principio, la comunidad médica y el público general ignoraron este estudio. En los últimos diez años, sin embargo, se ha popularizado mucho, aunque la mayoría lo ha malinterpretado.

Oprah: ¿En qué sentido?

Dr. Perry: Inicialmente, hubo cierto rechazo debido al diseño del estudio. Como el cuestionario se hizo con una muestra

Figura 7

ESTUDIO SOBRE EXPERIENCIAS ADVERSAS EN LA INFANCIA

Antes de cumplir los dieciocho años...

1. ¿Tu padre, madre u otro adulto que viviera en tu casa te ofendía, te insultaba, te menospreciaba o te humillaba con frecuencia o con mucha frecuencia, o actuaba de tal forma que temías que pudieran hacerte daño físicamente?

   No ____ En caso afirmativo, introduce un 1 ____

2. ¿Tu padre, madre u otro adulto que viviera en tu casa te empujaba, te jalaba, te abofeteaba o te lanzaba algún objeto con frecuencia o con mucha frecuencia? ¿O alguna vez te pegó tan fuerte que te dejó marca o te provocó alguna lesión?

   No ____ En caso afirmativo, introduce un 1 ____

3. ¿Alguna vez un adulto o alguien al menos cinco años mayor que tú te tocó o te acarició o te hizo tocarle su cuerpo de una forma sexual? ¿O intentó o llegó a mantener relaciones sexuales orales, anales o vaginales contigo?

   No ____ En caso afirmativo, introduce un 1 ____

4. ¿Sentías con frecuencia o con mucha frecuencia que nadie de tu familia te quería o que nadie pensaba que fueras importante o especial? ¿O que los miembros de tu familia no cuidaban unos de otros, no tenían una relación cercana o no se apoyaban?

   No ____ En caso afirmativo, introduce un 1 ____

5. ¿Sentías con frecuencia o con mucha frecuencia que no tenías suficiente alimento, tenías que llevar ropa sucia, y no tenías a nadie que te protegiera? ¿O tus padres estaban demasiado ebrios o intoxicados como para cuidar de ti o llevarte al médico si lo necesitabas?

   No ____ En caso afirmativo, introduce un 1 ____

6. ¿Tus padres se separaron o se divorciaron?

                         No ____ En caso afirmativo, introduce un 1 ____

7. ¿Empujaban, agarraban, abofeteaban o lanzaban objetos a tu madre o tu madrastra con frecuencia o con mucha frecuencia? ¿O le pegaban, la mordían, le daban puñetazos o la golpeaban con objetos contundentes con frecuencia o con mucha frecuencia? ¿Alguna vez la golpearon durante al menos varios minutos seguidos o la amenazaron con una pistola o un cuchillo?

                         No ____ En caso afirmativo, introduce un 1 ____

8. ¿Vivías con alguien que tuviera problemas con el alcohol o fuera alcohólico, o que consumiera drogas ilegales?

                         No ____ En caso afirmativo, introduce un 1 ____

9. ¿Alguna de las personas con las que convivías sufría depresión o alguna otra enfermedad mental, o intentó suicidarse?

                         No ____ En caso afirmativo, introduce un 1 ____

10. ¿Alguna de las personas con las que convivías fue a la cárcel?

                         No ____ En caso afirmativo, introduce un 1 ____

Ahora suma todas las respuestas afirmativas: ____. Esta es tu puntuación de experiencias adversas en la infancia.

predominantemente blanca y de clase media, se cuestionó la aplicabilidad de sus resultados a otros grupos demográficos. Otro problema fue que el cuestionario solo incluía diez adversidades, y dejaba fuera toda una serie de otras posibles experiencias traumáticas.

Sin embargo, el principal malentendido que se dio con este estudio es que las personas confunden la correlación con la causalidad. Obtener una puntuación elevada de experiencias adversas en la infancia no significa que *vayas* a padecer una enfermedad cardiaca; significa simplemente que tu riesgo de padecerla aumenta.

Oprah: Entiendo de dónde podría venir esa mala interpretación.

Dr. Perry: No todas las personas altas juegan bien básquetbol; y no todos los buenos jugadores de básquetbol son altos. Pero, en general, es probable que un grupo de deportistas de 1.95 m sea mejor en el equipo de básquetbol universitario que un grupo de deportistas de 1.65 m. Del mismo modo, obtener una puntuación de 5 en el cuestionario de experiencias adversas en la infancia solo significa que es *probable* que tengas más dificultades que alguien que solo ha obtenido un 1.

Pero démosle otra vuelta. Si vas a un campus universitario y reúnes a todos los alumnos que miden 1.95 m, solo algunos jugarán en el equipo de básquetbol universitario. Muchos de ellos tendrán poca coordinación y no serán atléticos. Lo mismo ocurre con esta puntuación. Muchas personas que tienen una puntuación de 5 están sanas, son productivas, positivas, y no tienen problemas. Y algunas personas con una puntuación de 1 tendrán problemas graves.

Insisto en que los estudios sobre las experiencias adversas en la infancia son de una importancia *enorme*, pero la puntuación que proporcionan no tiene demasiado poder predictivo real a nivel individual ni como herramienta clínica. Es una mirada muy superficial al *qué te pasó*, no la exploración profunda y prolongada que se requiere para entender de verdad nuestra trayectoria personal. Imagina lo superficiales y extrañas que serían tus entrevistas si te limitaras a entregar un cuestionario de diez preguntas y obtuvieras un número de cada invitado. Esta puntuación no cuenta su historia; este número no puede *ser* su historia.

Lo que estas puntuaciones no te dicen es el momento, el patrón y la intensidad del estrés y de la angustia, y tampoco hablan de la presencia de factores de amortiguación o de curación. Excluye las variables más importantes para predecir la salud y los riesgos.

Deja que te dé dos ejemplos de nuestro trabajo. A lo largo de los años, hemos recopilado datos relacionados con el desarrollo de más de 70 000 casos individuales en 25 países. Esto incluye a niños pequeños, niños, jóvenes y adultos. Hemos registrado historias detalladas de traumas y adversidades, así como historias de *salud relacional* (fundamentalmente sobre conectividad, es decir, la naturaleza, la calidad y la cantidad de conexión con la familia, la comunidad y la cultura).

Nuestro principal hallazgo es que tu historia de salud relacional —tu conexión con tu familia, comunidad y cultura— permite predecir más tu salud mental que tu historial de adversidad (véase la figura 8). Esto va en la misma línea que las conclusiones de otros investigadores que estudian el efecto de las relaciones positivas sobre la salud. La conectividad tiene el poder de contrarrestar la adversidad.

La segunda conclusión importante es que el *momento* en el que se produce la adversidad marca una gran diferencia a la hora de determinar el riesgo general. En pocas palabras, si experimentas un trauma a los dos años, su efecto en tu salud será mayor que si ese mismo trauma se produce a los diecisiete años. Lamentablemente, la encuesta de las experiencias adversas en la infancia no ayuda a establecer esta distinción; solo pregunta si te enfrentaste a alguna de esas diez adversidades durante los primeros dieciocho años de vida.

Cuando profundizamos un poco más en el momento en el que tuvo lugar el riesgo para el desarrollo, surge una observación muy significativa. El descubrimiento fundamental es que las experiencias de los dos primeros meses de vida tienen unos efectos desproporcionadamente importantes en la salud a largo plazo y en el desarrollo. Esto tiene que ver con el crecimiento extraordinariamente rápido del cerebro durante las etapas tempranas de la vida y con la organización de las importantísimas redes reguladoras centrales (véase la figura 2).

Si en sus dos primeros meses de vida un niño experimentó una alta adversidad con una mínima amortiguación relacional, pero luego vivió en un entorno más saludable durante los siguientes doce años, sus resultados eran peores que los de los niños con una baja adversidad y una conexión relacional saludable en sus dos primeros meses de vida, pero que luego experimentaron una alta adversidad durante los siguientes doce años.

Piénsalo: el niño que solo ha pasado dos meses de experiencias sumamente negativas sale peor parado que el niño que las ha sufrido durante casi doce años, y todo debido al momento en el que las vivieron.

Sé que suena descorazonador, pero creemos que los resultados negativos no son inevitables; de hecho, creemos que es un ejemplo magnífico de por qué necesitamos sistemas informados sobre el desarrollo y conscientes del trauma.

Recordemos lo que decíamos antes sobre lo importante que es el cuidado atento y receptivo cuando se trata de proporcionar experiencias organizadoras para los sistemas de respuesta al estrés de un bebé. Ten presente que si las experiencias vitales de los dos primeros meses incluyen un estrés inestable o impredecible, este patrón de activación creará una respuesta al estrés sensibilizada (véanse las figuras 3 y 5). Esto conduce a toda una serie de problemas relacionados con el trauma. E incluso cuando estos niños ya no se encuentren en entornos de alto riesgo, sus problemas deben ser abordados por sus cuidadores, pediatras, personal de salud mental y educadores. Pero si estas personas malinterpretan la situación, si estas instituciones se centran en *¿Qué te pasa?* —como suele ser el caso, por desgracia—, los niños no mejorarán. Seguirán teniendo dificultades. Su reactividad emocional y sus problemas de comportamiento no se verán a través del prisma del desarrollo o del trauma, lo que podría dar pie a intervenciones ineficaces.

Creemos que estos niños podrían vivir más felices y sanos si los hogares, las escuelas y los servicios de salud y de salud mental en los que crecieron sustituyeran el *¿Qué te pasa?* por el *¿Qué te pasó?*

Y reconocemos el poder y el potencial de la infancia muy temprana. Piensa en el efecto que podrían tener unos pocos meses de apoyo estable y predecible a un padre o una madre jóvenes. Desde el punto de vista del niño, podría significar que tendría un punto de partida positivo en la vida que llevaría al desarrollo de sistemas de respuesta al estrés más resilientes. Y, a su vez, estos sistemas de respuesta al estrés regulados ayudarían a garantizar un desarrollo sano de las partes superiores del cerebro.

Oprah: Esto pone de manifiesto la importancia de la prevención. Si pudiéramos apoyar a los padres y madres jóvenes durante esos primeros meses, sería como si les estuviéramos dando unas supervitaminas a sus hijos para fortalecer su resiliencia.

Dr. Perry: A mí lo que más me fascina es el poder que tienen las interacciones breves pero positivas con los cuidadores. Algunos de los niños que estudiamos habían recibido un cuidado atento y receptivo solo durante los dos primeros meses de vida, y luego su mundo se vino abajo. Años de caos, amenazas, inestabilidad y traumas siguieron a esos dos primeros meses positivos, y aun así

Figura 8

EL EFECTO DE LA EXPERIENCIA EN EL DESARROLLO

EL EQUILIBRIO ENTRE LA ADVERSIDAD Y LA CONECTIVIDAD

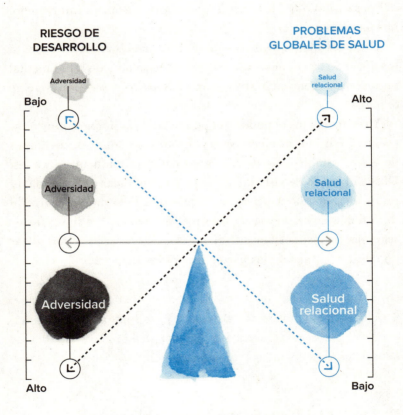

Cuando durante el desarrollo se tienen una alta conectividad y una baja adversidad (línea azul de puntos), la balanza del riesgo de desarrollo se inclina hacia un menor riesgo de problemas de salud mental, social y física. Por el contrario, una alta adversidad y una mínima conectividad (línea de rayas negras) aumentan el riesgo de desarrollo y la probabilidad de padecer problemas imriesgo importantes en la salud general.

les fue mucho mejor que a los niños que experimentaron traumas y abandono al principio y luego tuvieron años de cuidado atento y de apoyo. El momento es sumamente importante. No debemos subestimar el valor de los programas de intervención temprana, incluso los que solo incluyen *dosis* breves de interacción positiva.

Oprah: El momento es esencial. Pero ¿qué ocurre si no recibes lo que necesitas en esas etapas tempranas? ¿Hay forma de subsanarlo? ¿Te puedes curar de un trauma?

Dr. Perry: Naturalmente. Esa es la buena noticia, y profundizaremos mucho más en ella en los siguientes capítulos. Pero, por ahora, centrémonos en la importancia del tiempo y del momento. Las redes neuronales que participan en la conexión relacional y en la regulación son muy sensibles a los *momentos*. Esto quiere decir que una dosis significativa de interacción terapéutica no son cuarenta y cinco minutos una vez por semana. Cuando se trata de un trauma profundo, hemos observado que la dosis *tolerable* dura apenas unos segundos.

Oprah: ¿En serio?

Dr. Perry: Solo podemos soportar la intensidad emocional de visitar las ruinas de una vida rota por el trauma durante unos pocos segundos antes de que el cerebro empiece a hacer cosas para protegernos del dolor. Vi este comportamiento en un niño de tres años con el que trabajé hace ya algún tiempo.

Este niño estaba en casa con su madre cuando alguien entró por la fuerza, y vio cómo asesinaban a su madre. Enseguida empezamos a trabajar tanto con el niño como con su padre. Pasadas unas seis semanas, recibí una llamada del padre: «Mi hijo tiene tendencias suicidas —dijo—. Acaba de intentar matarse».

Es sumamente infrecuente que un niño de tres años intente quitarse la vida, pero le pedí al padre que me contara lo que había pasado. Dijo: «Estábamos hablando de que extrañábamos a mamá y salió disparado hacia los coches». Le pedí que me explicara qué había pasado *exactamente*. Me dijo que habían estado en el supermercado y que el niño estaba sentado en el carrito de compras mientras pagaban. El niño miró a la cajera y dijo: «Mi mamá está muerta. La mataron».

La cajera dijo: «Ay, cariño, cuánto lo siento». Y ya está. Pero el padre se quedó preocupado por si el niño necesitaba decir algo más. Pensó: «Tenemos que sacarlo. Tenemos que llegar al trauma». Así que, mientras caminaban hacia el estacionamiento, le preguntó a su hijo: «¿Estás pensando en mamá?». El niño no respondió. Su padre continuó: «¿Sabes qué? Yo extraño a mamá, y es bueno hablar de ello».

El padre hablaba con ternura y le recordó al niño algunos momentos bonitos con su madre, pero el niño no controlaba ese *regreso* a aquellos momentos emocionales. Se sintió abrumado. Mientras el padre hablaba, el niño empezó a balancearse, luego a gritar, luego a taparse los oídos, y luego a mecerse frenéticamente, todo para intentar regularse.

El padre intentó consolarlo con palabras. «Es bueno hablar de mamá». Pero el niño saltó del carrito y, tal como había dicho el padre, empezó a correr por el estacionamiento.

Este comportamiento refleja una secuencia predecible que se desencadena cuando se activa la respuesta de activación. Cuando los sistemas de activación se ponen en marcha, apagan la parte superior del cerebro (véase la figura 6), y las partes inferiores y primitivas del cerebro toman el control. La parte pensante del cerebro de aquel pobre niño se apagó. No planeaba morirse; no *planeaba* nada. Sencillamente estaba intentando *huir*, alejarse de las imágenes dolorosas del asesinato de su madre que su padre estaba evocando con su inquisitivo interrogatorio.

La intención del padre era buena, pero no dio con la dosis adecuada para un momento terapéutico. Pero volvamos a la cuestión del momento. Cuando el niño mira a la cajera y ve a una mujer que tiene más o menos la misma edad que su madre, con el mismo color de cabello, recibe una señal evocadora. Por un momento, vuelve a recordar a su madre, el asesinato. Mira a la cajera, hace un comentario breve —de unos cinco segundos como mucho— y obtiene consuelo. Con eso tuvo suficiente. Un pequeño fragmento entre las ruinas: una dosis terapéutica de vuelta al pasado que controlaba. Porque es a través de breves y controlables vistas al pasado como puede *resetearse*, lenta y dolorosamente, el sistema sensibilizado. Idealmente, la red terapéutica compuesta por las personas cariñosas y sensibles que te rodean podrá proporcionarte miles de esos momentos terapéuticos.

Piensa en cómo has lidiado con las dificultades de tu vida. Cuando se trata de algo muy difícil de gestionar, no quieres pasarte cuarenta y cinco minutos hablando sin parar sobre tu dolor, tu pérdida o tus miedos. Quieres hablar con uno de tus amigos más íntimos, durante dos o tres minutos, sobre algún aspecto de ello. Cuando empieza a doler demasiado, das un paso atrás, quieres distraerte. Y es probable que quieras volver a hablar de ello más tarde. La dosificación terapéutica es lo que ayuda de verdad en el camino hacia la curación. Se trata de momentos. Totalmente presentes, potentes, pero breves.

Oprah: Lo que estás diciendo hace que me sienta profundamente agradecida por la relación que tengo con Gayle King. Ha estado presente en mi vida desde que nos conocimos, allá por 1976, cuando las dos trabajábamos en una emisora de noticias de Baltimore. Aunque ahora vivimos en costas diferentes, en distintas zonas horarias y estamos siempre muy ocupadas, hablamos a diario. Yo he sido su terapeuta; ella ha sido la mía. Nunca he ido a un terapeuta de verdad, pero en nuestra relación, mientras repasamos todo lo que está sucediendo y vamos pasando de un lado a otro, de lo que está en su mente a lo que está en la mía, creo que nos estamos proporcionando mutuamente estas dosis terapéuticas.

Dr. Perry: Te alejas y luego vuelves.

Oprah: Sí, te ríes de algo que no tiene nada que ver, y eso desencadena algo nuevo. Y después quizá retomes la conversación sobre esa experiencia difícil, o quizá no. Es lo que pasa cuando hablas con tus amigas constantemente.

Dr. Perry: Exacto. Eso es la curación. Esa es la esencia de una experiencia terapéutica.

Oprah: Terminas sintiéndote mejor porque lo has soltado. Sales reforzada, igual que el niño al que la cajera *escuchó* y consoló.

Dr. Perry: ¡Precisamente! Has tenido una interacción humana positiva que te ha nutrido. Es gratificante, reguladora y de vinculación afectiva.

Oprah: Acabo de tener un momento eureka. Lo que en realidad buscas es alguien que refuerce la idea de «Oye, no estoy loca. Pienso esto o me siento así por culpa de algo que me pasó, y estoy teniendo una reacción razonable». Y esa persona te ayuda validándolo.

Dr. Perry: Exacto. Y cuando esa persona *te ve*, te regula. Y a aquel niño, a lo largo de los años, miles y miles de pequeñas interacciones positivas con su padre, sus abuelos, sus vecinos, sus amigos y sus profesores le fueron proporcionando las experiencias gratificantes, reguladoras y terapéuticas que lo ayudaron. Hoy es un joven sano y positivo. La pérdida de su madre todavía puede producirle tristeza y nostalgia, pero se le pasa. Su punto de partida es el de un hombre abierto, curioso y amable; no es una persona desregulada o triste o incapacitada. Los aspectos formales de la terapia duraron más o menos un año. Fueron esos otros momentos terapéuticos, que se fueron sucediendo a diario durante veinte años, los que de verdad lo ayudaron a reconstruir un mundo interior a partir de las ruinas del trauma de su yo de tres años.

Oprah: ¿Este niño tenía trastorno de estrés postraumático (TEPT)? A muchos nos resulta ya conocido el TEPT en el contexto de los veteranos de guerra, como el señor Roseman del primer capítulo. Pero creo que el trauma puede provocar TEPT a cualquier edad, ¿es así?

Dr. Perry: Sí, el trauma vivido a cualquier edad puede provocar un conjunto de síntomas que denominamos *trastorno de estrés postraumático* (TEPT). Y este niño tenía un trastorno de estrés postraumático. Si recuerdas los tres «componentes» del trauma de los que hablábamos, las tres E —el acontecimiento (*event*), la experiencia y los efectos—, el TEPT tiene que ver con los efectos. Es un síndrome específico —o conjunto de síntomas— que puede aparecer después de uno o varios acontecimientos traumáticos, y es uno de los trastornos mentales incluidos en el *Manual diagnóstico y estadístico* (DSM); la guía que utilizamos la mayoría de los médicos para clasificar los problemas de salud mental.

Una persona a la que le diagnostican TEPT presenta cuatro grupos principales de síntomas tras uno o varios acontecimientos traumáticos. Como dijiste, Mike Roseman, el veterano de la guerra de Corea que sufrió un episodio desencadenado por el ruido del tubo de escape de una moto, tenía TEPT.

El primer grupo es el de los síntomas *intrusivos*, que incluyen imágenes y pensamientos recurrentes e indeseados del acontecimiento traumático, y sueños o pesadillas sobre este. Una forma de pensar en estos síntomas es que están relacionados con los esfuerzos del cerebro para dotar al mundo de significado.

A menudo, cuando se produce un acontecimiento traumático, es tan amenazador y está tan alejado de nuestras experiencias habituales que no se ajusta al modelo de trabajo con el que entendemos el mundo. Si recuerdas lo que dijimos en otra conversación, nuestra mente siempre está trabajando para preservar la imagen del mundo que creamos al inicio de nuestras vidas. *Las personas son buenas. Los padres y las madres están aquí para protegernos. Las escuelas son lugares seguros.* La mente quiere ver lo que creemos, así que se aferra a aquello que respalde esas creencias —esa visión del mundo— e ignora lo que no lo hace. Pero el trauma destroza este paisaje interior. Tu visión del mundo se rompe en pedazos. *No se puede confiar en las personas. Le tengo mucho miedo a mi padre, me hace daño. La escuela es el lugar en el que dispararon a mis amigos.*

El trauma te destruye, y tienes que reconstruir tu mundo interior. Y una parte de esa reconstrucción, del proceso de curación, consiste en volver a las ruinas de tu antigua visión del mundo; examinas las ruinas buscando cualquier cosa que siga ahí, buscando tus piezas rotas. Los sueños, las imágenes intrusivas del trauma y las recreaciones mentales son la lucha de tu mente por dar sentido a tu nueva realidad. Cuando vuelves a revisar las ruinas, pieza por pieza, encuentras un fragmento y te lo llevas a tu nuevo y más seguro lugar en ese paisaje que ya no es el que era. Así, vas construyendo una visión del mundo nueva. Eso lleva tiempo, y exige volver a las ruinas muchas veces. Y este proceso implica comportamientos repetitivos de *recreación,* conscientes e inconscientes, o escribir, dibujar, esculpir y jugar. Visitas una y otra vez el lugar donde sucedió el terremoto, buscas entre los restos, tomas algo y lo trasladas a un lugar seguro. Eso forma parte del proceso de curación. Estoy simplificando unos procesos sumamente complejos, de los que hablaremos con más detalle cuando nos centremos en el proceso de curación.

El segundo grupo es el de los síntomas *evitativos.* Creemos que estos síntomas surgen cuando alguien se siente angustiado después de verse de nuevo expuesto a personas, lugares u otros recordatorios del acontecimiento traumático original. ¿Te acuerdas de que el señor Roseman decía que odiaba el 4 de Julio? En su caso, como era consciente de que los fuegos artificiales funcionaban como señales evocadoras, evitaba las celebraciones que los incluían. En cierto sentido, los comportamientos evitativos son una forma de recuperar el control sobre lo que consideramos que es el aspecto incontrolable de la experiencia traumática. Puede que también recuerdes que la evitación forma parte de la respuesta disociativa ante una amenaza (véase la figura 6). Cuando alguien se encuentra en una situación inevitable y angustiosa, los comportamientos evitativos pueden actuar como protección.

Una persona también puede desarrollar comportamientos evitativos sin establecer una relación directa con una señal traumática del pasado. Esto suele ocurrir cuando el maltrato o el trauma tuvo lugar en el contexto de las relaciones de cuidado tempranas. Un niño al que maltrataran en el contexto de una relación íntima (por parte de un progenitor, por ejemplo), percibirá la intimidad —la cercanía emocional y física— como una amenaza. Es muy probable que anhele esa conexión, pero se sentirá ansioso, confundido o abrumado en cuanto se acerque a alguien. Evitará la intimidad en sus relaciones; si no puede evitarla, boicoteará o socavará la relación. Este es uno de los efectos más frecuentes, y menos entendidos, del trauma del desarrollo.

Oprah: Entonces, si tienes TEPT, hay algo que desencadena tu reacción en un momento dado porque se ha activado el *recuerdo* del trauma. Y cada persona reacciona de una forma distinta porque esta reacción provocada por el TEPT depende directamente de cómo te afectó el acontecimiento traumático en su momento.

Dr. Perry: ¿Recuerdas cuando antes hablábamos de establecer asociaciones? La experiencia traumática crea un conjunto de *recuerdos* relacionados con el trauma; estos recuerdos *se conectan* con el tipo de respuesta al estrés que se desarrolló en ese acontecimiento traumático concreto.

Recordarás que Jesse, el niño que estaba en coma, reaccionaba de dos formas muy distintas según el tipo de señal evocadora. En el caso de Mike Roseman, la señal evocadora del escape de la moto desencadenó la respuesta de activación, porque esa era la respuesta que se activaba cuando estaba en la guerra. El sonido de un disparo —o del escape de una moto— le aceleraba el ritmo cardiaco, le despertaba el instinto de echarse al suelo y cubrirse la cabeza, etcétera.

Pero, en otro paciente, el sonido de un disparo podría provocar una respuesta totalmente distinta. Tuve una paciente, Bisa, una joven refugiada de Somalia, que había vivido una brutal guerra tribal. Había visto, sin poder hacer nada al respecto, cómo obligaban a su hermano pequeño a disparar a sus padres. Y aún pasó por muchas más experiencias traumáticas antes de llegar a Canadá. Para Bisa, igual que para Mike Roseman, el sonido de un disparo se convirtió en una señal evocadora. Pero mientras en Mike provocaba una respuesta de activación, en Bisa desencadenaba un aislamiento disociativo. Su trauma había estado formado por momentos de un dolor inevitable e insoportable. Su respuesta consistió en escapar hacia su interior (véase la figura 6). Su ritmo cardiaco disminuía. En casos extremos, se desmayaba. Más adelante, cuando oía un ruido fuerte e inesperado, la asociación con los disparos hacía que se desplomara; literalmente, perdía el conocimiento.

Uno de mis compañeros, que es fotoperiodista, estuvo en uno de los primeros campos de refugiados que se crearon para alojar a las víctimas de la guerra civil de Ruanda. Había personas deambulando como zombis, sin expresión en los rostros, silenciosas. Cuando mi compañero estaba preguntando por qué algunos llevaban casco, se oyeron disparos procedentes de la jungla que rodeaba el campamento, y varias personas se desmayaron de inmediato. Llevaban casco para no hacerse daño en la cabeza al caer.

Oprah: Y eso pasaba a consecuencia de lo que describes como una respuesta disociativa hiperactiva y excesivamente reactiva, ¿verdad?

Dr. Perry: Precisamente. Lo que nos lleva de vuelta a la lista de los síntomas del TEPT. Hemos hablado de los primeros dos grupos de síntomas, los intrusivos y los evitativos, y con esto llegamos al tercero: cambios en el estado de ánimo y en el pensamiento. Esto puede incluir síntomas depresivos, como tristeza, incapacidad de experimentar placer, sentimiento de culpa, enfoque excesivo en las cosas negativas, y, en esencia, un sentimiento de agotamiento emocional y físico.

Finalmente, el cuarto grupo de síntomas es la alteración de la activación y de la reactividad. Estos síntomas están relacionados con la hiperactividad y la excesiva reactividad de las redes de respuesta al estrés sensibilizadas. Incluyen ansiedad, hipervigilancia, aumento de la respuesta de sobresalto, ritmo cardiaco rápido y variable, y problemas para dormir.

Cuando una persona presenta síntomas de cada una de estas cuatro categorías, la etiqueta del *Manual Diagnóstico y Estadístico* es el TEPT. Sin embargo, es muy importante tener presente que el TEPT no es la única forma en que el trauma afecta a nuestra salud mental y física. Los efectos adversos del trauma que hemos comentado al principio de este capítulo pueden tener una repercusión igual de importante en la vida de la persona afectada. De hecho, la mayoría de los efectos a largo plazo del trauma no se manifiestan en forma de TEPT.

Oprah: Mientras te oigo hablar, voy pensando: la depresión, la ansiedad y el trastorno de estrés postraumático parecen ser los tres grandes problemas cuando se trata de los efectos mentales y emocionales a largo plazo del trauma. Pues bien, si tenemos en cuenta que hay *cincuenta millones* de niños que han sufrido un trauma, eso significa que hay muchísimos millones de adultos que cargan con ese dolor a lo largo de sus vidas, en el trabajo, en sus relaciones, y que lo transmiten a sus hijos. Y es probable que todos esos adultos ni siquiera sean conscientes de qué fue lo que les pasó.

Dr. Perry: Y no solo *ellos* no son conscientes de lo que les pasó, tampoco lo son sus parejas, médicos y compañeros de trabajo. Y eso lleva a muchos malententidos. Y, a veces, esos malentendidos pueden tener unas consecuencias sumamente trágicas.

Hemos hablado mucho sobre cómo las acciones de los cuidadores influyen en el niño, pero es importante recordar que esos cuidadores también fueron niños bajo la influencia de *sus* cuidadores. Los efectos del trauma se extienden a lo largo y ancho de generaciones y de comunidades, y es importante volver siempre a la pregunta central, y hacerla desde la compasión: ¿qué te pasó?

CAPÍTULO 5

UNIR LOS PUNTOS

Durante gran parte de mi vida adulta, estar sola por las noches me generaba muchísimo estrés. Ni siquiera en Chicago, donde vivía en el piso 57 de un edificio con seguridad y conserje, me sentía segura. De hecho, una noche, cuando ya llevaba varios años viviendo en ese piso, empecé a sentir tal miedo que me convencí de que tenía que irme porque, de lo contrario, me ocurriría algo malo. Me levanté de la cama, me fui de casa y alquilé una habitación en el hotel que tenía al lado. En el hotel me sentía más segura porque nadie sabría que estaba allí. No le encontraba ningún sentido a mis miedos, e iban empeorando. Sabía que tenía que descubrir qué me estaba pasando, pero no tenía ni idea de por dónde empezar.

En aquella época, Chicago seguía conmocionada por uno de los primeros tiroteos en una escuela que habían ocurrido en el país. El 20 de mayo de 1988, Laurie Dann entró en una clase de segundo de primaria en el suburbio Winnetka de North Shore y abrió fuego. Hirió a seis niños y mató a Nick Corwin, de ocho años.

Después del tiroteo, los padres y madres, enojados y angustiados, exigían que las puertas de las escuelas se cerraran con llave y con cadena y estuviesen vigiladas por guardias de seguridad. Un día leí un artículo que explicaba por qué el director de la escuela se negaba a introducir esos cambios; decía que poner cadenas a las puertas transmitiría a los niños el mensaje de que no estaban en un lugar seguro.

Y, de pronto, de la nada, mientras leía ese artículo, me puse a llorar.

No solo por los niños y sus familias, que estaban intentando recomponerse de la tragedia, sino porque las palabras del director que se negaba a atrincherar a los niños despertaron un recuerdo largamente olvidado de un acontecimiento en el que no había pensado en años.

De niña, en Misisipi, siempre dormía con mi abuela. Mi abuelo, que tenía demencia, dormía en una habitación contigua.

Una noche me desperté de pronto y vi a mi abuelo de pie junto a mi cama. Incluso antes de abrir los ojos, percibí el miedo de mi abuela. Noté la conciencia agudizada de mi abuela mientras repetía lentamente: «Earlest, vuelve a la cama. Earlest, vuelve a la cama». Pero no se iba. Estaba intentando estrangularla, y luchaba por ponerle las manos alrededor del cuello. Cuando mi abuela por fin consiguió quitárselo de encima y correr hacia la puerta, llamó a gritos a uno de nuestros vecinos, al que llamábamos Primo Henry, que vivía calle abajo. «¡Henry! ¡Henry! ¡Henry!». Henry era ciego, pero sin dudarlo ni un segundo salió en plena noche para ayudar a mi abuela a llevar a mi abuelo de vuelta a su habitación. Mi abuela colocó entonces una silla bajo la manija de la puerta de su habitación y colocó unas latas alrededor de la cama. A la mañana siguiente, las ató y las colgó de la puerta. A partir de entonces, durante todas las noches que pasaron mientras viví con mi abuela, las latas estuvieron colgadas de la puerta, y la silla, colocada bajo la manija. Intentaba dormir mientras escuchaba para asegurarme de que las latas no se movieran.

Cuando leí la historia del director que se negaba a poner cadenas en las puertas, tuve un momento eureka. Las latas de la puerta de mi abuela transmitían el mismo mensaje que el director intentaba evitar a sus jóvenes alumnos. Puede que esas cadenas hubieran protegido a los niños, pero, para el director, era más perjudicial recordarles constantemente un incidente traumático y hacerles creer que no estaban en un lugar seguro.

Por fin uní los puntos y entendí por qué me daba miedo estar sola en casa por las noches. El ataque contra mi abuela, mientras dormíamos y éramos más vulnerables, me había traumatizado. Era evidente que había dejado unas cicatrices emocionales profundas. Incluso de adulta, cuanto intentaba dormir, mi mente estaba condicionada para mantenerse en un estado de activación constante, preparada para atacar.

UNIR LOS PUNTOS

Establecer esa conexión, entender por fin tanto la causa como el efecto de mis problemas para dormir, me cambió la vida. Aunque todavía reacciono ante los puntos de profundo estrés que nacieron en la habitación de mi abuela hace tantos años, ahora tengo las herramientas y la comprensión que necesito para dar un paso atrás, observar lo que estoy sintiendo y elegir cómo superar el miedo.

Cuando pienses en tus patrones de respuesta personales, recuerda que, al interponer un pequeño espacio entre el sentimiento inmediato y tu reacción instintiva, te permites estar presente y, en última instancia, recuperar el control.

Oprah

Oprah: ¿Es posible heredar una sensación intensa de miedo?

Dr. Perry: Bueno, deja que profundice un poco en eso.

Oprah: ¡Me lo imaginaba! No vas a responder con un simple «sí» o «no», ¿verdad? Vas a complicarlo aún más, ¿cierto?

Dr. Perry: Sí, desde luego, porque estás empezando a entrar en el terreno del «¿Qué *nos* pasó?», y eso influye de una forma muy complicada en quién nos convertimos. Absorbemos sucesos de las generaciones que nos preceden y se las transmitimos a la siguiente. Nuestros genes, nuestra familia, comunidad, sociedad y cultura forman parte de esto. Por eso, tu pregunta sobre si el miedo se puede heredar, es fundamental para entender el trauma, especialmente si hablamos del *trauma histórico*.

Utilicemos el miedo a los perros a modo de ejemplo. Este miedo puede basarse en la experiencia personal, por ejemplo, si de pequeño te mordió un perro. El cerebro del niño creó asociaciones entre los perros y la amenaza de un modo parecido a lo que le ocurrió al señor Roseman a partir de sus experiencias en combate. Pero sabemos que algunas personas tienen un miedo muy intenso a los perros a pesar de no haber tenido nunca ningún problema con ellos. ¿De dónde viene ese miedo? Yo sugiero que se debe a la transmisión transgeneracional (véase la figura 9). Imagina, por ejemplo, que crecieras en un mundo en el que los perros estuvieran entrenados para cazar, rastrear y atacar a los humanos. Tyler Parry, uno de los principales estudiosos de la colonización y la esclavitud, habla de los sabuesos cazadores de esclavos como «la herramienta más efectiva y aterradora para disciplinar a los cuerpos afrodescendientes y dominar su espacio». Pasadas algunas generaciones, se utilizó a los perros del mismo modo para intimidar y aterrorizar a los manifestantes por los derechos civiles en el sur, lo que en muchos reforzó el miedo transgeneracional a los perros. Si recuerdas lo que decíamos sobre el contagio emocional, no te costará imaginar que un niño *sentirá* el miedo si su padre o su madre le agarran la mano con más fuerza cerca de un perro o se apresuran a cambiar de banqueta para evitar a alguien que está paseando a su perro. El miedo de los abuelos se convierte en el miedo del padre, que a su vez se convierte en el miedo del niño.

Entender *qué heredamos* y *cómo* lo *heredamos* es necesario para obtener la comprensión requerida para realizar un cambio intencionado, es decir, *tanto* a nivel individual (como la curación después de un trauma) *como* a nivel cultural (como la identificación y el cambio de las políticas destructivas que arraigan el racismo, por ejemplo).

Oprah: A lo largo de los años, he conversado con la autora y maestra espiritual Iyanla Vanzant sobre el hecho de que, en muchos sentidos, somos un producto de nuestros ancestros. Iyanla dice: «Cada familia tiene unos patrones y unas patologías de pensamiento, creencia y conducta que se transmiten de generación en generación del mismo modo que se transmite una característica física». Y aunque nos gusta celebrar las fortalezas y los éxitos de quienes nos precedieron, Iyanla dice: «Muchas de estas características conscientes e inconscientes son potentes y productivas. Otras, no».

Por eso me interesa saber qué dice la ciencia. Desde el punto de vista biológico, ¿es posible que ciertos rasgos psicológicos, características emocionales y patrones de conducta se transmitan de un miembro a otro de la familia durante largos periodos de tiempo?

Dr. Perry: Desde luego: generación tras generación. Y utilizamos diversas vías para *transmitir* estas características (véase la figura 9). Fíjate en tu pregunta sobre el miedo, por ejemplo. En realidad, cuando preguntas si *heredamos* una sensación de miedo, lo que quieres saber es si ese rasgo está codificado en nuestros

Figura 9

MECANISMOS DE TRANSMISIÓN TRANSGENERACIONAL

Genético

— ADN

Epigenético (modificación y control de la expresión genética)

— Modificación de las histonas

— Metilación del ADN

Intrauterino

— Entorno materno (p. ej., estrés)

— Toxinas ambientales

— Otros (p. ej., alcohol, drogas)

Experiencia perinatal

— Vínculo y apego (que moldean los sistemas reguladores y relacionales primarios)

Posnatal

— Mediado por la familia (p. ej., lengua, valores y creencias)

Posnatal

— Mediado por la educación, la comunidad y la cultura

genes y si nos lo transmiten nuestros padres, y la respuesta es algo vaga.

Pero si lo planteamos de otra forma: «¿El miedo se puede transmitir de generación en generación? ¿Un padre puede transmitir su carácter miedoso a su hijo?», la respuesta es un sí rotundo.

Como hemos dicho, los humanos somos seres relacionales, criaturas sociales, y eso hace que estemos sintonizados neurobiológicamente con los demás. Una parte de nuestro cerebro está controlando constantemente a quienes nos rodean.

Intentamos entender las intenciones y los sentimientos de los demás. Forma parte de nuestro empeño por darle significado al mundo. Percibimos y absorbemos las emociones de los que nos rodean, sobre todo cuando se trata de las personas con quienes pasamos más tiempo y de las que más dependemos. Los niños son especialmente sensibles a contagiarse de las emociones de su entorno. Piensa en tu abuela y en ti en la historia que acabas de contar. Tú sentiste miedo. Ella te transmitió su miedo: tú *tomaste* su miedo y te lo llevaste a tu generación.

Oprah: Sí, pude sentir su miedo. Mi abuela era una mujer fuerte, que llevaba la casa, y esa reacción no era habitual en ella. Por eso supe que era una situación peligrosa, y creo que me cambió a nivel celular.

Cuando pienso en la comunidad afroamericana, me doy cuenta de que el trauma puede remontarse varias generaciones atrás, hasta llegar a los días de la esclavitud. Cientos de años de interiorización del trauma del racismo, de la segregación, de la brutalidad, del miedo y del desmantelamiento del núcleo familiar; todo ello se replica y se repite una y otra vez en el nivel micro del individuo y, en última instancia, se hace patente en el nivel macro de la sociedad. Por eso las protestas del Black Lives Matter de 2020 tuvieron tanta fuerza. Tanto el individuo, a escala micro, como la sociedad, a escala macro, habían llegado al cénit del dolor.

Dr. Perry: Y yo diría que si comprendemos mejor cómo se transmite este dolor —este trauma— de generación en generación, tendremos más posibilidades de ponerle fin de una forma activa y eficaz.

Esto nos lleva de nuevo a la *transmisibilidad*, al contagio emocional. La palabra *transmisible* se utiliza para describir la capacidad de un rasgo (o de una habilidad, una creencia, etc.) de pasar de una persona a otra. Cuando los niños que se crían en una familia en la que solo se habla español crecen y hablan español, no han *heredado* el español. La capacidad de hacer asociaciones entre el sonido y la imagen es genética en primera instancia, pero las formas en que convertimos esa capacidad genética en una lengua no lo son. No hay genes específicos para el chino, el inglés o el español.

Pero el lenguaje es transmisible. En la primera etapa de la vida, los sistemas relacionados con el lenguaje de la corteza cerebral son tan absorbentes que cambian cuando interactuamos con los demás de formas que impliquen el habla. Cada vez que hablamos con un bebé, cambiamos su cerebro. Esto le permite aprender el idioma de su familia.

Este mismo proceso dependiente de la experiencia se repite con muchos otros rasgos, así como con los valores y las creencias. Estos últimos no están codificados en los genes, sino que se aprenden, se asimilan, a veces se modifican y luego se enseñan a la siguiente generación mediante el ejemplo, la instrucción intencionada y la inercia. Hay algunos rasgos complejos, como el altruismo, que requieren una superestructura genética, pero la forma en que lo incorporamos en las complejas creencias y prácticas del budismo, el cristianismo o el islam no es genética. Puede que existan ciertos elementos genéticos que nos hagan ser desconfiados o mostrarnos a la defensiva cuando interactuamos con alguien muy distinto de nuestra familia o clan de origen, pero el racismo es un conjunto de creencias aprendidas sobre la superioridad de un pueblo, y el racismo, en la práctica, tiene que ver con el poder, la dominación y la opresión.

La lengua que hablamos, las creencias que albergamos —las buenas y las malas— se transmiten de generación en generación a través de la experiencia. Y muchos de los aspectos de la experiencia humana son inventados, es decir, que no surgen sin más de nuestros genes. Hace diez mil años, la humanidad tenía el potencial genético para leer un libro, pero ni un solo ser humano del planeta sabía leer; el potencial genético para tocar el piano estaba ahí, pero nadie sabía tocarlo; el potencial genético para encestar en básquetbol, teclear una frase, andar en bicicleta..., todo ese potencial existía, pero no se expresaba.

La humanidad tiene una capacidad mucho mayor que el resto de las especies de tomar las experiencias acumuladas y sintetizadas de las generaciones anteriores y transmitir estos inventos, creencias y capacidades a la siguiente generación. Esto es la evolución sociocultural. Aprendemos de nuestros mayores, inventamos y transmitimos lo que hemos aprendido e inventado a las siguientes generaciones. Y el órgano que lo permite es el cerebro y, más concretamente, la corteza cerebral. Como ya hemos dicho, la corteza cerebral es la parte más singularmente humana de nuestro cuerpo, por lo que no sorprende que dé lugar a las capacidades más características de los humanos: el habla, el lenguaje, el pensamiento abstracto, la reflexión sobre el pasado y la planificación del futuro. Nuestras esperanzas, nuestros sueños y una gran parte de nuestra visión del mundo están mediados por nuestra corteza cerebral.

Oprah: Y si resulta que las generaciones de experiencias que contribuyen a nuestra visión del mundo son negativas, ¿qué podemos hacer?

Dr. Perry: Para empezar, debemos ser conscientes de que cada uno de los aspectos de nuestro mundo puede influir en nosotros de formas muy potentes y, a menudo, inadvertidas.

Los medios de comunicación, las instituciones y los sistemas, las comunidades, todo está impregnado de algunos elementos de sesgo. En muchos casos, transmitimos el lenguaje de la superioridad, la dominación y la opresión de manera silenciosa e invisible, pero potente.

La corteza cerebral, que media la lectura, la escritura, las matemáticas, la historia —así como nuestras creencias y valores—, es sumamente maleable. Todos sabemos que si recibes una enseñanza repetitiva que implica fijarte en las letras, pronunciar palabras y escuchar a otros a leer, con el tiempo desarrollarás tu propia capacidad neurobiológica para leer. *Aprendemos* a leer. Al estimular redes neuronales específicas con patrones y repeticiones, cambiamos el cerebro. Estamos ante la transmisión de una generación a otra de una capacidad adquirida a través de la experiencia; enseñar a un niño a leer cambia su cerebro. Y ahora que su cerebro ha cambiado, ese niño podrá crecer y enseñar lo que ha aprendido a un miembro de la siguiente generación. Es una transmisión transgeneracional: se pasa algo de una generación a la siguiente.

Lo mismo ocurre con las creencias, tanto las más humanas y compasivas como las que tienen que ver con el odio, la opresión y la deshumanización. Esa misma maleabilidad del cerebro —esa cualidad como de esponja que permite a los bebés absorber y aprender la lengua de sus padres— también les permite absorber las creencias, buenas y malas, de los adultos influyentes de su entorno.

Por eso es importante entender cómo transmitimos todo esto a la siguiente generación. Si queremos enriquecer la transmisión de valores, creencias y prácticas humanas y compasivas, y minimizar la transmisión de creencias destructivas y llenas de odio, tendremos que estar muy pendientes de a qué exponemos a nuestros hijos. ¿Pasan tiempo con personas que no son como ellos? ¿Ven que la diversidad se entiende como algo bueno? ¿O están siendo educados para temer y juzgar a cualquiera que no piense como ellos, que tenga un aspecto distinto, o que hable de una forma distinta? La transmisión generacional de los sesgos *se puede* interrumpir. Podemos dejar de transmitir creencias destructivas, falsas y basadas en el odio a la siguiente generación, pero para hacerlo tendremos que ser muy conscientes de todas las formas en que influimos en nuestros bebés y niños. Debemos tener en cuenta las imágenes que ven en las revistas que leemos, las personas a las que invitamos a nuestras casas y la manera en que tratamos a las personas que tienen un aspecto distinto del nuestro. Y eso es solo el principio; son muchos los aspectos de nuestro mundo que deben cambiar. Pero todo esto puede influir en el proceso de transmisión transgeneracional.

Oprah: Lo que me lleva a pensar en lo que siempre he sabido de forma innata, y que con el tiempo he llegado a comprender con más profundidad: que todo importa. Todo lo que te ha pasado a ti, todo lo que le pasó a tu madre, todo lo que le pasó a la suya, y a su padre, y así sucesivamente... Todo importa.

Dr. Perry: Tus propias experiencias y los ecos de las experiencias de tus antepasados influyen en tu forma de pensar, sentir y comportarte. Determinan en gran medida tu salud. Y ser consciente de ello nos puede ayudar a recordar que todo lo que hagamos ahora mismo tendrá un eco en el futuro. Nuestras acciones importan; estamos influyendo en las generaciones futuras. ¿Estamos yendo con el cuidado que deberíamos?

Oprah: Nuestras acciones tienen un efecto dominó enorme, y eso hace que sea aún más importante para nuestra evolución que entendamos lo que nos pasó.

Dr. Perry: Y esto nos lleva a la pregunta sencilla que planteabas al principio —«¿Es posible heredar una sensación intensa de miedo?»—, así que volvamos atrás para terminar de responderla.

Una de las formas más importantes que tenemos de transmitir *información* a la siguiente generación es a través de los genes.

Y algunos aspectos de nuestros sistemas de respuesta al estrés son *hereditarios*; hay mecanismos genéticos que influyen en el funcionamiento de nuestras redes reguladoras centrales (véase la figura 2).

La genética de algunas personas parece influir en su capacidad de *resistencia*, y pueden tolerar un abanico más amplio de complejidad sensorial y de factores estresantes. Es más difícil desregular a estas personas. Por el contrario, hay otras que parecen haber nacido con una respuesta al estrés *sensible*, y se sienten abrumadas por pequeños cambios en la complejidad sensorial con más facilidad. A veces, estas personas tienen lo que se conoce como un temperamento *difícil de calmar* que se percibe en el nacimiento.

Además de la genética hereditaria relacionada con la regulación del estrés, también existen factores *epigenéticos* hereditarios. El término *epigenético* es otro de esos que se usan mucho y se comprenden poco, así que permíteme que lo explique muy brevemente.

Todas las células de nuestro cuerpo contienen los mismos genes, pero no todas las células tienen los mismos genes *encendidos*. Esto ocurre porque algunos genes son específicos para los huesos, otros lo son para la sangre, otros, para las neuronas, etc. Durante el desarrollo, los genes que participan, por ejemplo, en la maquinaria de las células musculares, se encienden en las células de los músculos, mientras que los genes específicos de la sangre, los huesos y el cerebro se apagan. A medida que las células se van *especializando*, muchos de sus genes se apagan.

Sin embargo, en determinadas situaciones, por ejemplo, en caso de inanición, el cuerpo envía unas señales químicas a los genes que se apagaron diciéndoles que se vuelvan a encender. «Normalmente no los necesitamos, pero como nos estamos muriendo de hambre, tenemos que usar el azúcar y la grasa de una forma más eficiente, así que los vamos a encender para que se ocupen de ello». Estos son los llamados *cambios epigenéticos*.

Epi significa 'sobre' en griego, porque los genes en sí no cambian, pero los mecanismos celulares que están *sobre* los genes pueden encender genes clave y apagar otros. Estos procesos de regulación genética están constantemente en marcha en nuestro cuerpo, tratando de mantenernos *equilibrados*, es decir, bien regulados y tan sanos como sea posible.

Ahora bien, como ya dijimos, existen distintos patrones de estrés, y pueden conducir a la sensibilización o a la resiliencia. En ambos casos, los cambios epigenéticos están involucrados en la alteración de la sensibilidad de las redes reguladoras centrales. Este es otro ejemplo de la extraordinaria flexibilidad de nuestro cuerpo para realizar cambios que nos mantengan equilibrados.

En algunos casos, estos cambios epigenéticos se almacenarán en el óvulo o en el esperma y se transmitirán a la siguiente generación. Retrocedamos unos siglos e imaginemos a un joven capturado en África, esclavizado brutalmente, encadenado, hambriento, transportado en un barco de esclavos hacia una vida de esclavitud que estará marcada por la pérdida, la violencia y traumas de todo tipo. Sobrevivir a unos traumas tan extremos, diversos y prolongados —como hicieron millones de seres humanos excepcionales— muy probablemente provocaría toda una serie de cambios adaptativos que abarcarían también la regulación de la expresión genética. Quisiera dejar claro que los genes en sí mismos no cambiarían, sino que, como ya dijimos, podrían encenderse o apagarse. Los hijos de este joven, y sus nietos, aún esclavizados y sujetos a otros traumas, se beneficiarían de estas adaptaciones moleculares epigenéticas. Pero, como ya vimos, tener una red de respuesta al estrés constantemente sensibilizada tiene un precio. Es probable que, con el paso de las generaciones, en distintos entornos, los cambios que antaño fueron adaptativos se vuelvan desadaptativos.

Imagina que un bebé nace con el sistema de respuesta al estrés ya preparado para el trauma, listo para enfrentarse a un mundo impredecible, caótico y amenazador. Si el mundo ya no es tan sumamente caótico, amenazador e impredecible, los cambios epigenéticos que preparan a este bebé para el caos podrían hacer que su proceso de creación de su propia *visión del mundo* estuviera algo distorsionado. El estudio de la epigenética todavía es joven, y tenemos mucho por aprender, pero es concebible que las experiencias de nuestros abuelos, bisabuelos y antepasados todavía más lejanos hayan tenido una influencia significativa en la forma en que se expresará nuestro ADN. Y —volviendo a tu pregunta— que tengan una influencia importante en nuestra sensación de miedo.

La buena noticia es que el cerebro puede volver a cambiar. Como podrás imaginar, los mecanismos epigenéticos que regulan los genes son reversibles; de lo contrario, perderían parte de su valor adaptativo. Igual que las amenazas y el trauma pueden dar lugar a cambios epigenéticos, las interacciones enriquecedoras pueden revertirlos. Los entornos y las dificultades cambian, y, para mantenernos en equilibrio, nuestra fisiología también debe hacerlo.

Oprah: Antes hablábamos de cómo pueden afectarnos las adversidades que vivimos en la infancia. Y acabas de decir que los patrones emocionales y de comportamiento, las experiencias y las creencias pueden venirnos de las generaciones anteriores. Para mí, todo esto confirma mucho más todavía que la prioridad debería ser entender *lo que le pasó* a alguien, y no lo que le pasa. Pero lo cierto es que muchas personas no han tenido la oportunidad de explorar lo que les pasó, o de entender que lo que les sucedió forma parte de ellos y que estas experiencias no son culpa suya.

Ahora que estamos aprendiendo a unir nuestro pasado con nuestra salud emocional y física actual, ¿cuáles son los posibles ámbitos problemáticos que debemos tener en cuenta?

Dr. Perry: Uno de los ámbitos más importantes es nuestra forma de conectar con los demás. El trauma del desarrollo puede alterar nuestra capacidad de establecer y mantener relaciones. Cuando las relaciones con nuestros cuidadores han estado marcadas por el trauma o el abandono, existe un alto riesgo de que se vean alteradas las redes neuronales involucradas en leer y responder a otras personas. Cuando estas capacidades de *apego* están dañadas, tendremos dificultades con las amistades, los estudios, el empleo, la intimidad y la familia; existe incluso el riesgo de repetir patrones transgeneracionales de maltrato.

Oprah: A algunas personas les es prácticamente imposible dejarse llevar o llevarse bien con los demás. Explotan de rabia con sus jefes; como amigos, no se puede confiar en ellos, o sabotean cualquier relación nueva.

Dr. Perry: Y, a pesar de todo eso, casi siempre son personas que ansían esas conexiones. A veces establecen muy bien nuevas relaciones, pero se les da fatal mantenerlas. Y, naturalmente, como somos criaturas relacionales por naturaleza, esta dificultad resulta devastadora fisiológica y psicológicamente. Conduce al aislamiento, a la desconexión, a la soledad, y está relacionada con muchos otros problemas, incluido el riesgo de padecer problemas de salud física.

Oprah: Y por eso es importante que, además de los profesionales de la salud mental, los médicos familiares, los profesionales de la salud y los médicos de todos los campos no solo tengan en cuenta los problemas físicos de sus pacientes, sino también lo que les pasó.

Dr. Perry: Efectivamente. Y la salud física es otro ámbito importante en el que pueden surgir problemas relacionados con el trauma durante el desarrollo. Como dijimos antes, las adversidades durante el desarrollo aumentan los riesgos de padecer todo tipo de problemas de salud, como cardiopatías, asma, problemas gastrointestinales y enfermedades autoinmunes. Entender estas correlaciones puede influir en la forma de diagnosticar y tratar estos problemas físicos.

La diabetes es un gran ejemplo. Hay 415 millones de personas que padecen esta enfermedad en todo el mundo. En Estados Unidos, la cifra asciende a unos 34 millones, algo más de una de cada diez. Otros 88 millones de estadounidenses adultos presentan riesgos prediabéticos y cardiometabólicos. Si la experiencia de un trauma ha alterado las redes reguladoras centrales (véase la figura 2), se observarán problemas de regulación generalizados, incluida la regulación del azúcar en sangre y la segregación de insulina. Tanto el riesgo de padecer diabetes como la gestión de la enfermedad están relacionados con antecedentes de adversidad.

Oprah: Detengámonos aquí un momento, porque sé que hay quien dice que «la diabetes es estrictamente biológica». Pero lo que está sacando a relucir esta conversación, y lo que han demostrado los estudios que has llevado a cabo en los últimos treinta años, es que nada es independiente. El bienestar físico y la salud emocional están íntimamente relacionados.

Dr. Perry: Desde luego. Y sé que hay muchas personas —y entre ellas, muchos médicos— que abordan la salud distinguiendo entre lo *biológico* y lo *psicológico*. Y es muy frecuente, por ejemplo, que la comunidad médica haga caso omiso de los síntomas físicos relacionados con el trauma, como los dolores de cabeza o el dolor abdominal que a menudo afectan a personas que presentan una respuesta disociativa sensibilizada. Te voy a dar un ejemplo de un material educativo sobre el dolor abdominal que un centro médico académico distribuyó en 2020. Estamos hablando de una institución que forma a nuevos médicos todos los días, y esto es una parte de lo que enseñan: «*La gran mayoría de los niños y adolescentes* con **dolor abdominal** recurrente tienen **dolor abdominal funcional** o **dolor "no orgánico"**, lo que significa que el **dolor** no está causado por anomalías físicas».

Evidentemente, con esto están queriendo decir que el dolor es *psicosomático* o que *está todo en tu cabeza*. Menosprecian el problema. Y lo cierto es que muchos problemas de salud relacionados con el trauma son ignorados, pasan desapercibidos y se malinterpretan. Pero en cuanto empiezas a saber algo más sobre la neurociencia, y cómo los sentidos y el cerebro traducen las experiencias en actividad *biológica*, estas distinciones artificiales desparecen. Si entiendes la neurobiología del trauma, sabes que una *anomalía* física está causando el dolor abdominal que se observa en la disociación sensibilizada. Empiezas a ver que la *visión del mundo* del individuo puede alterar su sistema inmunitario, y que una conversación positiva con un amigo puede influir en cómo funcionan ese día el cerebro o los pulmones del paciente. La interconexión se hace patente. Como dijiste antes, Oprah, *todo importa*.

Y lo más importante, entiendes que la pertenencia es biológica, y que la desconexión destruye la salud. Que el trauma nos desconecta, y que eso afecta a todos los sistemas del cuerpo.

Deja que te dé un ejemplo. Me pidieron que visitara a Tyra, una joven de dieciséis años que estaba internada por diabetes. Tenía el tipo 1, diabetes *mellitus* insulinodependiente, a veces llamada *diabetes juvenil*. Quiero dejar claro que este tipo de diabetes tiene que ver tanto con un componente genético como con algunas experiencias agravantes en los primeros años de vida (por ejemplo, una infección o una reacción autoinmune). No estoy diciendo que la diabetes de Tyra fuera consecuencia de un trauma; se la diagnosticaron cuando era mucho más joven, y antes de su ingreso, había estado bien controlada. Sabía medir su azúcar en sangre por sí misma y administrarse las inyecciones de insulina.

Tyra ingresó en el hospital con un coma diabético; su nivel de azúcar en sangre había subido tanto que se había quedado inconsciente. Su equipo médico trató la crisis y se estabilizó. En los días posteriores, el objetivo era encontrar la dosis de insulina correcta, pero sus médicos no daban con ella. Una dosis que parecía funcionar por la mañana resultaba ser o demasiado alta (de forma que el azúcar en sangre se desplomaba) o demasiado baja (lo que mantenía el azúcar en sangre en niveles peligrosamente altos). Empezaron a sospechar que Tyra estaba manipulando la insulina a propósito o que comía dulces a escondidas. No entendían de dónde salían esos enormes cambios de azúcar en sangre a pesar de administrarle unas dosis de insulina que consideraban adecuadas. Como sospechaban que podía haber algún tipo de comportamiento *autodestructivo*, pidieron una visita psiquiátrica.

Conocí a Tyra en su habitación del hospital. Era positiva, agradable y colaboradora, y estaba perpleja ante la incapacidad del equipo médico de dar con la dosis exacta de insulina que necesitaba. Llevaba años gestionando sus propias dosis sin problemas.

Cuando llevábamos unos diez minutos hablando, Tyra de pronto se calló y se puso visiblemente tensa. Pensé que había hecho algo que la había disgustado. Entonces me di cuenta de que estaba mirando por la ventana, hacia la sirena de una ambulancia que entraba en la unidad de urgencias del hospital. Si trabajas en un ambiente hospitalario, oyes sirenas todo el tiempo y llega un momento en que tu mente las silencia. Por eso yo no me había dado cuenta, pero Tyra sí.

—¿Te puedo tomar el pulso? —le pregunté.

La pregunta hizo que dejara de mirar por la ventana.

—Sí.

Me acerqué, sujeté su muñeca y le tomé el pulso: 128 pulsaciones por minuto. Muy alto para un adulto joven en reposo.

—Me di cuenta de que la sirena parecía afectarte.

—Ah. Sí, supongo. Hace que me pregunte quién estará pasándola mal.

—¿Conoces a alguien que haya tenido que ir en ambulancia? Aparte de ti, claro. —La pregunta hizo que volviera a esa mirada medio paralizada. Dejé que pasaran los segundos.

Finalmente, parpadeó y empezó a hablar en voz baja.

—Hace unas dos semanas, estaba con unas amigas en el parque. Estábamos sentadas en una mesa de pícnic. No estábamos haciendo nada—. Se detuvo.

—No tienes por qué contármelo.

—No, no pasa nada.

Yo no lo tenía tan claro, pero dejé que continuara.

—Yo no oí ningún disparo. Keisha dice que ella sí los oyó. Yo estaba sentada al lado de Nina, y de pronto me miró. Se le pusieron los ojos como platos, así —dijo abriendo los ojos para mostrármelo—. Parecía muy sorprendida, hizo un ruidito y se cayó. Tenía la espalda llena de sangre.

Vi cómo Tyra revivía el momento; el miedo y la confusión que sentía eran evidentes. Cuando la sirena de la calle se desvaneció, siguió hablando.

—Había sirenas, y policía. La ambulancia tardó siglos en llegar. Se la llevaron. Era pleno día. Solo estábamos ahí sentadas.

Volví a tomarle la muñeca. Tenía el pulso a 160. Se le había acelerado la respiración, y no había ninguna duda de que tenía miedo (véase la figura 6).

—¿Esto lo saben tus médicos?

—No lo creo. ¿Por qué iban a saberlo?

—Tienes razón, no esperaría que te preguntaran estas cosas. Tyra, deja que te cuente lo que creo que está pasando con tu insulina.

Le dibujé el triángulo invertido y le hablé de las respuestas al estrés, cómo el cuerpo se prepara para huir o luchar cuando tenemos miedo.

Tyra sabía mucho sobre cómo la insulina ayuda a llevar el azúcar de la sangre a las células del cuerpo, pero no era tan consciente de cómo la adrenalina, que se libera en momentos de angustia y amenaza, *moviliza* las reservas de azúcar almacenadas para ayudar en los comportamientos de lucha o huida. La adrenalina aumenta el nivel de azúcar en sangre. Su respuesta al estrés, hiperactivada a consecuencia de la situación traumática que acababa de vivir, aumentaba el nivel de adrenalina y, por tanto, hacía que tuviera mucho más azúcar en sangre. La dosis de insulina que le había funcionado anteriormente ya no le servía. Además, cuando se veía expuesta a una señal evocadora, como las sirenas, su sistema sensibilizado reaccionaba en exceso, liberando niveles muy altos de adrenalina, lo que, a su vez, provocaba una liberación muy importante de azúcar. Y allí estaba ella, pasando los días en una habitación en la que el sonido esporádico de las sirenas le provocaba picos de azúcar en sangre. No estaba manipulando la insulina ni comiendo a escondidas. Preguntarle *qué le pasó* cambió la dinámica de regulación de su azúcar en sangre.

Trasladamos a Tyra al otro lado del hospital, donde no oiría las sirenas a todas horas, y empezamos a trabajar con ella en terapia para ayudarla a superar ese trauma. En cuestión de días, dieron con un régimen de insulina estable y se fue a casa.

Oprah: Sus médicos no tenían una explicación *biológica* de lo que estaba pasando, así que dieron por sentado que la culpa era de Tyra. No habían tenido en cuenta que una experiencia traumática podría estar influyendo en su biología.

Dr. Perry: Ni siquiera se les había ocurrido preguntarle. Hace veinte años, el trauma no se consideraba un factor que afectara a la salud de las personas. Y, de hecho, casi nunca se consideraba un factor que afectara a la salud mental. Hoy en día, sigue subestimándose el papel que desempeñan el trauma y las adversidades durante el desarrollo sobre la salud mental y física.

Los niños y los adultos que se han enfrentado a un trauma durante el desarrollo suelen padecer dolor abdominal crónico, dolores de cabeza, dolores en el pecho, desmayos y episodios

Figura 10

SECUENCIA DE CONEXIÓN EMOCIONAL

Nuestro cerebro recibe constantemente información de nuestro cuerpo (interocepción) y del mundo (cinco sentidos). Estas señales que recibimos se procesan de forma secuencial, y la primera clasificación se produce en la parte inferior del cerebro (tallo cerebral, diencéfalo). Para razonar con los demás, debemos atravesar con éxito las partes inferiores de su cerebro y alcanzar su corteza cerebral, que es la parte encargada del pensamiento, incluidas la resolución de problemas y la cognición reflexiva. Pero si una persona está estresada, enojada, frustrada o desregulada de cualquier forma, la entrada de información hará cortocircuito, lo que provocará que la información llegue distorsionada y de forma ineficaz a la corteza cerebral. Aquí es donde entra en juego la secuencia de la conexión emocional. Si no hay cierto grado de regulación, es difícil conectar con otra persona, y si no hay conexión, el razonamiento es mínimo. Regular, relacionar y, luego, razonar. Tratar de razonar con alguien antes de que esté regulado no servirá de nada, y, de hecho, solo ayudará a aumentar la frustración (desregulación) de ambos. Para que la comunicación, la enseñanza, la orientación, la educación parental y el consejo terapéutico sean eficaces, hace falta tener presente y seguir la secuencia de la conexión emocional.

similares a convulsiones, todos ellos síntomas muy comunes relacionados con una respuesta al estrés sensibilizada. La mayoría de los médicos, si no encuentran nada a través de los exámenes médicos típicos, clasifican estos síntomas como *funcionales* o *psicológicos*. Y estas actitudes despreciativas no hacen más que empeorar las cosas.

Oprah: Llevas años trabajando en cómo abordar esta cuestión. Uno de los términos que te oigo emplear cuando enseñas sobre el cerebro y el trauma es *secuencial*. Ya hemos tocado este tema, pero ¿podrías volver a explicar lo que significa y por qué es importante tener en cuenta *lo que nos pasó*?

Dr. Perry: Claro. Todo lo secuencial ocurre en una *secuencia*, es decir, siguiendo una serie de pasos: primero a, luego b, luego c. Y, como ya dijimos, nuestro cerebro procesa las experiencias de una forma secuencial. Toda la información sensorial (sensaciones físicas, olores, sabores, imágenes y sonidos) se procesa primero en las partes inferiores del cerebro; el cerebro inferior es el primero en formarse. Esto significa que, antes de que la parte superior del cerebro, la parte *pensante*, pueda llegar a tener en cuenta cualquier nueva experiencia, la parte inferior ya la ha interpretado y ha respondido a ella. Ha comparado la información sensorial de la nueva experiencia con el catálogo de recuerdos almacenados de experiencias pasadas, y lo ha hecho *antes* de que la parte inteligente del cerebro haya tenido siquiera la oportunidad de intervenir.

Pero como ya vimos con Mike Roseman, la parte inferior del cerebro no sabe *qué hora es*. Así que su interpretación de la información que recibe es a veces errónea. Si alguna de esas informaciones se corresponde con un recuerdo almacenado de una experiencia pasada, la parte inferior del cerebro reacciona como si la experiencia pasada estuviera ocurriendo ahora mismo. Y eso es un problema cuando la experiencia pasada fue traumática. El cerebro de Mike relacionó el sonido del tubo de escape de una moto con el horror de la guerra. El cerebro de Tyra relacionó el sonido de las sirenas con el horror de la muerte de su amiga. Para ti, Oprah, estar sola en casa por la noche desencadenó el recuerdo sensorial de esa noche de hace tantos años en que tu abuelo las atacó.

Oprah: O sea, que el cerebro interpreta dos experiencias de una forma parecida, aunque puedan haber ocurrido con décadas de diferencia. Quizás nos parezcan acontecimientos independientes, pero el cerebro los clasifica como si fueran el mismo. Tú describes esto como una especie de fallo de comunicación en el cerebro.

Dr. Perry: Sí. Y entender que nuestro cerebro procesa cada experiencia de una forma secuencial también ayuda a explicar esos fallos de comunicación entre cerebros o, dicho de otro modo, entre personas. Al fin y al cabo, la comunicación consiste en trasladar una idea, un concepto o una historia desde tu corteza cerebral a la corteza cerebral de otro. Desde la parte inteligente de tu cerebro a la parte inteligente de su cerebro. El problema es que no nos comunicamos directamente de una corteza cerebral a otra. Tenemos que pasar por las partes inferiores del cerebro. Todos los pensamientos racionales de nuestra corteza cerebral tienen que pasar por los filtros emocionales del cerebro inferior. Los sentidos de la otra persona convierten nuestras expresiones faciales, tono de voz y palabras en actividad neuronal, y luego tiene lugar el proceso secuencial de emparejar, interpretar y llegar a su corteza cerebral. Y por el camino hay muchas posibilidades de que el significado de cualquier comunicación se sintetice, distorsione, magnifique, minimice o se pierda.

Fijémonos en lo que ocurre cuando se activa la respuesta al estrés. La frustración, la rabia y el miedo pueden apagar ciertas partes de la corteza cerebral. Cuando alguien está desregulado, sencillamente es incapaz de utilizar la parte más inteligente de su cerebro. Volvamos a la figura 6, que ilustra el funcionamiento dependiente del estado; a medida que avances por el continuo de la *activación*, las partes inferiores del cerebro irán dominando cada vez más.

En mi trabajo, hablamos de *llegar a la corteza*, es decir, llegar al punto en el que te puedes comunicar racionalmente con alguien. Si la persona está regulada, podrás conectar con ella de forma que se facilite la comunicación racional. Pero si está desregulada, nada de lo que digas llegará a su corteza cerebral, y tampoco podrá acceder fácilmente a nada de lo que ya esté en ella. Es muy importante entender esto si eres docente, porque un niño regulado podrá aprender, pero un niño desregulado no lo hará. Y ocurre lo mismo cuando se trata de supervisar a alguien en el trabajo o de comunicarse con los compañeros, la pareja, los hijos..., con cualquiera. La regulación es fundamental para crear una conexión segura. Y estar conectado con la otra persona es la forma más eficiente y eficaz de hacer llegar la información hasta la corteza cerebral. Un profesor, un entrenador, un mentor, un terapeuta..., todos ellos dependen de que la relación con el otro sea una superautopista hacia su corteza cerebral.

Empleamos el término *secuencia de conexión emocional* para describir los pasos que se dan para llegar a la corteza. Deja que ponga un ejemplo sobre cómo sería esta secuencia en una situación real.

A lo largo de los años, he tenido la oportunidad de trabajar con los cuerpos policiacos, entre ellos el FBI, fundamentalmente impartiendo formación sobre los efectos del trauma y entrevistando a niños. Hubo una época en la que trabajé más activamente como consultor para la unidad de secuestros de niños y asesinatos en serie del FBI, y en ocasiones tenía que entrevistar a niños, tanto víctimas como testigos.

Joseph era un niño de tres años que unas semanas atrás había visto cómo secuestraban a su hermana de once años. En el momento del secuestro, estaban jugando en su barrio, a media tarde. Cuando Joseph se fue corriendo a casa, lo único que consiguió decirle a su madre fue que «el hombre se llevó a Sissy». Una semana más tarde, encontraron el cuerpo.

La policía local y el FBI habían entrevistado a Joseph, pero aquel niño tan pequeño y abrumado no era capaz de dar demasiados detalles sobre «el hombre» o el secuestro.

Entrevistar a niños de tres años es difícil en cualquier circunstancia, y yo era un completo desconocido que había ido a entrometerme en la experiencia más difícil de la vida de Joseph. Sabía que cualquier información que pudiera resultar útil estaría almacenada en la memoria *narrativa*, es decir, en su reconstrucción mental del suceso. Los elementos clave de la memoria narrativa se almacenan en las partes superiores del cerebro, especialmente en la corteza cerebral.

También sabía que el miedo inhibe muchos sistemas corticales, apagándolos de hecho, entre ellos la memoria narrativa (véase la figura 11). A menos que se sintiera seguro, Joseph no sería capaz de darme ningún tipo de información útil.

Consciente del poder del contagio social (¿te acuerdas del rebaño?), pensé que si la madre de Joseph pudiera enviar señales de aceptación y familiaridad cuando yo estuviera presente, él se sentiría más seguro conmigo; es la forma del cerebro de decir eso de «los amigos de mis amigos son mis amigos».

Otro factor que contribuye a sentirse seguro con alguien es tener una historia compartida de experiencias positivas. Cuanto más tiempo positivo pases con esa persona, más considerará tu cerebro que se trata de alguien seguro y familiar.

Es por esta razón que, en la terapia, un paciente suele necesitar entre diez y veinte sesiones para empezar a sentirse lo suficientemente seguro como para hablar de algunas de las experiencias emocionales que le resultan más difíciles. Con una *dosis* de cincuenta minutos a la semana, con el proceso terapéutico tradicional habríamos tardado diez semanas en hacer que Joseph se sintiera seguro conmigo. Sin duda, no resultaba práctico para una entrevista de este tipo.

¿Cómo podía convertirme en alguien a quien Joseph viera como alguien seguro y familiar rápidamente? ¿Cómo podía hacer que las redes de su cerebro me clasificaran como seguro? Como hemos visto con el niño que había sido testigo del asesinato de su madre durante un allanamiento de morada, una *dosis* —o periodo de activación— significativa para las redes neuronales dura solo unos segundos. Así que, en lugar de organizar diez sesiones de terapia de cincuenta minutos para que Joseph pudiera crear un conjunto de recuerdos sobre mí, decidí optar por tener diez o doce interacciones de cinco minutos. Captar la atención, conectar, clarificar y finalizar el contacto: cinco minutos. Captar la atención, conectar, jugar y finalizar el contacto: cinco minutos. Entraba y salía de su campo visual, de su espacio, teniendo en cuenta todos los factores que pueden afectar a la sensación de seguridad en cualquier interacción. Esas breves interacciones debían minimizar cualquier elemento desregulador y maximizar los elementos reguladores y de conexión.

Parte del problema al que me enfrentaba en esta situación era el *diferencial de poder* natural que existe entre un adulto y un niño. En cualquier interacción entre dos personas, los cerebros de cada una están llevando a cabo una serie de cálculos complejos: «¿Estoy a salvo con esta persona? ¿Es un aliado o un enemigo? ¿Me hará daño o me ayudará? ¿Qué intenciones tiene? ¿Qué está intentando hacer? ¿Qué quiere?». Este cálculo relacional nos ayuda a definir en qué punto de ese diferencial de poder nos encontramos. «Somos iguales: no me siento amenazado. Soy dominante: estoy a salvo. El otro es dominante: soy vulnerable». Si nos sentimos vulnerables, se producirá un cambio dependiente del estado en nuestro sistema de respuesta al estrés, y, por tanto, cambiará cómo nos sentimos, cómo pensamos y cómo interpretamos la interacción.

Este cálculo relacional está ahí para mantenernos a salvo y vivos. Si no nos sentimos seguros, nos desregulamos. Las implicaciones de esto son, por cierto, profundas; estas dinámicas de poder están integradas en nuestros sistemas sociopolíticos y contribuyen, por ejemplo, al racismo sistémico.

Oprah: Recuerdo haberte oído explicar el diferencial de poder desde el punto de vista de una persona cuya voz se interpreta de formas distintas. En mi caso concreto, mientras hablábamos sobre los problemas de liderazgo en la Academia de Liderazgo para Niñas de Oprah Winfrey (OWLAG), dijiste: «Tu susurro se oye como un grito». Y entonces pensé: «Eso es».

Dr. Perry: Es que tú *eres* el efecto Oprah. Cuando uno está en lo más alto del diferencial de poder, a veces no se da cuenta del poder que tiene, o de la influencia que su mera presencia puede tener en los demás. Hablaremos mucho más de esto cuando nos centremos en la curación.

En este caso, imaginemos a un hombre de 1.88 m hablando con un niño de 90 cm sobre el hombre que asesinó a su hermano; el diferencial de poder será enorme. Si quería *llegar a su corteza cerebral*, tenía que esforzarme para reducir ese diferencial.

Después de hablar con los agentes del FBI, la madre y los miembros de mi equipo, organizamos la entrevista en casa de Joseph, que es donde se sentía más seguro. Cuando empezamos, la madre y yo nos sentamos a hablar a la mesa de la cocina mientras Joseph entraba y salía, desconfiado. La madre había estado diciéndole que quería que me conociera.

—Ven, Joseph, cariño —dijo—. Te presento a mi amigo, el doctor Perry.

Joseph se acercó, algo agitado. Me levanté de la silla y me senté en el suelo con él. Estaba intentando minimizar la diferencia física, hacerme más pequeño, y ponerme a su altura.

—Hola, Joseph. Soy el doctor Perry. Vine a ver a tu madre y a ti. —Me miró. Lo desconocido alimenta el miedo, y por eso quería que supiera quién, qué y por qué—. Soy un médico que

Figura 11

DEPENDENCIA DEL ESTADO Y MEMORIA

CORTEZA CEREBRAL

SISTEMA LÍMBICO

DIENCÉFALO

TALLO CEREBRAL

DESREGULADO
Acceso ineficaz a los recuerdos corticales

DEPENDENCIA DEL ESTADO Y ACCESO A LA MEMORIA NARRATIVA

En un estado de miedo (desregulado), algunos de los sistemas de la parte superior del cerebro (p. ej. el cortical) se *se apagan*. Esto hace que recuperar recuerdos lineales previos de la memoria narrativa sea ineficiente; un ejemplo muy frecuente de esto es la ansiedad ante un examen. El contenido está almacenado, pero en el momento (es decir, durante el examen) no es posible recuperar la información. Cuando la persona está regulada y se siente conectada y a salvo, el contenido almacenado es accesible y más fácil de recuperar.

CORTEZA CEREBRAL
SISTEMA LÍMBICO
DIENCÉFALO
TALLO CEREBRAL

1. Regular
2. Relacionar
3. Razonar

→ **REGULADO**
Recuerdos corticales accesibles

trabaja con niños a los que les han pasado cosas difíciles en la familia. Tu madre me contó lo que le pasó a tu hermana. Lo siento mucho. —Joseph dejó de moverse y miró al vacío—. Hoy, tú y yo vamos a jugar. Y luego, cuando estés preparado, te haré algunas preguntas sobre tu hermana. —Me paré.

»Voy por un café. ¿Quieres algo? —Joseph no me miró, y no dijo ni media palabra.

Le pregunté a su madre.

—Sí —dijo—. Yo también tomaré café.

Todo esto nos llevó unos tres minutos. Salí por la puerta principal. A los diez minutos, volví. Me senté a hablar con la madre otros diez minutos, mientras Joseph seguía entrando y saliendo de la cocina, ahora acercándose cada vez más a la mesa. En el suelo de la sala de estar había algunos camiones de juguete. Me senté en el suelo y me puse a jugar con uno. Al principio, Joseph me ignoró, pero luego se acercó y me quitó el camión con cautela.

—Perdona, Joseph. Te tendría que haber pedido permiso antes de jugar con tu camión. —Se sentó a cierta distancia y fingió jugar con el camión. Entonces me levanté y dije—: Tengo que hacer algo, pero en un rato vuelvo. —Y me fui de nuevo.

Volví más o menos diez minutos después, y esta vez traje papel y lápices de colores. Me senté a la mesa de la cocina y me puse a pintar en silencio. La madre de Joseph se sentó a mi lado, tomándose el café. A Joseph le entró la curiosidad y vino a ver qué hacía. No lo miré, pero extendí la mano y le ofrecí una hoja y un lápiz. No los tomó.

Me senté en el suelo de la sala de estar con los lápices y las hojas. Joseph vino con el camión y me lo ofreció. Lo tomé y le di una hoja y un lápiz. Se acostó bocabajo a mi lado y pintamos en silencio unos cinco minutos. Entonces me levanté y él me miró directamente, como preguntándome adónde iba.

—En un rato vuelvo. ¿Me cuidas las pinturas?

—Sí. —Su primera palabra.

Seguimos esta dinámica durante unas tres sesiones breves más. En un momento dado, Joseph dijo:

—Aquí tengo los mejores juguetes.

Me tomó de la mano y me llevó a su habitación. Me enseñó toda su colección. Utilizaba frases completas, conversando cómodamente. Había conseguido regularlo a través del juego, de colorear siguiendo un patrón repetitivo, con el apoyo relacional de su madre, caminando y hablando. Y con esas conexiones emocionales de ida y vuelta, los sistemas de reconocimiento facial de su cerebro me clasificaron como familiar. Hubo una docena de *episodios* de interacción; esos sistemas no se dieron cuenta de que todos ellos formaban parte de una misma visita de cuatro horas.

Joseph y yo estábamos conectados; me percibía como alguien seguro y familiar. Sus redes corticales y su memoria narrativa eran accesibles. ¿Podría hablar sobre el secuestro de su hermana sin cerrarse?

Le di el control.

—¿Te acuerdas de lo que te dije sobre hablar de tu hermana?

—Sí —asintió, y dejó de jugar.

—No tenemos que hablar de ello si no quieres.

—Está bien —dijo, pero no volvió a jugar.

Le pregunté si se acordaba del aspecto de aquel hombre. Me dio algunos detalles. Yo necesitaba algunos más: ¿cabello largo, cabello corto, bigote, vestimenta, delgado, grueso? Tomé un periódico viejo para usar las fotografías de hombres como ejemplo, sin saber que en él había fotografías relacionadas con el secuestro de su hermana.

Vio una foto de ella.

—Esta es Sissy. Está muerta.

Señalé algunos anuncios, intentando sacarle más detalles.

—¿Llevaba el cabello así? —Entonces pasé la página y su postura cambió.

Cuando vio la foto de uno de los sospechosos, se inclinó hacia delante.

—Es este —dijo—. Este es el malo. Tiene lentes.

Cuando le enseñé otras fotografías de hombres con rasgos parecidos, Joseph no les hizo ni caso. Al cabo de un tiempo, identificó inmediatamente al sospechoso en una rueda de reconocimiento virtual compuesta por hombres que compartían rasgos parecidos.

Al final de la entrevista, le dije:

—Joseph, ¿te acuerdas dónde estaban cuando ese señor se llevó a tu hermana?

—Sí.

—¿Puedes llevarme allí?

Mientras caminábamos por el vecindario, Joseph me fue contando lo que había pasado. Su hermana estaba haciendo botar la pelota de Joseph, y fue a parar a la cuneta que había a un lado de la calle. Cuando fue a buscarla, un camión rojo se detuvo a su lado, un hombre salió de él y la metió en la cabina. El hombre no vio a Joseph en ningún momento.

Mientras revivía la experiencia, Joseph se disgustó visiblemente. Ya había tenido bastante. Paramos, pero su identificación y descripción del secuestro llevaron directamente a encontrar pruebas que fueron esenciales para condenar al asesino de su hermana.

Oprah: Llegaste a su corteza cerebral.

Dr. Perry: Sí. La historia de Joseph es un buen ejemplo de la secuencia de conexión emocional. Para comunicarte con cualquier persona de una forma racional y con éxito, primero tienes que asegurarte de que esté *regulada*, de que siente que tiene cierta *relación* contigo, y solo entonces puedes intentar *razonar* con ella. Hace veinte años, sabía lo suficiente sobre todo esto —y sobre el efecto del estrés y del trauma sobre el cerebro en general— como para poder comunicarme con Joseph sin provocar que su corteza cerebral se apagara. Pero cuando salí de su casa, dejé en ella a una familia rota. El dolor de la pérdida traumática de una hija se quedó con la madre; en el caso de Joseph, su hermana mayor se había ido para siempre. Cada año hay un cumpleaños vacío de Sissy; un lugar vacío en la mesa en las fiestas; el Día de la Madre siempre es doloroso y agridulce.

En aquel entonces, no sabíamos lo suficiente sobre la curación del trauma. Aunque trabajamos con cientos de familias, y aunque podría haber dado una explicación bastante acertada de lo que creía que causaba su dolor, agotamiento, depresión, ansiedad, imágenes intrusivas e incluso su salud desregulada, no sabía realmente cómo hacer que se sintieran mejor. Pero seguimos escuchando y aprendiendo.

CAPÍTULO 6

DE LA SUPERACIÓN A LA CURACIÓN

He dedicado gran parte de mi carrera a tratar de entender cómo nos cambian el estrés y el trauma. Pero cuando estaba empezando, me centré excesivamente en los acontecimientos traumáticos extremos. Cientos o, mejor dicho, miles de niños, jóvenes y adultos compartieron conmigo sus historias. Los escuchaba y reflexionaba sobre si lo que me contaban encajaba con la extensa investigación neurocientífica que existía sobre el estrés en animales. Muchas veces pensé: «Ah, ahora lo entiendo. Así funciona el trauma. Así es como el trauma influye en el cerebro y el comportamiento». Pero me equivocaba. Estaba aprendiendo cosas importantes, pero no lo entendía, no del todo.

Empecé a profundizar más en mis reflexiones sobre la curación después de un trauma. Hasta entonces, creía que cuanto más grave fuera el historial de traumas, más difícil sería curarse. Pero estaba dejando fuera algunas piezas del rompecabezas.

Me di cuenta de ello hace treinta años, cuando trataba de entender a dos niños, ambos de doce años, que vivían en un centro residencial de rehabilitación. Habían llegado a él porque habían sido imposibles de controlar en una serie de hogares de acogida y otras residencias escolares. Los dos estaban en sexto, pero ambos presentaban dificultades académicas y tenían un nivel de lectura propio de cuarto. Cuando me enviaron sus historiales, a los dos les habían puesto las mismas etiquetas del Manual Diagnóstico y Estadístico: *trastorno por déficit de atención e hiperactividad (TDAH), depresión mayor, trastorno explosivo intermitente y trastorno de conducta. Ambos tomaban múltiples medicamentos, prescritos para intentar contener sus síntomas disruptivos. Y ambos llevaban en el programa residencial cerca de un año.*

Pero cuando los conocí, me sentí distinto cuando estaba con cada uno de ellos. Los dos generaban un estado de ánimo en la habitación, pero cada uno creaba un clima emocional totalmente distinto. Thomas había sido víctima de maltrato físico a manos de un padre explosivo y furioso. A los seis años, lo apartaron de su familia. Después de pasar por doce hogares de acogida y tres hospitalizaciones, acabó en ese centro residencial. El año que llevaba en el centro había sido el periodo de tiempo más largo que había pasado en el mismo lugar desde que nació. Tenía visitas con su madre y, en ocasiones, con su padre. A pesar de su historial, era interactivo, sonreía e intentaba ayudarme a conocerlo. Pero su hipervigilancia, inquietud y cambios de humor extremos saltaban a la vista. El primer día que lo vi, su pulso en reposo era de 128. Sus comportamientos distraídos, hostiles, desafiantes y agresivos eran manifestaciones de una respuesta de activación hiperactiva y excesivamente reactiva (véanse las figuras 5 y 6). Se encontraba en un estado de miedo constante. No me pareció útil la consideración de que presentaba cuatro trastornos clínicos; tenía uno: la versión infantil del trastorno por estrés postraumático (TEPT).

 Con James la sensación era completamente distinta; en realidad, no había sensación alguna. Era como si estuviera ante un fantasma, como si estuviera vacío. Cuando estaba con él, me sentía solo. Su historial no hablaba de ninguno de los acontecimientos traumáticos más típicos entre los niños de acogida. Su madre, que seguramente tenía depresión, había desaparecido con un novio cuando James tenía tres meses. Después de pasar seis semanas en un centro de acogida, su abuela materna, que vivía sola, accedió a llevárselo con ella. Parece que no le entusiasmaba la idea de tener que criar a James. La imagen que me hice de ella a partir de los informes de entonces fue la de una cuidadora desmoralizada y resentida. Pero hizo todo lo que pudo. No había antecedentes de maltrato físico, abuso sexual, exposición a conductas drogodependientes u otros tipos de experiencias traumáticas; sus informes solo hablaban de un tipo de crianza infantil desapegada, agotada, no interactiva y con mínimas interacciones verbales o físicas. Bajo el cuidado de su abuela, James empezó mostrarse distraído y desobediente. Las recompensas no parecían surtir efecto, y las consecuencias no parecían importarle. Quitaba a los otros niños objetos que no parecían tener ninguna importancia, como *un lápiz, una pulsera o un juguete pequeño. Cuando se le preguntaba por estos robos, los negaba, incluso cuando había evidencias irrefutables. Había amenazado en varias ocasiones con apuñalar a otros alumnos, y se le describía como a un niño con una agresividad explosiva, pero un examen más detallado mostraba que, en realidad, nunca había pegado, empujado o atacado a nadie. Solo amenazaba.*

A los ocho años, la abuela de James se quedó sin energía y, sencillamente, renunció. Lo abandonó al sistema porque «mentía, robaba y era desagradecido», y estaba empezando a tenerle miedo. James había amenazado con matarla mientras dormía. Entró en el sistema de protección de menores y pasó de un hogar de acogida a otro antes de terminar en ese centro residencial. La falta de atención que condujo a su diagnóstico de TDAH no tenía los rasgos vigilantes y distraídos de Thomas. James no prestaba atención porque estaba desconectado y se pasaba el día soñando despierto. A diferencia de Thomas y sus 128 pulsaciones por minuto en reposo, James tenía un pulso de 60.

A pesar de que les habían puesto las mismas etiquetas del Manual Diagnóstico y Estadístico (DSM), Thomas y James no se parecían en nada. Empecé a preguntarme cómo habría sido la vida de James cuando era un bebé. Una madre joven e inexperta, luchando contra la depresión y abrumada por las necesidades constantes de un bebé. Quizá su madre tenía problemas de relación o de apego... ¿Qué le había pasado? Uno no puede dar lo que no tiene.

Imagina una primera infancia en la que la madre de James cubre sus necesidades, pero quizá no va mucho más allá. Justo cuando James está empezando a organizar su neurobiología relacional, su mundo cambia por completo, y unos nuevos adultos empiezan a cuidar de él en el centro de acogida. Cada uno de estos adultos tiene un olor, una voz, un estilo de contacto distintos. Y entonces, de pronto, ellos también desaparecen. James, a sus cinco meses y con un cerebro que se está desarrollando muy rápidamente y que contiene un conjunto de recuerdos confusos y desorganizados sobre la conexión humana, ha aprendido que las personas desaparecen. Que no son estables ni predecibles. Que no siempre cubrirán sus necesidades, lo consolarán o lo recompensarán.

Ahora, imagina a un bebé, cualquier bebé, que tenga hambre, miedo y frío, y un cuidador que solo a veces responde a sus necesidades. La versión del bebé de la respuesta de lucha o huida es el llanto, pero si llorar no atrae a un cuidador receptivo, o si atrae a un cuidador frustrado o enojado, el bebé se ve obligado a recurrir a otras vías para calmarse a sí mismo. En estas situaciones, la respuesta adaptativa dominante del bebé al estrés es desconectarse de un mundo exterior confuso y peligroso y retirarse a su mundo interior.

Cuando conocí a James, sabía que la disociación era la adaptación primaria de los animales que se encuentran bajo tipos de estrés específico, como cuando están ante una amenaza inevitable o paralizante o cuando la lucha es inútil. En los animales, este tipo de estrés conduce a una respuesta de capitulación o derrota. *Su fisiología cambia. Se hacen los muertos. La investigación sobre animales en este ámbito es extensa. Curiosamente, si la comparamos con la investigación sobre la neurofisiología de la disociación en los humanos, seguimos muy a la zaga.*

En cualquier caso, estaba ante dos niños con las mismas etiquetas del DSM, pero con comportamientos distintos y respuestas diferentes al tratamiento. ¿De dónde surgían esas diferencias? De lo que les pasó *de pequeños.*

A medida que fui pasando más tiempo con Thomas, empezó a contarme cosas sobre todas las personas cariñosas que habitaban su tumultuoso universo. Su madre, su tía y su abuela materna eran muy afectuosas y estaban intentando que las autoridades permitieran que Thomas volviera a casa. Pero su madre no quería dejar a su marido. Y su marido no podía dejar su adicción.

Resultó que el padre de Thomas no siempre había sido agresivo. Según la familia, sus problemas empezaron cuando volvió de

Vietnam. En aquel entonces no se sabía mucho acerca del TEPT, y muchos veteranos de Vietnam no recibían ningún tipo de ayuda. El consumo de alcohol y de drogas del padre hizo que terminaran despidiéndolo; al ser incapaz de ocuparse de su familia, su autoestima cayó en picada. El ciclo del trauma —vergüenza, dolor, alcohol, rabia, humillación y pérdida— aceleró la fragmentación de la familia.

Antes del declive de su padre, la vida de Thomas había empezado bien, bajo un cuidado afectuoso y estable. Cuando era bebé, su padre no era agresivo. Pero cuando su padre empezó a tener problemas, la familia sufrió, y en especial su madre. El padre de Thomas empezó a golpearlo cuando intentó proteger a su madre, y, a partir de entonces, se convirtió en el principal pararrayos de la rabia de su padre. Aunque su madre y otros familiares no fueron capaces de protegerlo del todo, hicieron lo que pudieron. El efecto amortiguador de estos cuidadores y de su buen comienzo en la vida marcaron la diferencia. Thomas terminó teniendo una neurobiología relacional sana a pesar de su respuesta sensibilizada al estrés debida al trauma.

Gracias al tratamiento, Thomas mejoró. Sus habilidades relacionales sanas le permitieron avanzar mucho trabajando con un proceso terapéutico centrado en las relaciones. En cuestión de doce meses, estaba mucho menos desregulado. Podía concentrarse y aprender con más facilidad. Tenía muchos menos problemas de comportamiento y avanzó dos cursos en un año. Empezó a curarse.

James no mejoró al mismo ritmo, y, de hecho, empeoró. Sus comportamientos predatorios continuaron, y se hizo más hábil para que no lo descubrieran. Todos los esfuerzos por moldear su comportamiento o construir relaciones sanas con él fracasaban. Casi parecía que, incluso con ayuda terapéutica, careciera de los recursos necesarios para salir adelante.

Como veremos después con mucho más detalle, las relaciones son la clave de la curación. Pero, para James, toda interacción *relacional terminaba en desvinculación. Para él, los otros no eran fiables. En su visión del mundo, las personas o te hacen daño o te abandonan. No se puede confiar en los demás. De esto aprendí que un aspecto muy importante del ¿qué te pasó? es ¿qué no te pasó? ¿Qué atención, qué contacto afectuoso, qué consuelo —en definitiva, qué amor— no te dieron? Me di cuenta de que el abandono es tan tóxico como el trauma.*

Dr. Perry

Oprah: Cuando hablas de *abandono*, ¿a qué te refieres? ¿No es traumático el abandono?

Dr. Perry: Creo que, en la mayoría de los casos, el abandono y el trauma coexisten. Pero provocan experiencias biológicas muy distintas, y pueden tener unos efectos muy diferentes en el cerebro y en el niño en desarrollo. Hay quien emplea el término *trauma complejo* para intentar abarcar el abandono y el maltrato durante el desarrollo, pero me parece que es meter demasiadas cosas en el mismo saco.

Oprah: Ayúdame a entender en qué consiste el abandono.

Dr. Perry: Pensemos en un niño que se está desarrollando. Para que el potencial genético de ese niño se exprese, debe darse toda una serie de experiencias necesarias.

Si no se dan estas experiencias, o si el momento, el patrón o la naturaleza que las caracterizan son anormales, hay capacidades fundamentales que no se desarrollarán. El abandono es más destructivo en las primeras etapas de la vida, cuando el cerebro crece muy rápidamente; el abandono temprano interfiere con la obtención del estímulo que el niño necesita para desarrollarse normalmente.

Es probable que hayas oído hablar de los *huérfanos rumanos*. Se cree que más de quinientos mil niños pasaron parte del comienzo de su vida en orfanatos estatales durante el régimen de Ceaușescu en Rumanía; en 1989, cuando el país dejó atrás su etapa comunista, el público y la prensa descubrieron las terribles condiciones a las que se había sometido a esos niños. Solía haber entre cuarenta y sesenta bebés o niños pequeños en una sala grande, cada uno en su cuna durante todo el día, y solo tenían a uno dos cuidadores que rotaban en turnos de doce horas para atenderlos. Los niños sufrieron privaciones, malnutrición y maltrato, entre otras cosas. Incluso después de salir de esas instituciones, crecieron con una serie de déficits. Algunos tenían un cociente intelectual bajo, otros no podían caminar, la mayoría tenía grandes problemas para formar y mantener relaciones. Trabajé con muchos niños que habían sido sacados de aquellos orfanatos. En general, cuanto más tiempo hubieran pasado allí y más duras hubieran sido las privaciones, más graves eran sus problemas. Irónicamente, los niños que habían tenido que compartir cuna en algunas de estas instituciones abarrotadas acababan mejorando.

Los huérfanos rumanos de entonces son adultos hoy, y, para la mayoría de ellos, los problemas persisten. Como grupo, tienen muchas más posibilidades de estar desempleados, padecer problemas de salud física y mental y tener dificultades con las relaciones.

En Estados Unidos se han dado casos aislados parecidos, y nuestro equipo clínico ha trabajado con muchos niños y jóvenes procedentes de entornos marcados por un abandono extremo. Estos niños crecen subsocializados. No saben ir al baño solos ni usar cubiertos, y sus capacidades lingüísticas son mínimas. En los casos más graves, parecen *salvajes*; ese el término que se emplea para denominarlos.

Tú misma hablaste de la historia de uno de estos casos, el de Dani, la *niña de la ventana*, en uno de tus programas en *The Oprah Winfrey Show*. Pasó los seis primeros años de vida encerrada y abandonada hasta el extremo, y las consecuencias fueron trágicas. Por suerte, la sacaron de esa situación y la adoptó una familia. Su proceso de curación ha sido terriblemente lento, pero constante.

Oprah: Cuando llegó a un hogar en el que le daban cariño, empezó a mejorar. Pero siguió teniendo problemas de comunicación y con las interacciones sociales.

Dr. Perry: Y todavía los tiene. En los primeros seis años de vida pasan muchísimas cosas importantes en el cerebro en desarrollo de un niño. Y si las redes neuronales clave no reciben las *experiencias* adecuadas en el momento oportuno, algunas habilidades esenciales no se desarrollarán con normalidad. Todavía tenemos mucho que aprender al respecto, y sabemos que hay otros factores del desarrollo, como el maltrato prenatal o el trauma durante el nacimiento podrían estar presentes en los casos más graves, como el de Dani. Pero como hemos visto con los huérfanos rumanos, cuanto más tiempo pase el niño en un entorno de desarrollo marcado por la privación, más le costará recuperarse.

Oprah: Pero estos ejemplos, como el de Dani, son muy poco frecuentes. Seis años es muchísimo tiempo. ¿Qué pasa si solo es un año? ¿Y si solo ocurre en los ratos en que el niño está a cargo de una niñera en concreto? ¿Y si castigas a un adolescente y tiene que pasarse prácticamente un mes entero en su habitación? ¿Eso es abandono?

Dr. Perry: Castigar a un adolescente no es abandono, porque los sistemas clave del cerebro ya se han desarrollado. No estoy defendiendo que se mande a un adolescente de quince años a la habitación durante un mes, pero no es lo mismo que un mes de abandono en la infancia temprana.

Pero los ejemplos que planteas son importantes. E, igual que con el trauma, hay una serie de preguntas esenciales que nos pueden ayudar a valorar si una situación constituye un caso de abandono, y, de ser así, qué efecto tendrá. ¿En qué momento del desarrollo se dio el abandono? ¿Qué patrón siguió? ¿Qué grado de gravedad o de privación tuvo el abandono? ¿Cuánto duró? Y, dado que el abandono total y absoluto es poco frecuente, ¿qué factores de *amortiguación* estuvieron presentes durante la situación de abandono?

La forma más común de abandono es un cuidado fragmentado y sin patrón. Algunos días, cuando el bebé llora, los adultos acuden a darle de comer y a cuidarlo. Otros días, no viene nadie.

Y otros días, viene alguien y les grita, los sacude o les hace daño. Este mundo tan confuso y caótico es sumamente desregulador. El bebé carece de la *estructura* suficiente para enviar un conjunto de señales claras y organizadas a los sistemas que se están desarrollando en el cerebro. El mundo del bebé es impredecible, y el resultado es un abandono *caótico*. Los sistemas fundamentales se desarrollan de una forma fragmentada y desorganizada, provocando así problemas funcionales.

Hay otro tipo de abandono —el abandono *astillado*— que se da cuando muchos aspectos del desarrollo son normales y algunos sistemas clave reciben las experiencias en el momento adecuado, pero uno o más no lo hacen, lo que provoca la ausencia de un aspecto crítico del desarrollo saludable. Deja que ponga un ejemplo.

En una ocasión trabajé con cinco hermanos, de once, ocho, seis, cuatro y dos años. Todos eran encantadores. Su madre los estaba criando sola; tenía dos doctorados y quería a sus hijos con locura. El problema era que la obsesionaba y aterrorizaba la idea de que sus hijos sufrieran algún daño si los perdía de vista. Así que empezó a tener a todos los niños en la misma habitación que ella, todo el día y toda la noche. Con el tiempo empezó a darles clase en casa, e insistía en que se sentaran en sillas de coche en el sillón. Llegó incluso a sujetarlos físicamente a las sillas. No los dejaba ni gatear ni caminar.

Los trataba con mucho cariño y se centraba mucho en su desarrollo cognitivo. Todos ellos iban uno o dos grados adelante. Hablaban e interactuaban socialmente entre ellos, pero ni siquiera el de más edad era capaz de mantenerse apenas en pie. En este caso hubo una *astilla* de privación en la actividad motora; el resultado fue una familia de niños con piernas y capacidades neuromotoras muy subdesarrolladas. Este es un ejemplo muy extremo de abandono astillado, pero hay muchos otros en los que un aspecto importante del desarrollo, como el desarrollo emocional, se deja relativamente de lado o se subestimula.

Oprah: Hay muchas formas de descuidar a un niño. He visto a niños que crecían desatendidos porque en su casa nadie los veía. Eran fantasmas emocionales, como James.

Dr. Perry: Desde luego. He trabajado con varios niños que han padecido abandono emocional por parte de padres muy adinerados que decidieron *externalizar* la crianza de sus hijos, pero lo hicieron de una manera que no estaba informada desde el punto de vista del desarrollo. No entendían la importancia de la estabilidad relacional en la vida temprana, así que dejaban a su bebé a cargo de distintos turnos de cuidadores contratados.

Oprah: ¿A qué te refieres? Hoy en día circulan muchos mensajes que nos dicen que no importa quién o cuántas personas cuiden de un niño, mientras ese niño reciba mucho amor y atención. ¿Es incorrecta esta información?

Dr. Perry: Esa es una muy buena pregunta. En general, cuantas más personas atentas y cariñosas haya en tu vida, mejor. Pero si volvemos a lo que decíamos al principio sobre el cerebro en desarrollo y el proceso que sigue para crear tu visión del mundo, recordarás que, durante la primera infancia, el cerebro necesita experiencias que sean estables y sigan patrones para desarrollar algunos de sus sistemas más importantes. Fijémonos en el desarrollo del lenguaje para ilustrarlo.

Pongamos que durante seis semanas solo le hablas en inglés a un bebé, y luego dices: «Se acabó el inglés, ahora vamos a hablar en chino». Durante los cinco meses siguientes, el niño solo oye chino, pero entonces dices: «Se acabó el chino, ahora hablaremos en francés». Y el idioma en el que se le habla al niño cambia diez veces más antes de que cumpla tres años. Ese pobre niño no hablará ningún idioma. A pesar de que son idiomas buenos y que todos los idiomas *activan* las áreas del habla y el lenguaje del cerebro, no ha habido las suficientes repeticiones de cualquiera de ellos para poder organizar adecuadamente la capacidad total del habla y el lenguaje del niño.

También se darían alteraciones en el lenguaje si el niño escuchara quince idiomas distintos cada día. Ni el tiempo ni las repeticiones con cada uno de ellos serían suficientes para que el cerebro en desarrollo del bebé diera sentido a ninguno de los idiomas. El desarrollo del lenguaje se retrasaría y posiblemente sería anormal.

Lo mismo ocurre con las relaciones. Si pasas seis semanas familiarizándote con una persona, pero luego desaparece y viene otra a cuidarte, pero luego desaparece, y así sucesivamente, tu cerebro de bebé no habrá tenido suficientes repeticiones con ninguna de ellas para crear la arquitectura que te permita desarrollar una neurobiología relacional saludable.

La clave para tener muchas relaciones sanas en tu vida es haber tenido solo unas pocas relaciones que te aportaran seguridad, estabilidad y cuidados durante tu primer año. Esto te proporciona las repeticiones adecuadas para que construyas los cimientos —la arquitectura relacional fundamental— que te permitirán seguir cultivando conexiones relacionales sanas. Pensemos de nuevo en el lenguaje: en cuanto has aprendido uno o dos idiomas principales, puedes seguir aprendiendo muchos otros. Pero cuando un bebé o un niño pequeño crece en un hogar en el que el *cariño* se subcontrata, el resultado puede ser una forma de abandono astillado en el que se subdesarrollen o atrofien las capacidades relacionales más importantes.

Oprah: Y creo que, ahora que cada vez dependemos más de la tecnología en muchos aspectos de nuestras vidas, el cuidado de los niños es un aspecto muy importante. Veo cada vez más a padres que subcontratan el cuidado de sus hijos al celular o a la tableta. O que dejan a los niños campar a sus anchas mientras ellos están distraídos con sus dispositivos. Un día, iba manejando en Chicago y terminé yendo detrás de una carroza jalada por caballos. Los niños estaban asomados y mirando a su alrededor, mientras la madre hablaba tranquilamente por teléfono. Durante todo el camino. No interactuó con sus hijos ni una sola vez, ni siquiera los miró. Y yo no paraba de pensar: «En cuanto se bajen, publicará una foto diciendo "Vean lo bien que la pasamos, dimos un paseo en una carroza jalada por caballos"». Hoy en día lo veo constantemente: padres que están con sus hijos, pero que no están realmente *con ellos*.

Dr. Perry: Creo que este es un gran problema que tenemos en nuestra distraída sociedad. No se nos da muy bien estar realmente presentes.

Oprah: E incluso los bebés saben cuándo estás presente. Saben si estás ilusionado o contento. Lo notan. Saben si están a salvo o no. Buscan el contacto visual.

Dr. Perry: Buscan una conexión emocional total. Quieren que estés presente. La incapacidad de estar realmente presente tiene un efecto tóxico en un desarrollo sano. Como hemos visto anteriormente, el cerebro del bebé está intentando dotar de sentido al mundo, y puesto que somos seres sociales, una parte crucial de este proceso es la construcción de un sentimiento de pertenencia: «Importo. Formo parte del grupo». Esto se consigue al recibir de otros, especialmente de la familia, señales específicas que nos indican que *importamos*. Y exige prestarle atención al bebé o al niño. Pero no una atención parcial, sino una atención con una conexión emocional plena. «Te estoy mirando. Te escucho. Estoy aquí, contigo».

Todos hemos tenido alguna conversación con alguien en la que nos hemos sentido ignorados cuando se desconectó para ver el celular. Y aunque somos adultos y nuestros cerebros están desarrollados y entendemos cómo funciona el mundo, sigue siendo una sensación desagradable. Nos duele.

Oprah: Sientes que *no importas lo suficiente como para mantener la atención del otro.*

Dr. Perry: Eso es. *No importo lo suficiente.* Y si ya es desagradable recibir ese mensaje de alguien siendo adultos, imagina si es el mensaje que recibe un bebé constantemente mientras está creando su «visión del mundo»: *no importo*. La capacidad del bebé de ser empático y afectuoso —de amar— depende de la naturaleza, de la calidad y de la cantidad de las interacciones cariñosas que mantiene en la etapa más temprana de la vida. Una interacción indiferente y sin conexión emocional no construye los cimientos para que la persona sea afectuosa; todo lo contrario, crea los cimientos para que seas una persona emocionalmente hambrienta y dependiente que anhelará sentirse parte de algo, pero carecerá de la capacidad neurobiológica para encontrar lo que necesita. Un cuidado marcado por la falta de interés puede conducir a una sed insaciable de amor. Uno no puede querer si no lo han querido.

Oprah: Desde el punto de vista científico, ¿qué ocurre cuando un padre o una madre está pendiente del teléfono mientras el niño está intentando compartir una experiencia con él o ella?

Dr. Perry: Un amigo y colega, el doctor Ed Tronick, diseñó un experimento famoso en el campo de la psicología del desarrollo cuyo nombre, el paradigma de la cara inexpresiva, nos da una pista de por dónde va. En resumidas cuentas, consiste en que se le dice a un padre o a una madre que se muestre inexpresivo al interactuar con su bebé. Se le pide que actúe sin conexión emocional, de forma pasiva y fría. El bebé intenta de inmediato conectar con el padre o la madre y, tras unos pocos segundos de intentos infructuosos, muestra un malestar significativo.

Oprah: ¿Se pone a llorar?

Dr. Perry: A menudo, sí. El paradigma de la cara inexpresiva demuestra de una forma visceral que, a los pocos segundos de percibir que su padre o madre está emocionalmente desconectado y ausente, el niño empieza a sentirse angustiado y a intentar restablecer la conexión con su padre o madre. Pero cuando sus intentos fracasan, el bebé se desconecta y se retira emocionalmente. Imagina el efecto que esto puede tener en un niño que se está desarrollando si se trata de una experiencia continua. Un cuidador frío, emocionalmente desconectado y atento solo a medias puede tener efectos tóxicos inmediatos y posiblemente permanentes en el niño en desarrollo. Este niño puede crecer sintiendo que es inadecuado, que no es digno de recibir amor. Incluso si tiene muchos dones y capacidades, de adulto sentirá que *no es suficiente*, lo que puede conducir a toda una serie de comportamientos inadecuados que incluyen desde formas tóxicas de llamar la atención hasta el autosabotaje e incluso conductas autodestructivas.

Oprah: Y cuando un niño pequeño depende de su padre, madre o cuidador para que lo regulen, y la persona a su cargo actúa con indiferencia, sin conectar emocionalmente, o incluso no está presente cuando el bebé necesita consuelo o alimento, esto estará creando en el niño un patrón impredecible e incontrolable de activación del estrés.

Dr. Perry: Efectivamente. Y eso crea una respuesta al estrés sensibilizada (véase la figura 3). Detengámonos en este punto un momento; sabemos que el cuerpo humano —tanto si eres un bebé como un adulto— dispone de varios sistemas que te ayudan a lidiar con cualquier dificultad que tengas delante. El sistema que la mayoría de la gente conoce es la respuesta de lucha o huida, de la que ya hemos hablado (véase la figura 6).

Oprah: Estoy viendo la figura: calma, alerta, alarma, miedo, terror. Explícamelo un poco más.

Dr. Perry: Cuando estamos estresados, se desencadena una respuesta gradual, que va activando progresivamente los sistemas del cerebro y del cuerpo que podrán ayudarnos. Cuando no estás estresado, puedes estar *calmado*; puedes reflexionar sobre el pasado y pensar en el futuro. Pero en cuanto te enfrentas a cualquier dificultad —una presentación en el trabajo, por ejemplo—, entras en estado de *alerta*. Examinas al grupo, estudias sus rostros mientras hablas, tratando de calibrar si se está entendiendo lo que querías decir. «¿Lo entienden? ¿Les gusta mi presentación? ¿Se aburren?». Después de unas horas, tienes un pequeño accidente con el coche y durante un momento entras en estado de *alarma*; te quedas como paralizado, sin saber qué hacer. «¿Debería llamar al seguro? ¿Tengo que llamar a la policía? ¿Tenemos que hacer un parte?» Estás temporalmente bloqueado, cuando, de pronto, el otro conductor sale de su coche y empieza a gritarte y a amenazarte con un arma. Ahora entras en un estado de *miedo* total.

Y aquí es también donde entra otro componente importantísimo de tu capacidad de respuesta al estrés: la disociación. Tu cerebro no para de estudiar la situación y de valorar tus opciones: «¿Voy a ser capaz de huir de esta situación? ¿Voy a ser capaz de ganar la lucha?». Tu cerebro te dice que no puedes ganar en una pelea contra un tipo con una pistola, así que empiezas a intentar evitar un conflicto mayor y te deshaces en disculpas. Tienes la sensación de estar viéndolo todo como si fuera una película. Cumples todas sus exigencias de una forma tan automática que le pagas el desperfecto en el acto. Tu sentido del tiempo se distorsiona. Estás disociando. Tu cuerpo se está preparando para una posible lesión; tu ritmo cardiaco desciende. En lugar de enviar toda la sangre hacia los músculos para ayudarte a luchar o a huir, tu cuerpo limita el flujo sanguíneo periférico. Quizás te pongas pálido o incluso te desmayes. Para prepararte para la lesión que podrías sufrir, tu cuerpo te desconecta del peligro del mundo exterior y te lleva a tu mundo interior. Libera opioides endógenos —endorfinas y encefalinas—, tus propios analgésicos naturales, y literalmente tienes la sensación de que estás observando desde fuera lo que te está pasando.

Oprah: Eso es lo que algunos describen como una *experiencia extracorpórea*, y muy a menudo no recuerdan lo que pasó a continuación.

Dr. Perry: Exacto. Esta respuesta disociativa aparece ante una angustia y un dolor ineludibles e inevitables. Tu cuerpo y tu mente te protegen. Como no puedes huir físicamente y luchar sería inútil, huyes psicológicamente a tu mundo interior. Y, volviendo al niño y a su padre emocionalmente desconectado, la respuesta de lucha o huida del bebé es llorar. Pero si no viene nadie —o si viene alguien, pero está enojado—, el indefenso bebé se disociará para sobrevivir a esta situación de angustia ineludible. Lo mismo ocurre cuando los niños más mayores, los jóvenes y los adultos se enfrentan a cualquier dolor y angustia ineludibles e inevitables: se disocian. Y hay todo un conjunto de cambios neurofisiológicos que les ayudan a hacerlo, incluyendo la liberación de los propios opiáceos de su cuerpo.

Oprah: ¿Por eso la gente dice «Todo pasó en cámara lenta»?

Dr. Perry: Eso es. Cuando te encuentras en este estado disociativo, tu sentido del tiempo se disuelve. Las experiencias que duran apenas unos segundos pueden parecer minutos. Los minutos pueden hacer que te sientas atrapado en un momento atemporal.

He entrevistado a agentes del FBI después de un tiroteo. Un agente puede tardar ocho minutos en describir un suceso que en realidad duró diez segundos, y eso ocurre porque, en ese momento, su cerebro estaba flotando. Estaba fuera de su cuerpo, observando los acontecimientos.

Quien haya pasado por una experiencia dolorosa podrá reconocer esta sensación, puede hacer que nos sintamos insensibles. A veces llevamos a cabo las tareas del día a día con el piloto automático puesto, o tenemos momentos en los que nos sentimos como si estuviéramos en una película.

Oprah: Me interesa mucho lo que estás diciendo porque muchas veces me he preguntado, por ejemplo, cómo se sintieron las personas que iban en los aviones del 11S. Sabían que había un terrorista a bordo y que solo tenían unos instantes para llamar a sus familias. En ese momento de terror, debió de haber cierta sensación de disociación, porque muchos todavía fueron capaces de llamar a su familia o de escribir notas o de asaltar la cabina.

Dr. Perry: Aquí estás poniendo de relieve lo adaptativa que es la disociación parcial en muchas situaciones. Si un soldado en combate se limitara a pasar por el continuo de activación —y llegara a la etapa de huida y luego a la de lucha—, daría un salto y le dispararían. Para poder mantener el acceso a ciertas partes de su corteza cerebral —para poder pensar y comportarse según la formación que recibió para mantenerse con vida durante el combate—, debe disociarse hasta cierto punto. Es esencial para la supervivencia. Sin la disociación, cuanto mayor sea la amenaza a la que se enfrenta una persona, más miedo tendrá y más se cerrará su corteza cerebral. Ser capaz de disociarse parcialmente, de desvincularse de ciertas partes del mundo exterior y sus amenazas y concentrarse en comportamientos aprendidos, es clave para alcanzar el éxito en el deporte de competición o en representaciones artísticas donde la presión es muy elevada. Los términos *flujo* y *en la zona* se utilizan para describir algunos de estos estados disociativos parciales.

Oprah: En realidad, todos recurrimos a la disociación a diario. En eso consiste soñar despierto, ¿no? Y puede ser un mecanismo de afrontamiento saludable.

Dr. Perry: Tienes razón, es lo que hacemos cuando dejamos que la mente divague. El pensamiento reflexivo y la creatividad exigen que nos detengamos en medio de un momento, reflexionemos y pasemos un tiempo *en nuestra cabeza*. Reflexionamos sobre el pasado e imaginamos el futuro, y con ello hacemos que la desconexión disociativa forme parte de nuestra vida diaria. Y también es esencial para las interacciones relacionales.

Oprah: Me quedé muy sorprendida cuando me contaste que la mayoría de las personas solo pueden mantener una concentración plena en alguien y en lo que les está diciendo durante unos quince segundos, y luego la mente empieza a divagar. Se fija en cómo lo que está diciendo el otro se relaciona con algún aspecto de su propia vida, y en cómo eso se relaciona con algo más, y así sucesivamente.

Dr. Perry: Sí, y es una capacidad muy normal y adaptativa. Es importante entender que la disociación no es mala, aunque pueda ocurrir en circunstancias negativas. La disociación en sí misma es buena. Por ejemplo, un niño que sueña despierto en clase puede indicar que es creativo. Nuestro actual sistema de educación pública es bueno para producir trabajadores, pero puede ser un lugar terrible para creadores, artistas y futuros líderes.

Oprah: Muy a menudo castigamos al niño que se distrae pensando en sus cosas.

Dr. Perry: Sí, pero en una escuela informada sobre el desarrollo y consciente del trauma, se entiende que los momentos de inactividad desempeñan un papel fundamental en la consolidación de la memoria. Se fomenta la disociación reflexiva.

Oprah: Sí, tengo muy presente este principio de la disociación por mi escuela de Sudáfrica. Las niñas que tenemos allí son maravillosas, tú conoces a muchas de ellas. Pero vienen de entornos difíciles y traumatizados, y tuvimos que formar a los profesores para que entendieran que la ensoñación o la disociación en realidad son buenas para ellas. Es un mecanismo de afrontamiento que cabe esperar cuando has crecido en un entorno donde hay un caos ineludible y donde el apoyo u otras formas de mantenerte regulado son mínimos. Necesitas poder encerrarte en ti mismo. Necesitas disociarte de ese entorno y de su intensidad para sobrevivir.

Dr. Perry: Tienes toda la razón. La disociación como mecanismo de afrontamiento aparece sobre todo cuando la persona siente que no puede escapar de una situación amenazante. Si eres un niño y en tu familia abunda el conflicto, no tienes demasiadas opciones. No puedes decir: «Me voy a vivir a otro lugar». Los niños muy pequeños no pueden ni luchar ni huir. Tienen que quedarse donde están.

Oprah: ¿En qué momento la disociación pasa de ser un mecanismo de afrontamiento a convertirse en un trastorno disociativo, en el que el niño se retira cada vez más a su mundo interior?

Dr. Perry: Antes diste en el clavo al hablar del bebé cuyo padre o madre no se conecta emocionalmente con él. Recordemos que un patrón de estrés impredecible, incontrolable y prolongado sensibilizará los sistemas de respuesta al estrés. Y si la disociación es el tipo de adaptación al estrés al que más recurres durante largos periodos de tiempo cuando eres pequeño, terminas mostrando una respuesta disociativa sensibilizada ante cualquier dificultad. La respuesta disociativa es hiperactiva y excesivamente reactiva.

Algunas de las jóvenes de la Academia de Liderazgo para Niñas de Oprah Winfrey (OWLAG), por ejemplo, al haber crecido en un ambiente de caos y amenaza cuando eran niñas, se disociaban ante cualquier dificultad. Cuando se enfrentaban a cualquier tipo de malestar.

Oprah: Creo que esta parte de nuestra conversación será útil para muchas personas que se preguntan por qué tienden a ensimismarse. «¿*Por qué me quedo fuera de juego cuando las cosas se ponen difíciles?*» Es porque tu cerebro ha aprendido a disociarse cuando las cosas se vuelven incómodas o las percibes como una amenaza. Aunque un examen de matemáticas no sea una amenaza tan seria como cuando alguien quiere hacerte daño, tu respuesta disociativa puede ser tan excesivamente reactiva que tu respuesta ante el examen de matemáticas sea desconectarte.

Dr. Perry: Sí. Pero la respuesta no siempre es una desconexión total. Como hemos visto antes, la respuesta disociativa ante dificultades y amenazas ocurre en un continuo (véase la figura 6). En el caso de las personas que tienden a presentar una respuesta disociativa al estrés, la primera fase del continuo es la evitación. No quieren ningún tipo de conflicto. Quieren ser invisibles. Evitan el contacto visual. No hablan si no se les pregunta. Guardan silencio en las conversaciones. Si no logran hacerse invisibles y alguien los interpela —«¿Y a ti qué te parece?»—, pasan a la conformidad, pero es una conformidad vacía.

Oprah: Responden lo que creen que el otro quiere oír, pero no se involucran emocionalmente en el diálogo.

Dr. Perry: Esta es una de las partes más difíciles de trabajar con niños que han sufrido traumas durante el desarrollo.

Oprah: Y no pasa solo con los niños. He visto este comportamiento en personas adultas. Recuerdo un programa que hicimos hace años, con Gary Zukav, en el que una mujer, que había sido víctima de abusos sexuales de pequeña, explicó que de adulta saboteaba sus relaciones, fueran felices o no, alejándose emocionalmente. Se disociaba aunque decía que quería mucho a su pareja. Hacía todo lo que se esperaba de ella en la relación —conformidad—, pero, como dices, era una conformidad vacía. No estaba realmente allí. Pero después de trabajar con un terapeuta para construir y mantener relaciones saludables, ahora practicaba activamente el estar presente. Gary Zukav validó sus sentimientos diciendo que muchas personas sienten «terror a estar vivas». Nunca olvidaré esa frase.

Dr. Perry: Qué interesante que dijera eso. Uno de los comportamientos que se ven a menudo en casos de respuesta disociativa sensibilizada son los cortes. Y, muchas veces, alguien que se corta dirá: «Ver mi sangre me hace sentirme vivo. Es relajante».

Oprah: ¿Podrías explicar la psicología que hay en esos cortes? Creo que no soy la única que no acaba de entender cómo puede haber personas adictas a ellos.

Dr. Perry: Desde fuera, la autolesión con cortes puede generar mucha confusión. Hemos hablado de cómo los sistemas de respuesta al estrés se pueden volver demasiado reactivos, de cómo cualquiera que experimente un trauma ineludible e inevitable se disociará, y de cómo, si el patrón de este trauma es prolongado o extremo, los sistemas disociativos se sensibilizan: se vuelven hiperactivos y demasiado reactivos.

Recordemos que la disociación hace que liberemos opiáceos (encefalinas y endorfinas), nuestros propios analgésicos. Si una persona que no presenta una respuesta disociativa sensibilizada se hace un corte, su cuerpo libera una pequeña cantidad de estos opiáceos para que pueda tolerar el corte; la cantidad liberada sería bastante pequeña y proporcional a ese pequeño corte. Ahora bien, cuando una persona que presenta una respuesta disociativa sensibilizada —es decir, demasiado reactiva— se hace un corte, libera una gran cantidad de opiáceos. Equivale casi a recibir una pequeña dosis de heroína o de morfina.

Oprah: ¿Quieres decir que realmente le produce placer? ¿Que no siente el corte como un corte?

Dr. Perry: La *explosión* de opioides que provoca el corte puede hacer que se sienta regulado. Es relajante. Para algunos resulta gratificante. Hace que se sientan bien.

Oprah: No les duele.

Dr. Perry: No; de hecho, puede convertirse en su método favorito de autorregulación.

Oprah: Nunca me lo había planteado así. O sea, que para que te resulte una sensación relajante, tienes que encontrarte en un estado desregulado. Si estás regulado y te haces un corte, te dolerá, ¿verdad?

Dr. Perry: Efectivamente. Hay que partir de una respuesta disociativa sensibilizada. Es el tipo de respuesta que suele darse con un historial de maltrato que fue doloroso, ineludible e inevitable, fundamentalmente, un entorno de caos y amenaza crónicos de bebé o de muy pequeño. O, muy a menudo, en caso de abuso sexual.

Oprah: Cuando lo que te está pasando es ineludible.

Dr. Perry: Sí, y, entonces, tu neurobiología disociativa se *sensibiliza*, se vuelve demasiado reactiva. Y descubres que una forma fiable de calmarte a ti mismo, de aliviar tu dolor, es autolesionarte.

Oprah: Es fascinante. Esto me ha dado mucho que pensar durante mucho tiempo, porque tengo chicas que vienen, como hemos dicho antes, de situaciones difíciles y muy duras. Fundé la Academia de Liderazgo para Niñas de Oprah Winfrey (OWLAG) para darles oportunidades, y la trayectoria de sus vidas cambió. Y, a pesar de ello, tuvimos un problema de cortes en la escuela. Y cada vez que me lo contaban, me preguntaba cómo saben hacerse cortes. ¿Cómo aprenden a hacerlo? ¿Han visto a otros hacerlo? ¿Y si la escuela no existiera y estas mismas chicas siguieran en sus pueblos o aldeas? ¿Se estarían autolesionando allí? ¿Las personas que viven en esos pueblos también se hacen cortes?

Dr. Perry: Es una pregunta muy interesante. Si partimos de un trauma temprano, los niños pequeños que presentan esta respuesta sensibilizada a veces descubren que si se arrancan una costra o se rascan una picadura de mosquito... se sienten bien. Empiezan a aprender que la automutilación puede ser reguladora. Pero esto ocurre solo con una parte muy pequeña del grupo de personas que terminan cortándose. Resulta que muchas personas lo aprenden de los demás; a veces incluso se pueden relacionar los índices de cortes con que un programa de televisión popular haya tratado el tema.

Algunos niños experimentan con la autolesión y dicen: «Ni hablar, esto duele, no voy a volver a hacerlo». Y otros dirán: «Vaya, qué gusto». Ocurre como con las drogas. Cierto porcentaje de alumnos de escuela experimentarán con una droga, pero solo el 18 o el 20% terminarán teniendo problemas por un consumo recurrente. Y si te fijas en las personas que consumen una y otra vez, verás que un porcentaje muy elevado de ellas habrá pasado por adversidades durante el desarrollo. Entre los niños que no vuelven a probarlo, serán minoría los que habrán sufrido adversidades durante el desarrollo.

Oprah: Las drogas son otro tipo de regulación para las personas que han experimentado un trauma.

Dr. Perry: Desde luego. Existen distintos tipos de *autorregulación* inadecuada, pero todas ellas se relacionan con la misma neurobiología básica de los sistemas del estrés y de la recompensa. Algunos niños se balancean y dan cabezazos contra la pared, por ejemplo.

Oprah: Sí, he visto casos así.

Dr. Perry: El efecto es el mismo. Y otros niños descubren que arrancarse el cabello o las cejas les produce una pequeña explosión de opiáceos.

Oprah: Es importantísimo comprenderlo. No era consciente de hasta qué punto todo esto está relacionado.

Dr. Perry: Los niños siempre encuentran una forma de calmarse. Provocarte el vómito también puede desencadenar esa explosión de opiáceos. Por eso hay trastornos alimentarios que están relacionados con *autocalmarse* y no con la imagen corporal. Es una forma inadaptada de calmarse.

Oprah: Es fascinante, pero estos comportamientos son algo extremos. ¿Existen comportamientos de afrontamiento que sean más comunes?

197

Dr. Perry: Sí, los hay. Y pueden convertirse en características de la personalidad difíciles de reconocer al principio, pero que pueden afectar al modo en que las personas evitan una situación problemática o se involucran en ella, o a la forma de interactuar con personas conflictivas.

Oprah: Antes mencioné que, durante gran parte de mi vida, una de las características principales de mi personalidad era querer complacer a los demás. Influyó en todo: en mi peso, en mi salud, en mi negocio y en mis relaciones. Cuando eres víctima de maltrato y te enseñan a guardar silencio sobre ello, terminas queriendo complacer siempre a los demás porque has aprendido que decir lo que piensas conduce a un castigo. No conoces el concepto de decir que no.

Dr. Perry: Querer complacer a los demás es un mecanismo de afrontamiento típico que se engloba dentro de los comportamientos de *conformidad* que se observan en la disociación. Pero, insisto, es importante recordar que la disociación y los comportamientos de autorregulación disociativos no siempre son perjudiciales.

La capacidad de controlar las propias capacidades disociativas es muy potente. Permite que se tenga una buena cognición reflexiva. Nos permite también concentrarnos plenamente en una tarea concreta. La hipnosis, el flujo y el estar *en la zona* son ejemplos del estado de trance que permite la disociación. Las personas que aprenden a controlar cuándo y cómo entran en este estado de trance tienen un don. Te garantizo, Oprah, que a ti se te da muy bien disociar. Es uno de tus superpoderes.

Oprah: ¿Ah, sí?

Dr. Perry: Sin duda. Empecemos por tu amor por la lectura.

Oprah: Ah, sí, es verdad. Para mí, los libros siempre han sido una vía de escape. Fueron mi camino hacia la libertad personal. Aprendí a leer a los tres años, y en cuanto lo hice, enseguida aprendí que existía todo un mundo más allá de la granja de mi abuela en Misisipi.

Dr. Perry: Claro. Y, además, está claro que eres reflexiva.

Oprah: Uy, sí, mucho.

Dr. Perry: Y eres capaz de ir a lugares en tu cabeza e imaginar cosas en el futuro de una forma que a muchos les resulta muy difícil. Eso es disociación. Es saludable, curativa y productiva. Por eso hay que ir con cuidado al etiquetarla como una patología, como un comportamiento estrictamente negativo. Puede ser una fortaleza increíblemente valiosa.

Pero en tu caso, parece que a veces tus adaptaciones disociativas te llevaron a ser complaciente, que intentabas dar a los demás lo que querían.

Oprah: Sí, quería complacer a todos.

Dr. Perry: Ese era tu comportamiento por defecto. No llamar la atención, hacer lo que se te pide, no dar a nadie motivos para el enojo: sencillamente, darle a la gente lo que quiere.

Oprah: Totalmente: darle a la gente lo que quiere, y punto.

Dr. Perry: Pero, con el tiempo, has cambiado. Paso a paso, te has alejado de ese comportamiento excesivamente complaciente. A menudo utilizas el término *intención*, y cuando lo haces, a mí me viene a la cabeza la palabra *controlable* (véase la figura 3). Tienes una vida ajetreada, llena de retos y exigencias, y, aun así, tomas todos esos factores estresantes y usas tus límites y tu intención para hacer que el patrón de estrés de tu vida sea más predecible, controlable y moderado. Ese es un patrón de activación del estrés que contribuye a la curación y que desarrolla la resiliencia.

Oprah: Descubrí el poder de la intención de la mano de Gary Zukav. Me cambió la vida; es la fuerza que me guía. Gary me enseñó que siempre hay una intención que precede a todo pensamiento y a toda acción, y que el resultado de tus experiencias está determinado por la intención desde el principio. Parece complicado, pero la verdad es que absolutamente todo lo que hago empieza conmigo preguntándome: «*¿Cuál es mi intención al hacer esto?*».

En cuanto lo entendí, empecé a tomar mis decisiones basándome en lo que pretendía con ellas, y no solo en lo que los demás querían que hiciera o lo que yo creía que los complacería. Me he enfrentado a muchos abusadores a lo largo de mi vida, pero el poder de la intención me ayudó a establecer límites para hacer única y exclusivamente lo que yo quería hacer porque me parecía auténtico. En cada decisión, grande o pequeña, aprender a decir que no me ha curado, y la intención me ha salvado la vida.

Pero hablando de decisiones y elecciones, quiero que hablemos de una cuestión que nos desconcierta a muchos. ¿Por qué es tan frecuente que las personas que han sido víctimas de un trauma se sientan atraídas por relaciones abusivas?

Dr. Perry: Permíteme que amplíe la pregunta, porque nos ayudará mucho a entender no solo el maltrato, sino todos los comportamientos. El quid de la cuestión es que todos tendemos a acercarnos hacia lo familiar, incluso cuando lo familiar es tóxico o destructivo. Nos sentimos atraídos por aquello con lo que crecimos.

Como hemos dicho antes, cuando somos pequeños y nuestro cerebro está empezando a dar sentido a nuestras experiencias, crea nuestro *modelo de trabajo* del mundo. El cerebro se organiza en torno al tono y la tensión de nuestras primeras experiencias. Por eso, si desde el nacimiento recibes una atención cariñosa y te sientes a salvo, pensarás que las personas son buenas por naturaleza. Y, como también hemos dicho antes, esta visión del mundo hace que proyectes esa *bondad* en las personas que conoces, y esa proyección de la bondad saca cosas buenas de los demás.

Pero si de niño lo que experimentaste fueron el caos, las amenazas o el trauma, tu cerebro se organiza a partir de la visión de que «El mundo no es un lugar seguro y no se puede confiar en los demás». Pensemos en James. No se sentía *a salvo* cuando la gente se le acercaba. La intimidad hacía que se sintiera amenazado.

Y lo más desconcertante es que se sentía más cómodo cuando el mundo encajaba con su visión del mundo. Ser rechazado o maltratado validaba esta visión. Lo más desestabilizador para cualquier persona es que se pongan en duda sus creencias más profundas. En palabras de la psicóloga Virginia Satir, «Nos sentimos mejor con la certeza de la desgracia que con la desgracia de la incertidumbre». Sea bueno o malo, nos atrae lo que nos resulta familiar.

Oprah: Así que, si vienes de un entorno de maltrato, ¿es probable que tengas una relación con un maltratador porque te resulta familiar?

Dr. Perry: Sí. De hecho, si empiezas una relación con alguien que no te trate mal, quizás te sientas cada vez más incómodo. Y entonces, de forma inconsciente, tu mente empezará a buscar una respuesta *predecible*. Puede que intentes provocar una reacción. «*Si hago X, se enojará*». Si con ello provocas el comportamiento con el que estás más familiarizado —se enoja y te trata mal—, es probable que te sientas validado. Tu visión del mundo se habrá confirmado. Aunque el resultado sea caótico y conflictivo, también te resulta reconfortante en el sentido de que te resulta familiar.

Oprah: Esto lo veo en muchas de mis chicas en la escuela. Seleccionamos a mujeres jóvenes que son inteligentes y tienen potencial, pero muchas crecieron en un entorno en el que no vieron ni experimentaron lo que es el amor de verdad, o cómo te hace sentir una muestra de amor verdadero. Para las mujeres de sus comunidades, tanto en casa como en la familia, el maltrato es sistémico. Y va más allá del maltrato físico: la gente no se presenta cuando había quedado en hacerlo; no cumple con lo que dice que va a hacer. Al final, empiezas a creer que el amor es eso. Te han entrenado. Así que cuando una de mis chicas conoce a un joven que la va a tratar con respeto, lo primero que piensa es que algo no está bien. Y, como dices, empieza a hacer cosas para provocarlo; de hecho, sabotea la relación para que la trate como está acostumbrada a que la traten, para que la deje. Como siempre ha dicho Maya Angelou, «Tú enseñas a los demás cómo deben tratarte».

Por eso, lo que de verdad quiero saber es: ¿esto tiene arreglo, teniendo en cuenta que es como se desarrolló tu cerebro? Y si lo tiene, ¿cómo se hace?

Dr. Perry: La buena noticia es que el cerebro es maleable durante toda la vida. *Sí podemos* cambiar. Pero esos cambios no son aleatorios. Para usar tu palabra favorita, podemos cambiar *intencionadamente* si sabemos qué es lo que debemos cambiar. La clave está en reconocer los patrones.

Oprah: Claro que sí. Se empieza uniendo los puntos. Pero ¿cómo se ayuda a alguien a ver que se está repitiendo la historia? ¿Que es como si solo se hubiera cambiado de pantalones? Porque así es como suele ocurrir. El mismo tipo de persona aparece una y otra vez en su vida. Es posible que el envoltorio sea distinto, y que sea un jefe o un amigo dominante.

Yo a mis chicas les digo: «En tu vida hay un hilo conductor. Fíjate en el tipo de amistades que eliges, el tipo de relaciones personales que tienes, los novios que te atraen, y piensa en qué tienen en común todas estas personas. Luego pregúntate cómo te hacen sentir, y cuáles de esos sentimientos despiertan sentimientos que ya has tenido en el pasado. Y entonces, cuando te sientas así y pienses "Dios mío, qué frustración", fíjate en si esa persona está despertando algo que ya está ahí».

Dr. Perry: Es cierto que este tipo de patrones se repiten a lo largo de la vida de una persona, y a menudo también en la de sus padres y sus abuelos. Y si no los reconoce, será muy difícil cambiarlos. Los niños y los adultos con quienes trabajamos están tan acostumbrados al caos que se sienten mucho más cómodos en situaciones caóticas que cuando reina la calma. Por eso, cuando llegan a una clase o a un hogar de acogida en el que las personas son predecibles, estables y consideradas, se sienten incómodos. Poco a poco, esa incomodidad va empeorando, hasta que provocan una respuesta predecible. Hay profesores y padres de acogida que me dicen: «Casi es como si *quisiera* que lo castiguemos».

Y, hasta cierto punto, así es. El niño quiere que el mundo reaccione de una forma predecible. Y, para él, lo predecible es que lo castiguen, lo excluyan y lo minimicen. Busca evidencias que confirmen que su visión del mundo es correcta: «El mundo es caótico. No se puede confiar en las personas. No encajo». Intenta que lo echen de esa clase, de ese hogar. Cuando empezamos a trabajar, tratamos de enseñarles a los adultos el verdadero significado de este comportamiento, y a reconocerlo para no perpetuarlo.

Oprah: Eso es exactamente lo que me dijiste hace diez años, cuando abrí la escuela de Sudáfrica y te llamé al tercer día.

Dr. Perry: Lo recuerdo.

Oprah: Algunas de las chicas que acababan de llegar de pronto se portaban mal, y no sabíamos por qué. Yo pensé que quizá sentían nostalgia, pero tú pensabas que algunas de ellas podrían tener problemas relacionados con el trauma, e incluso trastorno de estrés postraumático (TEPT). Me dijiste que no importaba lo difíciles que hubieran sido sus condiciones de vida, las habíamos sacado de sus casas. En casa dormían seis en una cama, y ahora dormían solas. Las sábanas eran distintas. El nivel de comodidad era distinto. El sentido del orden era distinto. Todo el mundo en la escuela está ahí para darles cariño; para darles apoyo, apoyo y más apoyo.

Dr. Perry: Y ese orden, esa estabilidad y ese cariño ponían en cuestión su visión del mundo. Sus cerebros les decían: «Pero ¿esto qué es?». Pensaban: «Quiero algo familiar». Y por eso empiezan a portarse mal. Crean caos donde hay orden porque piensan: «Voy a hacer que algo me resulte familiar».

Oprah: Quiero desorden. Quiero lo que conozco.

Dr. Perry: Exacto. Por eso lo que hay que hacer es darles tiempo y experiencias. Necesitan paciencia y comprensión y las suficientes experiencias nuevas como para que puedan esculpir y moldear nuevas visiones del mundo. Se necesita tiempo para crear redes neuronales con un nuevo conjunto de asociaciones. Y eso es lo que la OWLAG proporciona a muchas de estas niñas: años de nuevas oportunidades; años de aprendizaje cognitivo de cosas nuevas, y, lo más importante, años de nuevas relaciones, estructuras y expectativas y de nuevas lecciones sociales y emocionales. Sus visiones del mundo se modifican, se amplían, se aclaran y se consolidan. Y esto requiere tiempo, paciencia y, a veces, apoyo terapéutico.

Oprah: Pero tiene que ser la terapia adecuada.

Dr. Perry: Es curioso, porque la mayoría de las personas piensan en la terapia como algo que implica entrar y deshacer lo que pasó.

Pero sea lo que sea lo que tus experiencias pasadas crearon en tu cerebro, esas asociaciones existen y no se pueden eliminar. No podemos deshacernos del pasado.

La terapia consiste más bien en construir *nuevas* asociaciones, en establecer nuevas y más sanas vías por defecto. Es casi como si la terapia viniera a construir una autopista de cuatro carriles al lado de la carretera de dos carriles que venías usando. Esa antigua carretera sigue ahí, pero ya casi no la usas. Con la terapia construyes una alternativa mejor, una nueva ruta por defecto. Y eso exige repetición y tiempo; y, sinceramente, funciona mejor si se entiende cómo cambia el cerebro. Por eso es esencial que todo el mundo comprenda cómo el trauma afecta a nuestra salud.

CAPÍTULO 7

SABIDURÍA POSTRAUMÁTICA

«*Los niños son resilientes. Lo superarán*».

Lo he oído tantas veces... *En pie, junto a un funcionario del Ayuntamiento de Nueva York frente a los escombros aún humeantes de las torres del World Trade Center; sentado entre agentes del FBI y rangers de Texas después del asalto del Departamento de Alcohol, Tabaco, Armas de Fuego y Explosivos (ATF) al complejo de los davidianos en Wako; caminando junto a trabajadores de emergencias por un departamento con las paredes salpicadas de sangre después de un tiroteo presenciado por tres niños; hablando con funcionarios de distrito después de un tiroteo en una escuela..., ¿qué digo?, después de docenas de tiroteos en escuelas. Es una frase demasiado habitual:* «*Menos mal que los niños son resilientes. Estarán bien*». *A menudo, recurrimos a la resiliencia de los demás como si fuera un escudo emocional. Nos protegemos de la incomodidad, la confusión y la impotencia que sentimos ante su trauma. Es una especie de mirar hacia otro lado que nos evita tener que cuestionar nuestra visión del mundo y que nos permite seguir viviendo con la mínima interrupción.*

Vemos este proceso cuando alguien sufre una experiencia traumática o vive un duelo: con mucha frecuencia, la familia, los amigos y los compañeros de trabajo empiezan a orbitar a más distancia, temerosos de la poderosa atracción gravitacional del dolor traumático. A medida que los cómo estás *se van espaciando, las conversaciones se vuelven más superficiales, las interacciones se acortan y el resto de las personas* siguen adelante con sus vidas, *la persona que ha sufrido la pérdida o el trauma se siente cada vez más sola y aislada. El hundimiento emocional no ocurre durante las primeras semanas tras el acontecimiento traumático. Por lo general, durante esas primeras semanas, la familia, los amigos y la comunidad se movilizan para proporcionar apoyo emocional. Tus propias reservas físicas y mentales también ayudan, con frecuencia gracias al poder de la disociación. Sin embargo, y aunque cada persona es distinta, después de unos seis meses empiezas a tocar fondo. Y, entonces, navegas por ese fondo, con altibajos* sincronizados con aniversarios, estímulos evocadores y oportunidades de curación. Algunas personas seguirán ascendiendo; otras se ahogarán. Ninguna volverá a ser la misma.

Vemos esta misma racionalización y evitación en traumas a gran escala o que afectan a toda la comunidad: guerras, hambrunas, desastres naturales, tiroteos en centros escolares, el efecto transgeneracional de la esclavitud... Los grupos privilegiados apartan la mirada del dolor. Ante el racismo sistémico, decimos: «Mira lo lejos que han llegado»; ante el genocidio cultural: «Es que tienen que integrarse»; ante el trauma: «Menos mal que son resilientes». Crear a un otro es muy fácil. El nosotros-y-ellos está profundamente arraigado en nuestra neurobiología y es lo que hace de la conexión un arma de doble filo. Estamos muy conectados con nuestro clan, pero no tanto con otros: competimos con ellos por unos recursos limitados.

Cuando el trauma afecta a un grupo de personas o a una comunidad, hay un epicentro del suceso: las personas más afectadas por la pérdida y por el dolor. Y hay una movilización inmediata de atención, energía y recursos dirigidos a ese epicentro. La gente se apresura a ayudar. Sin embargo, esta ayuda acostumbra a no llegar en el momento adecuado, a estar desorganizada, y casi siempre desconoce los mecanismos del trauma. Miles de personas ofrecen su tiempo como voluntarios durante las primeras semanas; seis meses después, no queda nadie. Tras el impulso inicial de ayudar, la intensidad de la pérdida traumática comienza a agotar y a alejar a la gente. Ni las escuelas ni las ciudades quieren que se les identifique como traumatizadas; quieren que se les vea prosperar. La gente se cansa de oír hablar del trauma; quieren hablar de recuperación y de esperanza. Y entonces llegan los esfuerzos bienintencionados por hacer algo: camisetas con eslóganes sobre la fuerza u ositos de peluche para niños que aún están confundidos. Padres y madres que lloran la muerte de un hijo son homenajeados en un partido de futbol. Estos gestos, amables y torpes, forman parte de nuestro esfuerzo por ayudar y por borrar la impotencia que sentimos.

Lo más difícil de asimilar después de un acontecimiento traumático es que no hay nada ni nadie que pueda eliminar el dolor. Y, sin embargo, eso es precisamente lo que tan desesperadamente intentamos hacer, porque somos criaturas sociales, susceptibles al contagio emocional, y, cuando estamos con personas que sufren, nosotros también sufrimos. Y no queremos sufrir. Es difícil estar entre vidas hechas pedazos y no sentir la desesperación. Intentar deshacer o negar el dolor del otro (apartar la mirada) nos ayuda a regularnos.

Así que hacemos nuestras suposiciones arbitrarias sobre la resiliencia innata de los demás. Hacemos afirmaciones categóricas que nos permiten marginar a niños traumatizados. Apartamos la mirada de la tragedia y seguimos adelante con nuestras vidas, diciéndonos a nosotros mismos que ellos estarán bien. *Sin embargo, tal y como estamos viendo durante nuestras conversaciones, el efecto del trauma no desaparece sin más.*

Podemos ayudarnos mutuamente a recuperarnos, pero, con frecuencia, las suposiciones sobre la resiliencia y la determinación nos impiden ver la curación que nos lleva por el doloroso camino de la sabiduría.

Dr. Perry

Oprah: Durante nuestras conversaciones dijiste algo que me hizo pensar mucho: «Los niños no nacen siendo *resilientes*. Nacen siendo *maleables*». ¿Me podrías explicar la diferencia?

Dr. Perry: Si tomas una pelota de espuma y la estrujas, la estiras o aplicas cualquier tipo de fuerza sobre ella, al final recuperará su forma esférica original. Las pelotas de espuma son resilientes. Esa es la clase de resiliencia a la que se refieren las personas que dicen que los niños son *resilientes* tras el trauma. Se están dejando llevar por el pensamiento ilusorio de que un niño puede experimentar un estrés traumático y, de algún modo, mágicamente, no verse afectado. Como si el niño pudiera recuperar su salud emocional, física, social y cognitiva anterior, sin el menor cambio. Sin embargo, tal y como hemos explicado a lo largo del libro, las cosas no funcionan así. Siempre estamos cambiando. Todas nuestras experiencias, buenas y malas, nos cambian. Y esto es así porque nuestro cerebro es cambiante, maleable. *Siempre* está cambiando.

Piensa en un gancho de metal. Imagina que debes recuperar algo que se cayó por un desagüe y que el gancho es la mejor herramienta de que dispones. Aplicarás fuerza sobre él para darle la forma que necesitas. El gancho es maleable. Cuando hayas terminado, puedes intentar devolverle su forma original, pero por experta que seas en el arte de doblar ganchos, no conseguirás que quede exactamente igual que estaba. Y los puntos en los que más lo doblaste se habrán debilitado. Y si siguieras doblándolo y volviendo a enderezarlo por los mismos puntos, el gancho acabaría rompiéndose.

Antes hablamos de la resiliencia y es verdad que tanto los niños como los adultos pueden *demostrar resiliencia*, como decimos en nuestro campo, ante una dificultad o incluso ante un suceso traumático. Se puede demostrar resiliencia y, como ya explicamos, también podemos desarrollarla. Sin embargo, no se trata de la resiliencia que vemos en las pelotas Nerf. Y tampoco es una propiedad inherente a la infancia. La capacidad de volver al *punto de partida* después de un trauma depende de muchos factores, principalmente de tus vínculos.

Oprah: Entonces, quieres decir que, independientemente de la edad que se tenga, ¿nadie sale indemne de un trauma? ¿Y que es imposible volver a ser *el mismo* una vez que se ha producido un trauma?

Dr. Perry: En cierto modo sí, es eso. Una aclaración, de todas formas: en nuestro campo se emplea el concepto de resiliencia. Pero si examinamos detenidamente nuestra biología después de una experiencia traumática —hasta la forma en que se expresan los genes—, se hace evidente que el trauma nos cambiará a todos de un modo u otro.

Y todos esos cambios seguirán ahí incluso aunque no se traduzcan en problemas aparentes en la *vida real*, e incluso aunque la persona demuestre resiliencia. Por ejemplo, es muy posible que un niño siga sacando buenas calificaciones en la escuela, pero quizá necesite mucha más energía y esfuerzo para lograrlo. O quizá veamos que un niño recupera su nivel anterior de funcionamiento emocional, pero los cambios en su sistema neuroendocrino pueden hacerlo más propenso a desarrollar diabetes. Esto es, a grandes rasgos, lo que han demostrado los estudios sobre las experiencias adversas en la infancia: la adversidad afecta al desarrollo del niño. Y punto. No siempre sabremos cuál será ese efecto, cómo se manifestará o cómo se puede *amortiguar*. Lo que sí podemos afirmar es que el trauma temprano siempre afectará a nuestro cuerpo y a nuestro cerebro.

Oprah: Entonces, si examinamos el cerebro de un niño traumatizado, ¿será distinto?

Dr. Perry: Aunque las técnicas de diagnóstico por imagen actuales son muy sofisticadas, aún no son lo bastante sensibles como para estudiar a un niño concreto y afirmar con seguridad, por ejemplo: «La hipoactividad de la corteza prefrontal es consecuencia del maltrato». Lo que sí sabemos es que si comparamos a un grupo de niños que no han sufrido ningún maltrato con un grupo de niños que hayan experimentado un tipo de maltrato similar durante aproximadamente el mismo tiempo, hallaremos diferencias estadísticamente significativas en el tamaño de algunas áreas del cerebro; algunas diferencias en las *conexiones* y algunas diferencias en la *actividad*. Sin embargo, la complejidad del desarrollo infantil, del cerebro y de las características del trauma hace que sea muy difícil interpretar los estudios de neuroimagen.

Oprah: Entonces, si estudiáramos el cerebro de un niño de tres años al que se ha atendido y se ha tratado con afecto y el cerebro de un niño de tres años que ha sufrido maltrato y abandono, ¿veríamos diferencias?

Dr. Perry: Bueno, como ya dije, es muy complejo; pero si el abandono llegara a la categoría de *abandono global total*, sí, las veríamos. Si se usan las técnicas de imagen adecuadas, se ven las diferencias. Pero, de nuevo, interpretarlas es muy difícil.

Los mejores indicadores de cambios en el cerebro después de un trauma o abandono son los cambios *funcionales*: ¿El niño es impulsivo o distraído? ¿Tiene dificultades del habla y el lenguaje o problemas de motricidad fina? ¿Está deprimido o ansioso? ¿Le cuesta aprender? ¿Puede establecer y mantener relaciones saludables? Todos estos aspectos son indicadores de cambio en el cerebro mucho más fiables que los escáneres cerebrales.

Los escáneres cerebrales han demostrado que todos tenemos un cerebro único, lo que, después de todo lo que hemos hablado, no debería sorprendernos. Y, como todos tenemos un cerebro único, experimentaremos el estrés, el distrés o el trauma de un modo más o menos único también. Dos personas que hayan experimentado el mismo acontecimiento traumático pueden responder de maneras distintas y recuperarse también de forma diferente. Cuando alguien es capaz de *recuperarse* emocionalmente (es decir, vuelve al nivel de funcionamiento emocional anterior al trauma), decimos que demuestra resiliencia. Y la capacidad para conseguirlo es maleable. En otras palabras, la capacidad para afrontar el estrés, el distrés y el trauma cambia. Podemos ayudar a que se desarrolle. Podemos hacer que nuestra maquinaria de afrontamiento sea más fuerte y más eficaz.

Oprah: Cuando era pequeña, usábamos el término *capear*. Carecíamos de una palabra para el tipo de trauma que tantos afroamericanos sufríamos, por lo que decíamos que lo *capeábamos*. La iglesia fue uno de los pilares que nos ayudó a salir adelante. Capeábamos juntos.

Dr. Perry: Acabas de identificar un elemento clave para el desarrollo de la resiliencia. Los vínculos con los demás son fundamentales para amortiguar los estresores presentes y para curarse de un trauma pasado. Estar con personas que están presentes, que apoyan y que cuidan. Formar parte de un grupo.

Por supuesto, hay más factores que influyen en la capacidad de una persona para demostrar resiliencia. Algunos de los más importantes tienen que ver con la sensibilidad de sus sistemas de respuesta al estrés. Todo lo que haga que estos sistemas sean más reactivos o sensibles nos hará más vulnerables. Hablo, entre otras cosas, de factores genéticos, de la exposición intrauterina al alcohol, de antecedentes de problemas de apego o de traumas anteriores.

Volvamos al comienzo de nuestra conversación, cuando hablamos de las redes reguladoras centrales (RRC). Las RRC comprenden un conjunto de redes neuronales muy importantes que, juntas, llegan a todas las partes del cuerpo y del cerebro. Sabemos que cuando estos sistemas están bien organizados y son flexibles y *fuertes*, somos capaces de afrontar estresores de todo tipo (véanse las figuras 2 y 3).

También sabemos que las dificultades controlables, predecibles y moderadas pueden reforzar aún más las RRC. Es decir, nuestra capacidad de respuesta al estrés aumenta cuando la *practicamos*. Por lo tanto, si un niño ha tenido la oportunidad de enfrentarse a dificultades moderadas y predecibles a medida que crece, será más capaz de demostrar resiliencia ante una dificultad.

Este proceso comienza en cuanto el recién nacido tiene hambre, sed o frío y el cuidador atento y en sintonía con él satisface sus necesidades. Luego se alejará, gateando, de la seguridad de su madre o de su padre y empezará a explorar el mundo. Como se trata de una experiencia novedosa, activará su respuesta al estrés, pero solo moderadamente. Y, cuando la situación lo desborde, volverá gateando a su *base segura*. Este proceso —alejarse de la seguridad, explorar la novedad y volver a la seguridad— se repetirá miles de veces durante la primera infancia y la infancia del niño. Y, gracias a estos pequeños retos, desarrollará la capacidad de demostrar resiliencia ante situaciones estresantes inesperadas.

Todo proceso de desarrollo implica exponerse a la novedad, que a su vez activa nuestra respuesta al estrés. Siempre que se cuente con una base relacional segura y estable, miles de dosis de estrés moderado ayudarán a crear capacidades flexibles de respuesta al estrés. Cada año, con sus compañeros de clase, sus nuevos maestros y sus nuevos aprendizajes, aporta estresores moderados predecibles. Participar en actividades deportivas, musicales, artísticas o de otro tipo le proporciona más oportunidades para afrontar el estrés predecible y controlable que ayuda a desarrollar la resiliencia.

Y en todo este proceso, las *relaciones* son cruciales. La relación del bebé con sus cuidadores principales constituirá la base de su capacidad para establecer todas sus relaciones futuras. El contexto de las relaciones de crianza y cuidado es el que permite al niño afrontar una dificultad; ante cualquier reto nuevo, un adulto puede modelar, alentar y ayudar. Y la recompensa relacional (la sonrisa, las palabras de aliento, y la felicidad por el avance durante y después de la dificultad) motivará al niño, lo que promoverá la repetición y el dominio. El desarrollo de los niños que carecen de estos apoyos relacionales no tendrá tanto éxito.

Es muy importante tener en cuenta que los padres, maestros o entrenadores que apoyan al niño también ayudan a proporcionarle la *dosis* adecuada de dificultades. Los desafíos deben ajustarse a la etapa de desarrollo del niño, pues cuando son demasiado difíciles hacen que los niños fracasen. No se puede esperar que un niño resuelva problemas de álgebra si aún no sabe multiplicar; no se puede esperar que un niño que acaba de aprender a escribir palabras sueltas escriba un párrafo entero. Es un caso del principio de Ricitos de Oro. Del mismo modo que la dificultad no ha de ser demasiado grande, tampoco ha de ser demasiado pequeña. Ha de ser lo bastante novedosa para que obligue al niño a abandonar la zona de confort de las experiencias conocidas y de las habilidades que ya domina. Si el reto ha de servir para desarrollar resiliencia, debe ser moderado: lo justo.

Encontrar lo *justo* es un gran problema con los niños que han pasado por experiencias traumáticas. Recuerda que a menudo viven en un estado de miedo constante. Y el miedo desactiva partes de la corteza cerebral, la parte pensante del cerebro. En un salón, lo que para muchos niños puede verse como una dificultad moderada y apropiada para el desarrollo puede resultar una exigencia abrumadora para un niño con una respuesta al estrés sensibilizada (véase la figura 5).

Oprah: Entonces, los niños necesitan enfrentarse a dificultades para desarrollar resiliencia, pero el estrés de las dificultades tiene que ser el correcto, y el andamiaje de apoyo debe estar en su lugar o el niño puede desregularse y fracasar. En ese caso, en lugar de desarrollar seguridad en sí mismo y resiliencia, corre el riesgo de socavar su autoestima, o algo peor.

Dr. Perry: Sí, exacto. Necesitas una activación moderada de la respuesta al estrés. No puedes convertirte en un buen atleta si no te estresas y desafías a tu sistema cardiovascular y a tus músculos, pero hay que hacerlo de un modo predecible y moderado. De lo contrario, corres el riesgo de lesionarte.

Oprah: Y no puedes convertirte en un ser humano sano si no te has enfrenado a algunas dificultades que te hayan permitido desarrollar resiliencia y empatía.

Dr. Perry: Sí. Un desarrollo saludable nos exige superar desafíos y exponernos a la novedad. Y el fracaso es una parte importante de ese proceso. Lo intentamos, fracasamos, nos levantamos y lo intentamos de nuevo. Y vuelta a empezar. Todos los avances en el desarrollo se dan tras un fracaso y, por lo general, se fracasa muchas veces antes de dominar algo nuevo. La clave reside en enfrentarse a retos asumibles, retos lo bastante próximos a las capacidades actuales como para que se pueda tener éxito con algo de aliento, de práctica y de repetición.

Un niño que vive en un entorno en el que se siente querido y seguro elegirá salir de su zona de confort. Lo seguro y familiar es *aburrido*; un niño estable y que se siente seguro es un niño curioso, quiere explorar cosas nuevas. Por el contrario, si un niño se siente inseguro, no querrá nada de eso. Es una norma esencial para el desarrollo sano: la sensación de seguridad y de estabilidad proporciona una base para el crecimiento saludable.

Oprah: El proceso que describes será muy distinto si el niño vive en un hogar donde imperan el caos y la irresponsabilidad. Estoy pensando en todas esas personas que saltan en cuanto se les dice algo que perciben como una crítica o como un ataque; explotan de inmediato.

Dr. Perry: Sí, podría ser alguien con un sistema de respuesta al estrés sensibilizado. Nuestro cerebro procesa la información sensorial entrante de abajo arriba (véanse las figuras 2 y 10) y la probabilidad de actuar sin pensar es mucho mayor cuando se tiene una vida caracterizada por un estrés caótico, incontrolable, extremo o prolongado, sobre todo en etapas tempranas. Su corteza cerebral no está tan activa, y la reactividad en las áreas cerebrales inferiores se vuelve más dominante.

Es muy difícil conectar de un modo significativo o llegar a alguien que no está regulado. Y razonar es casi imposible. Por eso no sirve de nada pedirle a alguien que está desregulado que haga el favor de calmarse.

Oprah: Sí, lo único que se consigue es que se enoje todavía más.

Dr. Perry: Claro. Cuando alguien está muy alterado, las palabras no son muy eficaces. Es muy probable que el tono y el ritmo de la voz tengan más efecto que las propias palabras.

Oprah: Entonces, ¿tenemos que estar presentes con ellos?

Dr. Perry: Si, lo mejor que podemos hacer es limitarnos a estar presentes. Y si usamos palabras, la mejor opción es reformular lo que estén diciendo. Es lo que se conoce como *escucha reflexiva*. No puedes convencer a alguien para que deje de estar enojado, triste o frustrado, pero sí puedes ser una esponja y absorber su intensidad emocional. Si te mantienes regulado, al final se *contagiará* de tu calma. También nos sería útil recurrir a alguna forma de actividad reguladora rítmica que nos mantenga regulados mientras hacemos esto, como caminar, dar patadas a un balón, lanzar unas canastas, colorear... hay decenas de formas rítmicas de autorregularnos.

Oprah: Porque hacer cosas con movimiento y ritmo nos ofrece una manera más conectada de comunicarnos.

Dr. Perry: Tal y como dijimos antes, el ritmo es fundamental, y a menudo se pasa por alto como herramienta terapéutica. Recuerdo una vez que estaba escuchando a Mike Roseman, el veterano de la guerra de Corea que conocimos en el primer capítulo. Hablaba de su fin de semana. Digo que lo estaba *escuchando*, aunque lo cierto es que en parte estaba escuchándolo y en parte divagando. Tenía la sensación de que ya había oído lo mismo docenas de veces.

—El sábado dormí como un bebé, toda la noche de un jalón. El domingo estuve muy bien. Y entonces, ayer por la noche, volví a dormir muy mal.

Algo me hizo clic. ¡Lo había oído docenas de veces! Todos los lunes, Mike decía lo mismo de la noche del sábado.

Me dirigí a él casi disculpándome.

—¿Qué dijiste que hiciste este fin de semana?

—Salimos a cenar y luego fuimos a un salón de baile.

—¿Y qué hiciste en el salón de baile?

Me miró con las cejas enarcadas.

—Sí, bailaste. Pero ¿cuánto bailaste? ¿Durante horas o solo un par de canciones? ¿Un vals? ¿Hiphop?

—Ponen todo tipo de música, pero casi todo es *swing* y, a veces, algo de *rock*. Estuve bailando intermitentemente durante tres horas.

—Y la semana pasada, me explicaste que te dormiste cuando te dieron un masaje al final de la sesión de fisioterapia, ¿verdad?

—Sí.

Al pensar en esto, empecé a entender el potencial regulador de las actividades repetitivas y pautadas, como el baile o el masaje.

Como recordarás, Mike Roseman sufría trastorno de estrés postraumático (TEPT). Su sistema de respuesta al estrés, incluidas sus redes reguladoras centrales (RRC), era hiperactivo y excesivamente reactivo. Por eso le costaba tanto conciliar el sueño. Y, cuando lo lograba, su sensibilizado sistema de respuesta al estrés hacía que le resultara difícil pasar de una fase del sueño a otra sin despertarse. Por eso, tenía un sueño muy ligero y, normalmente, se despertaba a las pocas horas; muchas noches, no lograba dormir más de unos minutos antes de despertarse, sobresaltado, ante el menor ruido. Siempre estaba agotado. Pero ahora me decía que había tenido un sueño largo, profundo y reparador después de pasar horas bailando y que se había quedado dormido en cuestión de minutos mientras le daban un masaje.

A partir de ese momento, la *terapia física* pasó a ser un elemento fundamental de la terapia de Mike. Iba a que le dieran masajes varias veces a la semana *por el dolor de espalda*. Lo animé a que bailara durante toda la semana, pero menos tiempo cada vez, y a que saliera a caminar. Comenzó a pasear por toda la ciudad. Aproximadamente un mes después de haber instaurado una pauta más estructurada de actividades rítmicas, empezó a dormir mucho mejor. Y sus otros síntomas de estrés postraumático empezaron a ser menos intrusivos.

Oprah: Parece increíble que algo tan sencillo como caminar pueda tener semejante efecto. Caminar es muy regulador para mí.

Dr. Perry: Y lo es aún más cuando se pasea por la naturaleza. Los elementos sensoriales de la naturaleza nos envuelven en sus propios ritmos reguladores.

Hablemos un poco más de cómo podemos ayudar a una persona desregulada a sentirse más regulada. En lugar de decirle cosas como «Vamos, explícame qué se te está pasando por la cabeza», debemos dejar que controle cuándo y cuánto quiere hablar de lo que sea que le afecta. Si le damos ese control y la ayudamos a sentirse segura, le resultará más fácil hablar cuando esté lista para ello.

Oprah: ¡Sí! Recuerdo la primera vez que entrevisté a los padres de Elizabeth Smart. Quizás recuerdes que secuestraron a Elizabeth a punta de cuchillo en su propia casa, en Salt Lake City, cuando tenía catorce años, y que la retuvieron durante más de nueve meses. Cuando entrevisté a sus padres después de que la encontraran, les pregunté qué había contado ella de su experiencia, de qué habían hablado los tres. Y me dijeron que aún no había dicho nada. En ese momento, me sorprendió, pero ahora entiendo que estaban esperando a que estuviera preparada. A que ella decidiera cuándo era el momento y cómo quería hacerlo. Porque, como dices, si controlamos cuándo y cuánto habla una persona traumatizada, es posible que la retraumaticemos en lugar de ayudarla a sanar.

Dr. Perry: Exactamente. Debemos buscar interacciones terapéuticas y curativas. Interacciones moderadas, controlables y predecibles. ¿Recuerdas cuando describiste tus conversaciones con Gayle? ¿O el niño pequeño que le dijo a la cajera que su madre estaba muerta? Controlar cuándo, cuánto y qué aspecto de un acontecimiento traumático compartimos nos permite crear nuestra propia pauta terapéutica de recuperación. Nadie sabe mejor que una persona traumatizada qué dosis resulta moderada para ella cuando se trata de volver a visitar un recuerdo traumático. Para el niño pequeño en el supermercado, la dosis fue, literalmente, de solo unos segundos.

Hemos hablado mucho acerca de los patrones de activación del estrés que producen *sensibilización*, que básicamente es lo contrario de la resiliencia. Pero cuando activamos los recuerdos traumáticos y los sistemas de respuesta al estrés de manera que ofrezcan controlabilidad y predictibilidad, podemos empezar a curar un sistema sensibilizado. La curación ocurre cuando hay docenas de momentos terapéuticos diarios en los que la persona puede controlar, revisitar y elaborar su experiencia traumática.

Cuando tenemos amigos, familiares y otras personas saludables en nuestra vida, contamos con un entorno natural de curación. Nos recuperamos mejor en comunidad. Crear una red, una aldea o como queramos llamarlo, nos ofrece la oportunidad de volver a visitar el trauma en dosis moderadas y controlables. Ese patrón de activación del estrés acabará llevando a una curva de estrés-reactividad más regulada (véase la figura 5). Por lo tanto, la persona traumatizada con una respuesta al estrés sensibilizada puede volverse *neurotípica*, es decir, menos sensibilizada y menos vulnerable. De hecho, puede acabar desarrollando la capacidad de demostrar resiliencia.

El viaje de persona *traumatizada* a persona *neurotípica* y a persona *resiliente* ayuda a crear una fuerza y una perspectiva únicas. Ese viaje puede generar sabiduría postraumática.

Los seres humanos vivieron en pequeños grupos intergeneracionales durante miles y miles de años. No había centros de salud mental, pero sí muchos traumas. Imagino que muchos de nuestros antepasados experimentaron problemas postraumáticos: ansiedad, depresión, trastornos del sueño... Pero también imagino que se recuperaron. Nuestra especie no habría podido sobrevivir si la mayoría de nuestros antepasados traumatizados hubieran perdido la capacidad de funcionar adecuadamente. Los pilares de la curación tradicional eran: 1) vinculación con el clan y con la naturaleza; 2) ritmo regulador mediante el baile, la percusión y la canción; 3) un conjunto de creencias, valores e historias que daban sentido incluso a traumas aleatorios y sin sentido, y 4) en ocasiones, alucinógenos naturales u otras sustancias derivadas de plantas utilizadas bajo la guía de un curandero o un anciano para facilitar la curación.

No es sorprendente que las mejores prácticas actuales en el tratamiento del trauma sean, básicamente, versiones de estos cuatro pilares. Por desgracia, son pocos los enfoques modernos que usan bien los cuatro pilares. El modelo médico se centra demasiado en la farmacología (4) y en los enfoques cognitivo-conductuales (3) y subestima enormemente el poder de la vinculación (1) y del ritmo (2).

Una vez trabajé con una niña de cuatro años que se llamaba Ally. Había presenciado el asesinato de su madre a manos de su padre, que a continuación se suicidó. Ally vivía en una comunidad con vínculos muy estrechos y, tras la traumática pérdida de sus padres, se fue a vivir con una de sus tías. En la comunidad tendría unos treinta familiares, entre primos, tíos, tías y abuelos. Y siempre se reunían para los cumpleaños, las fiestas y los acontecimientos familiares. Ally participaba activamente en la iglesia, practicaba deportes de equipo y asistía a una escuela infantil con maestros *sensibles al trauma*. Parte de nuestro trabajo con ella consistió en educar a los adultos de su vida (incluidos sus maestros) acerca del trauma. Durante las primeras semanas después de que la encontraran, vimos a Ally unas tres veces por semana. Al cabo de un mes, solo la veíamos una vez a la semana. Tras el primer aniversario, solo necesitábamos verla una vez al mes. Y, seis meses después, le dijimos a su tía que bastaba con que se pusiera en contacto con nosotros si tenía cualquier pregunta o problema. Lo último que supe de Ally es que la eligieron delegada de clase en la escuela primaria, que participaba en la iglesia y en actividades deportivas y que le iba muy bien en la escuela. Ni ella ni su tía informaron de síntomas importantes. Por supuesto, de vez en cuando se ponía triste, pero Ally era una niña positiva, feliz y comunicativa. Las cicatrices seguían allí, pero lo llevaba bien. Y era un alma sabia. Había desarrollado sabiduría postraumática.

Oprah: Sabiduría postraumática. Me encanta. La experiencia de Ally tiene un resultado positivo. ¿Acaso no es eso un ejemplo de resiliencia en un niño?

Dr. Perry: Sí, por supuesto. Pero no porque naciera resiliente. Ally pudo demostrar resiliencia ante la tragedia gracias a la calidad de sus relaciones afectivas a una edad temprana. La resiliencia es una capacidad que puede aumentar y disminuir, no es un rasgo innato o permanente. Si Ally no hubiera contado con una familia afectuosa, estable y segura, con maestros comprensivos o con una fe sólida, su capacidad de recuperación se hubiera agotado rápidamente. Su capacidad para curarse y seguir demostrando resiliencia tenía que ver con relaciones seguras y estables que le permitieron *dar sentido* al horror y ponerlo en el contexto de sus creencias. Incluso las personas aparentemente más resilientes pueden quedar agotadas por la pobreza relacional y el estrés, el distrés y el trauma continuados.

Oprah: La historia de Ally y cómo describes el poder curativo de los clanes intergeneracionales desde hace miles de años me recuerda a mi infancia en Kosciusko (Misisipi) y a cómo la iglesia era el centro de nuestras vidas. Acudía a la escuela dominical todos los domingos por la mañana y la encadenaba con el servicio de las once. Íbamos a casa y mi abuela cocinaba antes de volver a la iglesia para el servicio de las tres. Luego, a las cinco o las seis, íbamos a la formación de la Baptist Union. Los miércoles por la tarde, asistíamos a otro servicio y luego a los ensayos para el coro. Cuando tenía tres años y medio, ya hablaba delante de toda la congregación. No me cabe duda de que las horas que pasé en esa pequeña y blanca iglesia junto al camino de tierra rojiza sentaron las bases espirituales de mi vida.

Luego, cuando ya vivía en Nashville con mi padre, acepté un trabajo como reportera en un canal de televisión de Baltimore. Mientras me preparaba para dejar atrás a mi familia y a la vida que conocía, el consejo de mi padre fue: «Encuentra tu propia iglesia». En ese momento, pensé que era porque quería asegurarse de que mantenía a Jesús en mi vida. Ahora, cuando echo la vista atrás mientras hablamos del poder curativo de las relaciones, me doy cuenta de que no se trataba solo de encontrar un lugar de culto, se trataba de encontrar una comunidad y de descubrir una conexión sincera y duradera en una ciudad nueva.

En aquella época, la iglesia lo era todo: tu psicólogo, tu cuidador, tu consuelo y tu refugio. La idea de ir a terapia ni se mencionaba. Si necesitabas ayuda, acudías a la iglesia. Como dije antes, capeábamos juntos. Era la familia de tu iglesia la que se aseguraba de que tuvieras un lugar donde comer los domingos. Eran los que te visitaban cuando te enfermabas o hacían colectas para ti si no podías poner un plato en la mesa.

La iglesia era incluso el lugar en el que creábamos ese sanador sentido del ritmo. La música nos conectaba y nos elevaba.

Para muchas personas, la iglesia no es lo suyo, pero todos necesitamos alguien que nos escuche, que esté presente para nosotros y que haga que nos sintamos escuchados y vistos. Y ahora, mientras hablamos, veo que una de las claves para recuperarse del trauma es encontrar tu propia iglesia, a tu gente y a tu comunidad. Esto puede ayudar a desarrollar la resiliencia, la curación postraumática y, en última instancia, la sabiduría postraumática.

Dr. Perry: Es imposible ser verdaderamente sabio si no se pasa por momentos duros. Y no podemos desarrollar sabiduría postraumática sin capear y, aún más importante, capear juntos, como acabas de explicar.

Oprah: La conexión social desarrolla resiliencia, y la resiliencia contribuye a desarrollar sabiduría postraumática, y esa sabiduría lleva a la esperanza. Esperanza para uno mismo y esperanza para otros que presencian y que participan en tu curación, esperanza para tu comunidad.

Dr. Perry: Sí, exactamente. Una comunidad sana es una comunidad sanadora. Y una comunidad sanadora es una comunidad llena de esperanza, porque ha visto a su gente capear, sobrevivir y crecer.

La primera vez que vi cómo puede funcionar una comunidad terapéutica fue hace casi treinta años, y la experiencia transformó por completo mi comprensión del proceso terapéutico. Empecé a comprender que la mayor parte de la experiencia terapéutica —la mayor parte de la curación— tiene lugar fuera de la terapia formal. La mayor parte de la curación se produce en la *comunidad*.

En febrero de 1993, el Departamento de Alcohol, Tabaco, Armas de Fuego y Explosivos (ATF) intentó asaltar el complejo de los davidianos de David Koresh en Waco (Texas). Cuatro miembros del ATF y seis davidianos murieron en el asalto. Durante los tres días siguientes, el FBI negoció la liberación de veintiún niños del complejo. Luego, las liberaciones se detuvieron y dieron paso a un asedio de cincuenta y un días. El asedio terminó con un asalto del FBI que precipitó un incendio provocado por los davidianos y que mató a setenta y seis davidianos, incluidos los veinticinco niños que quedaban.

Varios días después del primer asalto del ATF, funcionarios del estado de Texas me pidieron que liderara un equipo clínico para atender a los niños liberados, a quienes habían alojado en una gran cabaña del campus del hogar metodista de Waco. Eran niños y niñas de entre tres y trece años que habían vivido un tiroteo de horas de duración y presenciado la muerte de varios miembros de su comunidad. Todos habían sido separados de sus familias y entregados a completos desconocidos, la mayoría de ellos agentes del FBI con equipación de soldados de asalto.

Durante los días que transcurrieron hasta que nos hicimos cargo de ellos, los niños vivieron un verdadero caos. Cada día era impredecible, y cada niño interactuaba con docenas de desconocidos, algunos de ellos armados. Desde que nacieron, se les había adoctrinado para que creyeran que todos los no davidianos eran *babilonios* decididos a destruir a David Koresh y a todos sus seguidores. Así que ahí estaban esos niños, separados de todo lo que conocían y atendidos por unas personas que creían que los querían matar. En resumen: era un grupo de niños profundamente traumatizados.

Durante los primeros días que trabajamos con ellos, los niños presentaron diversos síntomas de estrés postraumático agudo. Por ejemplo, como grupo, la frecuencia cardiaca promedio en reposo era de 132, mientras que la normal hubiera estado por debajo de 90. Se nos presionó para que empezáramos a *hacer terapia* con esos niños, pero yo sabía que hablar con niños desregulados no serviría de nada. Estaba convencido de que nuestra primera tarea era aportar estructura y previsibilidad a su día a día.

Así que comenzamos a hacer que lo incontrolable e impredecible fuera más controlable y predecible. Restringí el acceso innecesario a los niños: ni un adulto nuevo más. Por la mañana, teníamos una reunión de grupo en la que explicábamos lo que haríamos durante la jornada y, al caer la tarde, teníamos otra para revisar cómo había estado el día. Los niños podían hacer preguntas durante esas reuniones. Había momentos para jugar, para descansar, para comer..., pero siempre con el mismo horario. Y les ofrecíamos múltiples oportunidades de decidir: sobre qué comían, a qué jugaban, cómo se relajaban...

Los miembros del equipo nos reuníamos todos los días, después de que los niños se hubieran acostado. Hablábamos de cada uno de los niños, y pedíamos que todos los miembros del equipo que hubieran tenido alguna interacción con el niño en cuestión la describieran. Yo registraba esas breves interacciones en una hoja de cálculo, hora a hora. Muchas de esas interacciones eran breves momentos terapéuticos. Por ejemplo, un niño preguntaba: «¿Qué crees que le pasará a mi mamá?», entonces escuchaba una respuesta tranquilizadora y volvía a jugar. Eran los propios niños quienes controlaban cuándo y cómo hablaban de los acontecimientos traumáticos que habían vivido. También buscaban interacciones seguras, estables y físicamente reguladoras. «Colúmpiame». «Vamos a dibujar». A medida que iba sumando las interacciones, vi que, a pesar de que no celebrábamos sesiones de *terapia* formales, los niños recibían unas dos horas de interacciones terapéuticas cada día. Al cabo de tres semanas con nuestro equipo, los niños estaban mucho más regulados: la frecuencia cardiaca media del grupo estaba por debajo de 100, dentro del rango normal; interactuaban y hablaban más, y las interacciones terapéuticas eran cada vez más verbales.

Una de las observaciones más importantes que hicimos es que estos niños necesitaban diferentes interacciones terapéuticas en distintos momentos. Y que ellos lo sabían incluso mejor que nosotros. Si un niño necesitaba interacciones tranquilas y afectuosas, buscaba a algún miembro del equipo a quien se le diera realmente bien escuchar y permanecer en silencio, sin decir nada —algo que no resulta fácil para la mayoría de los adultos—. Cuando ese mismo niño quería jugar, buscaba a algún miembro del equipo más joven y más juguetón. Cuando querían una figura de autoridad que los tranquilizara, me buscaban a mí. Cada uno de nosotros tenía unas características de personalidad únicas y, en un momento dado, una de nuestras fortalezas específicas podía ser justo lo que uno de los niños necesitaba. Ninguna persona ni ningún terapeuta podía serlo todo para todos los niños, que estaban en distintas etapas del desarrollo y en distintos estados de regulación. La estructura clínica que aplicamos en Waco me recordó la importancia de la *diversidad* del desarrollo cuando hablamos de niños.

Piensa en la diversidad de un pequeño clan multifamiliar y multigeneracional. Los niños que crecían en él contaban con numerosos adultos y niños más mayores que los podían modelar, educar, cuidar, disciplinar y atender. Cada persona del clan tenía un conjunto único de fortalezas: la persona adecuada en el momento adecuado. No se esperaba que una sola persona satisficiera todas las necesidades emocionales, sociales, físicas o cognitivas del niño en desarrollo.

Esto es muy distinto a lo que sucede en el mundo moderno. Esperamos que una madre soltera trabajadora juegue al béisbol con su hijo de ocho años, acune al recién nacido, le lea al de tres años y, de paso, que les prepare comida nutritiva, los ayude con la tarea, les lave la ropa, los acueste, los despierte y los prepare para la guardería para que ella pueda irse a trabajar, y, tras su jornada laboral, vuelva corriendo a casa para empezar de nuevo. Sola.

Oprah: Necesita a gente que esté a la altura, que la ayude y le permita tomarse un respiro, gente que intervenga y haga algunas de esas cosas con los niños. No estamos hechos para estar aislados y solos. Estamos hechos para colaborar entre nosotros. Así que cuando una madre soltera vive con unos ingresos limitados e intenta criar sola a cuatro hijos, trata de ser la madre y el padre para ellos y se siente abrumada o cree que es imposible hacerlo todo, es porque es imposible.

Dr. Perry: Es una expectativa muy injusta por parte de la sociedad. No hay ninguna otra sociedad en la historia del planeta que haya exigido a un adulto satisfacer sin ayuda de nadie todas las necesidades físicas, sociales, emocionales y materiales de sus hijos.

Oprah: No estamos hechos para criar a los hijos aislados y solos.

Dr. Perry: En absoluto. Se supone que debemos repartir las tareas de cuidados entre los múltiples adultos de nuestro *clan*, de nuestra comunidad. En una tribu de cazadores-recolectores típica, por cada niño menor de seis años había cuatro individuos más maduros que podían modelar, disciplinar, cuidar y enseñar al niño. Es una proporción de 4 a 1: cuatro individuos evolutivamente maduros por cada niño menor de seis años. Ahora, consideramos que un adulto para cuidar cuatro niños pequeños (proporción 1 a 4) es un entorno *enriquecido*. Es una decimosexta parte de lo que busca nuestro cerebro social en desarrollo. Eso es pobreza relacional.

Oprah: Se me salen las lágrimas por todas las madres y padres solteros que lo hacen un día tras otro y que se parten la espalda y el alma, sin ni siquiera poder cuidar de sí mismos. También hace que piense en mi madre de otra manera. Lo hizo lo mejor que pudo y, con frecuencia, estaba demasiado cansada para poder hacerlo mejor.

Dr. Perry: Y los padres y madres solteros, como tu madre, acostumbran a acabar convencidos de que no lo hacen bien, que fallan, que no son suficiente. Y la realidad es que lo que no es suficiente es el mundo moderno. Los vínculos sólidos con la comunidad son tan importantes ahora como lo eran hace miles de años. La tragedia del mundo moderno es que cada vez es más difícil encontrar comunidades así. No todo el mundo tiene amigos como Gayle. Cada vez hay menos personas activas en su comunidad religiosa. No todo el mundo tiene sentimientos de pertenencia. Hay una relación directa entre el grado de aislamiento social y el riesgo de problemas de salud física y mental.

Sin embargo, cuando tienes esos vínculos, cuando cuentas con tu *propia iglesia*, cuentas con amortiguadores integrados para cualquier estrés o distrés que sufras.

Oprah: Tenemos sentido de pertenencia. Somos suficientes. Pero cuesta verlo en el mundo de hoy.

Dr. Perry: Imagina que te fue mal en tu evaluación anual en el trabajo. La retroalimentación de tu supervisor fue negativa. Estás muy afectada. No puedes dejar de pensar en ello. Le das vueltas en tu cabeza una y otra vez. Lo comentas con uno de tus compañeros. «¿No te parece increíble que haya dicho eso? ¡No es cierto!». Y tu compañero te escucha y te tranquiliza: «No, no lo es. Es un impresentable». Te sientes algo mejor. Entonces, llamas a una amiga y se lo comentas. Y luego, cuando llegas a casa, se lo explicas a tu pareja.

Te administraste tres, cuatro o cinco *dosis* en las que controlaste cómo y cuándo hablas de la evaluación que te alteró. A medida que se escucha tu punto de vista, te vas regulando, te vas tranquilizando. Al día siguiente, estás mejor. Has encontrado la manera de revisitar la entrevista perturbadora de un modo controlable y moderado, y eso ha cambiado tu forma de reaccionar ante ella. Ya no te altera tanto. Al principio, estabas desregulada, habías desactivado la parte *racional* del cerebro y distorsionado los comentarios, los habías agrandado. Sin embargo, ahora puedes reflexionar sobre la reunión de un modo más ajustado a la realidad, y quizá puedas ver que los comentarios tienen algo de cierto. Eso no hubiera sido posible si no hubieras podido usar las múltiples interacciones relacionales para revisitarlos y regularte.

Contar con una comunidad nos ofrece la oportunidad de acceder a este tipo de dosificación para regular las experiencias estresantes o perturbadoras. Podemos desarrollar y demostrar resiliencia. Lo hacemos sin parar. Sin embargo, ahora imagina a alguien que carece de las relaciones que permiten este tipo de regulación relacional. Para alguien con pobreza relacional, estas experiencias estresantes se agrandan en el eco de su propia cabeza. El estrés se convierte en distrés. Y las experiencias que causan distrés se vuelven sensibilizadoras, lo que da lugar a los mismos efectos físicos y mentales que el trauma.

Este es el desafío que nos plantea el mundo moderno. ¿Cómo podemos crear una comunidad cuando cambiamos tanto, cuando nos protegemos tanto o cuando estamos tan desconectados? Es una dificultad muy importante a la hora de crear un futuro saludable. ¿Cómo podemos garantizar la conexión, y un sentido de seguridad y pertinencia para todos?

CAPÍTULO 8

NUESTRO CEREBRO, NUESTROS SESGOS, NUESTROS SISTEMAS

En 2015 entrevisté a un hombre llamado Shaka Senghor para mi programa Super Soul Sunday. *Lo habían condenado por asesinato en segundo grado a los diecinueve años de edad y estuvo preso durante otros diecinueve años, siete de los cuales los pasó en régimen de aislamiento. Al principio de su condena, Shaka se mostró airado y violento, y se hundió rápidamente en un sistema que no tenía el menor interés por prepararlo para reinsertarse en la sociedad al final de su pena. Sin embargo, tras seis años en la cárcel, algo cambió y Shaka se empezó a transformar. En su celda de un metro y medio por dos metros, empezó a meditar, a leer, a llevar un diario y a escribir lo que al final se convertiría en sus exitosas memorias,* **Writing My Wrongs.**

La primera vez que vi una fotografía de Shaka en la portada de su libro, me inundó el escepticismo. ¿Qué me podía enseñar ese asesino convicto, cubierto de tatuajes y con rastas?

La conversación que mantuve con él fue de las mejores que he tenido jamás.

Durante las dos horas y media que pasamos juntos, a medida que su historia se iba desarrollando, también lo hacía mi comprensión de lo que significa no estar a la altura, lo que significa perderse y lo que realmente significa ser moldeado por tu entorno.

Shaka, nacido James White, creció en el seno de una familia de clase media en Detroit. Su padre, miembro de la reserva de las Fuerzas Aéreas, trabajaba para el estado de Míchigan. Su madre se quedaba en casa, con James y sus cinco hermanos. De pequeño, James era un alumno aventajado que soñaba con ser médico.

Desde fuera, los White parecían la familia estadounidense ideal. Sin embargo, Shaka afirma que, desde que puede recordar, su madre tuvo un temperamento explosivo y descargaba su ira sobre sus hijos.

—¿Te sentiste querido de niño? —le pregunté.

—Me decían «Lo hago porque te quiero» —contestó—. Pero siempre había golpes o castigos.

Conecté con eso inmediatamente.

Shaka recuerda que un día, cuando tenía nueve años, volvió a casa contento porque había sacado un diez en un examen y esperaba que su madre compartiera su alegría. En lugar de eso, le arrojó un cazo con tanta furia que rompió los azulejos de la pared de la cocina a sus espaldas.

Le pregunté si llegó a enterarse alguna vez del motivo de ese enojo.

—No, nunca lo supe —dijo—. Mi madre se enojaba con frecuencia.

Mientras lo escuchaba, se me partía el corazón al pensar en Shaka y en los millones de personas que, cuando aún eran niños, experimentaron con regularidad ese miedo paralizante en casa. Lo trágico no es solo la sensación de miedo en ese momento, sino que aprendieron a enterrar esa emoción y a aceptar esa conducta.

Además del maltrato físico de su madre, Shaka explica que los últimos cinco años del matrimonio de sus padres fueron como una montaña rusa. Se derrumbaba cuando se separaban y se alegraba cuando se volvían a juntar, destrozado y recompuesto cada vez que el ciclo se repetía. Cuando por fin se divorciaron, Shaka, cansado de ser traicionado por las personas a las que más quería, levantó un muro emocional y buscó la protección y la aceptación en las calles. Empezó a portarse mal: a pelearse, a negarse a hacer la tarea de la escuela, a escaparse de casa...

Lo que más me sorprendió de la historia de Shaka es que nadie se detuvo a preguntarle «¿Qué te pasó? ¿Por qué te comportas así?». En ningún momento de esta transformación de alumno ejemplar a niño de la calle. A ningún adulto parecía importarle o darse cuenta de que ese niño había perdido el rumbo por completo.

A los catorce años, Shaka ya traficaba con drogas y robaba en casas y en tiendas. A los diecisiete, después de recibir un balazo, empezó a llevar un arma encima en todo momento. Estaba en una cultura y en un entorno que perpetuaban la idea de que la valía de un joven dependía del dinero, de la atención y de la reputación de chico malo que tuviera.

—Allí me sentía aceptado —me dijo—. Estaba con otros chicos rotos y frágiles, y esa rotura interna fue lo que nos unió. Pensé: «Esto es apoyo. Esto es amor. Esto es estaré ahí pase lo que pase».

—Pero ¿no eras el niño estudioso que quería ser médico? —le pregunté—. ¿Por qué querías ser médico?

Hizo una pausa (durante veintitrés segundos, una eternidad en televisión). Vi que era la primera vez que se detenía a pensarlo de verdad.

—Mi madre siempre era amable cuando me llevaba al médico —respondió al fin. Otra pausa. Se le llenaron los ojos de lágrimas—. Imagino que pensaba que si me convertía en médico, sería amable conmigo.

Fue un momento profundamente conmovedor para los dos: un joven confundido y rechazado por quienes debían cuidarlo y que solo quería el amor y la validación de su madre.

A los diecinueve años, las decisiones peligrosas que había tomado alcanzaron su punto álgido. Una noche, de vuelta a casa de una fiesta, empezó a discutir con un hombre llamado David. En medio de la pelea, Shaka sacó su arma, apretó el gatillo y mató a David.

En la cárcel, Shaka encontró un entorno que le resultaba familiar, un entorno en el que imperaban la violencia y la dominación. Lo pusieron en régimen de aislamiento en múltiples ocasiones, por todo, desde agredir a los guardias de la prisión hasta intentar escapar.

Lo que finalmente lo desarmó fue una carta de su hijo.

«Querido papá —decía la carta—. Mi madre me dijo que estás en la cárcel por asesinato. Querido papá, no asesines a nadie más. Jesús ve todo lo que haces. Rézale y te perdonará tus pecados».

—Esa parte me desgarró por completo —me explicó Shaka—. Pensé: «Me niego a que ese sea el legado que dejo a mi hijo». Ese fue el momento en el que decidí que nunca volvería a la oscuridad y que tenía que encontrar mi luz. Le debía a mi hijo encontrar mi luz.

Desde que Shaka salió de prisión en 2010, se ha convertido en un firme defensor de la reforma del código penal. Habla a jóvenes de todo el país, con quienes comparte su historia y a quienes anima a evitar la vida de la calle. Ha dado clases en la Universidad de Míchigan y es becario en el Media Lab del MIT. Su trabajo parte de la convicción de que no deberíamos definir a las personas por sus errores pasados y de que la redención es posible.

La mayoría de las personas que están en proceso de profundizar en los motivos que las llevan a hacer lo que hacen se encuentran con cierta resistencia antes o después: «Culpas a tu pasado» o «El pasado no es una excusa», les dicen.

Y es cierto. Tu pasado no es una excusa. Pero sí que es una explicación que responde a algunas de las preguntas que nos hacemos tantos de nosotros: «¿Por qué hago lo que hago? ¿Por qué me siento así?». No me cabe duda de que nuestras fortalezas, nuestras vulnerabilidades y nuestras respuestas únicas son una expresión de lo que nos pasó.

Con mucha frecuencia, hacen falta años para que se revele lo que pasó. Hay que ser valiente para enfrentarse a lo que hemos hecho, para levantar las capas de trauma en nuestras vidas y exponer la cruda verdad de nuestro pasado. Pero es ahí donde comienza la curación.

Oprah

Oprah: Cuando empezamos a hablar sobre el trauma, hace más de treinta años, muchas personas no eran conscientes de hasta qué punto puede afectar a tantos aspectos de la vida. ¿Han cambiado las cosas? Si miramos a las escuelas, al sistema de salud, al sistema de justicia penal..., en todos los ámbitos veremos a personas afectadas por el trauma que siguen siendo incomprendidas, y, en ocasiones, incluso retraumatizadas, por los mismos sistemas que deberían ayudarlas.

Dr. Perry: Sí, es así y es desolador. Hace falta mucho tiempo para cambiar a las personas, y aún más para cambiar los sistemas. Sin embargo, soy optimista. Hay muchos cambios positivos en marcha. Hay muchas más personas conscientes de lo omnipresente que es el trauma. Hay mas personas que entendien que el trauma puede influir en nuestra salud. Sin embargo, aún queda mucho por hacer. Necesitamos que más profesionales y más organizaciones cambien su forma de *trabajar* para ayudar a abordar el efecto del trauma.

Oprah: ¿Te refieres a la atención informada del trauma?

Dr. Perry: Sí y no. Como sabes, el término no me gusta demasiado. Aunque me alegro de que ahora haya muchos lugares que intentan aplicar atención informada del trauma, creo que el lenguaje que se usa está interfiriendo con el progreso. Permíteme que lo explique.

Tal y como hemos estado comentando, la complejidad del trauma afecta a todos nuestros sistemas, desde la atención a la salud materno-infantil al sistema de atención a la infancia, el judicial y el de atención a la salud mental, entre otros. Cada uno de estos sistemas es un mundo en sí mismo, con profesionales, actitudes y lenguajes propios. Hemos hablado de cómo las personas desarrollan su propia *visión del mundo*. Pues bien, lo mismo sucede con los sistemas y con las organizaciones: desarrollan una perspectiva dominante. En el pasado, la mayoría de estas perspectivas no incluían la menor comprensión significativa del desarrollo humano, del estrés o del trauma ni de los problemas interrelacionados que pueden causar distrés o trauma, como los sesgos implícitos, el racismo o la misoginia. Sin embargo, con la cantidad de nuevas investigaciones sobre estas áreas y cuestiones, se ha hecho evidente que nuestros sistemas no pueden ignorarlas. Y, a medida que cada sistema ha intentado entender qué significa *informado del trauma*, ha ido aplicando su lente particular, su propia visión del mundo.

El resultado es que definir el término se ha vuelto todo un reto. Tal y como sucede con la palabra *trauma*, lo usan muchas personas y grupos diferentes de muchas maneras distintas. Y es posible que tardemos mucho tiempo en resolver esto.

La expresión *atención informada del trauma* (o TIC, por sus siglas en inglés) apareció en 2001 para animar a los sistemas de atención a la salud mental y a la infancia a reconocer que el trauma es un factor importante, pero mal entendido, en la vida de las personas a las que dichos sistemas debían atender.

Con el tiempo, muchos grupos distintos empezaron a usar el término, pero con una mínima definición o claridad. Las organizaciones celebraban seminarios de tres horas de duración y se autoproclamaban *informadas sobre el trauma*. Las ciudades se pusieron la etiqueta, e incluso hubo países que aspiraban a convertirse en la *primera nación informada sobre el trauma*. Todo resultaba muy confuso. ¿Se puede saber qué es una *ciudad informada sobre el trauma*? Aunque abundaban las palabras de moda, rara vez se reflejaban en planes de aplicación concretos o en cambios en los servicios, los programas o las políticas. La *formación* en atención informada del trauma se convirtió en una suerte de negocio de andar por casa, con cientos de organizaciones y de *expertos* dispuestos a quedarse con tu dinero para garantizar que tu organización y tú estuvieran informados sobre el trauma. Como cabía suponer, la calidad de esta formación era muy irregular.

En respuesta a estos inicios tan caóticos, muchos países, estados, organizaciones profesionales, comités interdisciplinarios y equipos de profesionales se pusieron manos a la obra para definir y aplicar la atención informada sobre el trauma. Por desgracia, estos esfuerzos descoordinados solo consiguieron complicar aún más las cosas. Tal y como concluyó uno de los comités: «A pesar de años de trabajo de campo, no hay una definición compartida de la atención informada sobre el trauma».

Han surgido docenas de versiones de los «elementos», «principios», «pilares», «ingredientes», «supuestos», «componentes», «ámbitos» y «directrices» de la atención informada sobre el trauma. A pesar de que algunos conceptos se mantienen estables, la variabilidad es abrumadora.

El resultado de todo ello es que uno nunca sabe en qué versión de la atención informada sobre el trauma está pensando alguien cuando usa el término. Por eso, cuando hablo de prácticas, programas o políticas relativos al trauma, siempre intento describir los conceptos, el contenido o el objetivo específicos en lugar de usar el término atención informada sobre el trauma.

Dicho esto, creo que todos estos esfuerzos son muy importantes y que se está avanzando. Todas esas organizaciones enseñan acerca del trauma, defienden aumentar la conciencia entre la población y apoyan la investigación para aprender más sobre el tema. Muchas de ellas evalúan y promueven intervenciones prometedoras. En 1989, el Departamento de Asuntos de los Veteranos de los Estados Unidos (VA) fundó el Centro Nacional para TEPT para estudiar el trauma y ayudar a los veteranos afectados, principalmente, por el trauma asociado al combate. En el año 2000 se fundó el Centro Nacional para el Estrés Traumático Infantil. Las ramas de los Centros para el Control y la Prevención de Enfermedades (CDC) y de la Administración de Salud Mental y Abuso de Sustancias (SAMHSA) dedicadas al estudio del trauma no presentaron hasta 2018 sus siete principios de la atención informada sobre el trauma, que sospecho que continuarán evolucionando a medida que el campo crezca.

Es fácil olvidar lo reciente que es la psicotraumatología (el estudio del trauma psicológico). Y, como disciplina, la traumatología del desarrollo es aún más reciente. En estos momentos, las organizaciones y los sistemas están empezando a lidiar con las cuestiones de las que hemos estado hablando en este libro. Y deben hacerlo, porque el trauma impregna todos los aspectos de la vida. Su eco resuena a lo largo de generaciones, de familias, de comunidades, de instituciones, de culturas y de sociedades, y lo hace de un modo muy complejo. El trauma puede afectar a nuestros genes, nuestros leucocitos, nuestro corazón, nuestros intestinos, nuestros pulmones y nuestro cerebro; a nuestra forma de pensar, de sentir, de comportarnos, de criar a nuestros hijos, de enseñar, de entrenar, de consumir, de crear, de recetar, de arrestar y sentenciar. Y podría seguir y seguir.

Por lo tanto, en función de nuestra perspectiva —de nuestra visión del mundo— y de nuestra propia historia de trauma y de pérdida, tendremos una versión única de *atención informada sobre el trauma*.

Oprah: Pero, básicamente, se trata de entender a las personas desde la conciencia de que *lo que te pasó* es importante, de que influye en la conducta y en la salud. Y, entonces, se trata de usar esa conciencia para actuar en consecuencia y responder de un modo adecuado, seamos padres, maestros, amigos, terapeutas, médicos, policías o jueces.

Dr. Perry: Sí, por supuesto. Eso capta, tan bien como cualquier otra definición breve, la esencia de *atención informada sobre el trauma*. La parte de «actuar en consecuencia» es importantísima. Ser consciente de que el trauma puede dar lugar a ciertos comportamientos y problemas es una cosa. Preguntar «¿Y qué hacemos ahora con eso?» es otra muy distinta.

¿Cómo podemos crear oportunidades de curación en nuestros sistemas? ¿Cómo podemos evitar repetir los estresores impredecibles e incontrolables que agravarán los efectos del trauma? ¿Cómo nos aseguramos de no *retraumatizar* a alguien al continuar involuntariamente con las experiencias de la marginación y deshumanización que provocaron los mismos problemas que se supone que debemos abordar?

Creo que si no reconoces tus propios sesgos y los sesgos estructurales en tus sistemas (sesgos respecto a la raza, el género, la orientación sexual, etc.), no puedes estar realmente informado sobre el trauma. Ser excluido o deshumanizado en una organización, comunidad o sociedad de la que se forma parte provoca un estrés prolongado e incontrolable que es sensibilizador (véase la figura 3). La marginación es un trauma fundamental.

Por eso creo que un sistema verdaderamente informado sobre el trauma es un sistema antiracista. Los efectos destructivos de la marginación racial son generalizados y graves. En América del Norte, Australia y Nueva Zelanda, por ejemplo, los niños afrodescendientes, mestizos e indígenas tienen más probabilidades de ser sobrediagnosticados y sobremedicados en los sistemas de atención a la salud mental, de ser retirados de sus hogares para su ingreso en el sistema de protección de menores, de ser suspendidos en la escuela o expulsados de ella, y de ser acusados de ausentismo escolar o de *agresión* en la escuela, lo que lleva a que entren en el sistema de justicia de menores en cantidades desproporcionadas.

Tal y como ya comentamos, un niño que sufrió experiencias traumáticas a menudo tendrá problemas para aprender y será hiperreactivo a los comentarios y a las críticas derivadas de sus dificultades escolares. Y esto, a su vez, puede llevar a problemas de conducta que, con frecuencia, se malinterpretan. Muchas de las cosas que las personas y los sistemas hacen con las mejores intenciones, en realidad acaban causando más dolor a las familias y a los niños a los que se supone deben ayudar.

Oprah: Quiero hablar de esto en más profundidad. Durante nuestra conversación en *60 Minutes,* me di cuenta de que muchas de las organizaciones benéficas o sin ánimo de lucro que intentan reducir los problemas sociales solo abordan las cuestiones superficiales. Están tratando de construir el andamiaje comunitario, que sabemos que es importante, pero muchas pasan por alto las causas —los cimientos— de los problemas que intentan resolver.

Si un programa de refuerzo extraescolar no entiende por qué un niño sufre problemas de salud crónicos o por qué tiene dificultades para seguir el ritmo en la escuela, o si un programa de empleo no entiende por qué alguien tiene problemas con los supervisores o siempre explota con la gente, no podrá generar cambios duraderos. Explícanos cómo se desarrollan y se presentan algunos de estos problemas, por favor.

Dr. Perry: Empecemos por los niños pequeños. Hemos hablado varias veces ya de la importante función que desempeñan las relaciones tempranas en el desarrollo de los sistemas de respuesta al estrés y de la capacidad para establecer relaciones saludables en el futuro. Sabemos que cuando los niños experimentan distrés y trauma —lo que incluye la pobreza, el quedarse sin hogar, la violencia familiar, el maltrato…—, sufrirán algunas disrupciones en su desarrollo. Con frecuencia, el resultado final es una *fragmentación* de la maduración de habilidades específicas, como ya comentamos en el capítulo 6 en relación con el abandono. De este modo, es posible que un niño de cinco años solo haya desarrollado las habilidades lingüísticas de un niño típico de dos años y las capacidades de autorregulación de un niño típico de cuatro años. Además de este desarrollo fragmentado, el niño tendrá una respuesta al estrés hiperactiva e hiperreactiva (véanse las figuras 3 y 5).

Ahora imaginemos a este niño entrando en un entorno preescolar con expectativas, transiciones, normas y planes de estudios diseñados para un niño típico de cinco años. Un entorno que no tenga en cuenta el desarrollo y el trauma esperará que este niño *actúe* de una forma típica. Pero eso es imposible. La jornada estará repleta de dificultades de comunicación (por su retraso en el lenguaje) y de una frustración intensa (por sus capacidades de autorregulación). En esta situación, que le causa un malestar abrumador, se encerrará en sí mismo o estallará. Sea como sea, no se beneficiará plenamente del aprendizaje social, emocional o académico. Se irá quedando atrás. Quizá lo expulsen temporalmente. Se expulsa a más niños de la escuela en la etapa de educación infantil que en ninguna otra; la tasa de expulsión de los niños de color, y especialmente los varones, triplica a la de los niños blancos.

Este es el comienzo de un desajuste tóxico entre las capacidades del niño y las expectativas no realistas de un sistema educativo que, con demasiada frecuencia, carece de recursos y no tiene en cuenta ni el desarrollo ni el trauma. Incluso si el niño pasa de curso, todavía seguirá atrasado, por lo que el fracaso es ineludible. Año tras año, queda cada vez más retrasado. Su retraso en el desarrollo de habilidades sumado a sus síntomas asociados al trauma comienzan a atraer etiquetas diagnósticas de salud mental (véase la figura 6). La hipervigilancia derivada de su respuesta al estrés sensibilizada se diagnostica como trastorno por déficit de atención e hiperactividad (TDAH); se le prohíbe recurrir a sus previsibles intentos de autorregularse (mecerse, masticar chicle, garabatear, soñar despierto, escuchar música, dar golpecitos con el lápiz, etc.). Lo etiquetarán, medicarán, excluirán, quizá lo expulsarán y, con demasiada frecuencia, lo arrestarán. Cuando intenta evitar la humillación constante que el entorno escolar supone para él, se le acusa de ausentismo; cuando intenta escapar y el personal de la escuela intenta detenerlo, los esfuerzos por contenerlo derivan en una acusación de agresión... contra el niño. Esta es la autopista que lleva de la escuela a la cárcel.

Oprah: Y, a todo esto, hay que añadir que, con toda probabilidad, el niño no sabe que hay una causa subyacente que explica todas sus dificultades. Se acaba viendo a sí mismo tal y como lo ve el mundo. Es tonto, lento o vago. Es un ciclo de fracaso que va minando su autoestima hasta que la frustración o la vergüenza son tan intensas que se rinde.

Dr. Perry: Esto es importantísimo. Cuando un niño tiene dificultades, no dice: «Oh, este pobre maestro no entiende el funcionamiento *dependiente del estado* y la influencia que el trauma ha ejercido sobre mi capacidad de aprendizaje. Debería enseñarme a autorregularme en lugar de enseñarme a conjugar». Lo que dice es: «Debo de ser tonto».

Otra cuestión muy importante acerca de las escuelas es la *cantidad* de niños y jóvenes que tienen dificultades conductuales y de aprendizaje asociadas al trauma. No son solo un puñado. Hay estudios que demuestran que entre el 30 y el 50% de los alumnos en las escuelas públicas estadounidenses han tenido tres o más experiencias adversas durante la infancia. Y, tal y como hemos comentado, las experiencias adversas tienen consecuencias.

Pensemos en cuántos niños estarán ahora sentados en un salón con recuerdos traumáticos que se pueden activar ante los estímulos más inocentes durante las clases. Recordemos que las partes inferiores del cerebro filtran lo que experimentamos en el presente antes de que llegue a la corteza. Toda la información sensorial que recibimos acerca del presente se compara con los *recuerdos* de experiencias previas y se ve influida por ellos, y se procesa primero en las áreas inferiores y más reactivas del cerebro antes de llegar a las áreas racionales, las áreas que *piensan*.

Digamos que un niño mayor ha crecido en un entorno donde se daban episodios de violencia familiar. Cuando era pequeño, vio cómo su padre menospreciaba y golpeaba a su madre. Esto sucedió en un momento importante del desarrollo cerebral, cuando estaba creando *recuerdos* primarios para dar sentido a su mundo. Su cerebro acabó asociando los atributos masculinos con la amenaza; una voz masculina grave y alta se asocia al miedo.

Cinco años después de que se formaran estas asociaciones y recuerdos, este joven estudiante tiene un profesor de lengua inglesa que guarda cierto parecido con su padre maltratador: más o menos la misma estatura, el mismo color de cabello, la voz grave... El niño no establece la relación conscientemente, pero el mero hecho de estar sentado en el salón lo incomoda. Esto se origina en esas partes precorticales, inferiores, del cerebro; es subconsciente. ¿Recuerdas a Sam, el niño cuyo padre usaba Old Spice? Casi nunca somos conscientes de cuándo nos activa un estímulo evocador.

Oprah: Y como no es consciente de la asociación —de cómo lo que le pasó afecta a sus relaciones—, es posible que tenga toda una historia de relaciones incómodas o saboteadas con las figuras masculinas en su vida. Pueden ser entrenadores, maestros u otros hombres que podrían ser modelos positivos para él, pero a los que evita o rechaza inconscientemente, por lo que pierde esa oportunidad.

Dr. Perry: Es como cuando no eras consciente de por qué te daba miedo estar sola por la noche. No eras consciente de las asociaciones que habías hecho en las primeras etapas de tu vida. Nuestras conductas empiezan a tomar forma a partir del campo de minas emocional que ha sembrado el trauma anterior.

Sin embargo, recuerda que el cerebro siempre intenta *dar sentido al mundo*, por lo que este niño intentará encontrar una explicación para lo que le sucede. Quizá decida que no le gusta la lengua inglesa. O empiece a pensar que le cae mal al profesor, que el profesor es un imbécil. Por su parte, el profesor no tiene ni idea de lo que sucede. Ahora, imaginemos que el alumno tiene dificultades con un ejercicio. El profesor se le acerca con intención de ayudarlo y considera que su oferta de ayuda es positiva. Cuando se inclina para mirar el ejercicio, descansa la mano en el hombro del chico. Pero, en lugar de calmarse, el niño se aparta y reacciona agresivamente sin haber tenido tiempo de pensar nada.

El cerebro inferior exclama inmediatamente «¡Peligro, peligro!» y activa el sistema de respuesta al estrés, lo que desactiva immediatament la corteza cerebral. Por lo tanto, es imposible que dé una respuesta racional y razonada.

Más adelante, si habláramos con el chico y le dijéramos: «No deberías insultar a los profesores», el diría: «Ya sé que no es buena idea». Sin embargo, en el momento, realmente no tenía acceso a esa capacidad de razonamiento. Cuanto más sepamos acerca del trauma y de la respuesta al estrés, más fácil será comprender algunas de las conductas con que nos encontramos en el trabajo, en las relaciones o en la escuela.

Oprah: Su cerebro, activado por la asociación con la violencia del pasado, envía la señal de amenaza y activa la respuesta de huida o lucha: «¡No me toques!».

Dr. Perry: O quizá, incluso, «¡Quítame tus sucias manos de encima!». El estallido impulsivo y agresivo desconcierta por completo al profesor. No entiende lo que sucede. Cuando explique lo sucedido a otros, dirá algo como: «Me atacó sin más». Esta es una de las descripciones más habituales de los estallidos conductuales asociados a estímulos evocadores: *sin más*; *impredecible*. Parece que los comportamientos no son provocados.

Oprah: Acabo de tener otro momento eureka. Muy a menudo decimos que alguien pierde el control cuando no sabemos a qué se debe su estallido de ira o por qué está teniendo una reacción violenta. Pues bien, ahora lo sabemos: en ese momento sucedió algo que activó un recuerdo traumático en el cerebro. Y como las partes inferiores y no racionales del cerebro son las que responden primero, activan inmediatamente respuestas de estrés que, a su vez, bloquean la parte racional del cerebro. Así, ese *estallido* de violencia es, en realidad, el resultado de procesos cerebrales muy organizados. Y, en este caso, lo primero que dirá la escuela es *¿Qué le pasa?*

El profesor, convencido ahora de que algo le pasa a ese niño, lo lleva ante el director, cuando lo que debería haber preguntado es *¿Qué le pasó a este niño?*

Dr. Perry: Exacto. El niño será calificado de problemático. Y, si las cosas siguen así, lo enviarán con el orientador de la escuela, luego lo expulsarán temporalmente y, al final, lo derivarán a un profesional de la salud mental. Y si nadie en el sistema de atención a la salud mental entiende que sus problemas conductuales tienen que ver con *lo que le pasó*, con su trauma, también llevarán a cabo toda una serie de intervenciones bienintencionadas, pero ineficaces.

Si, por el contrario, la escuela contara con las herramientas y con los recursos necesarios para ayudar a sus profesores a entender la prevalencia de los acontecimientos adversos en la infancia y la influencia del trauma en el aprendizaje —además de las estrategias para ayudar a crear un salón regulado, seguro y tranquilo—, la conducta se habría visto de un modo muy distinto. En lugar de expulsar temporalmente y de etiquetar al niño, la escuela habría intentado iniciar un proceso para conectar con él y comprenderlo.

Oprah: Pero ese proceso solo puede comenzar si haces la pregunta: *¿Qué le pasó a este niño?*

Dr. Perry: Exactamente: solo si cambias la manera en que tratas de entender el comportamiento. La buena noticia es que, cuando las escuelas se forman sobre las consecuencias del trauma y aplican algunos cambios sencillos a la hora de evaluar, apoyar y enseñar a los alumnos, ven mejoras fundamentales en los resultados académicos y un descenso de las conductas desafiantes o perturbadoras. Si en el salón se aplican estrategias reguladoras, si se apoya y respeta a los profesores y si se identifican y abordan las necesidades y las fortalezas de los niños, los resultados son mucho mejores.

Trabajamos con escuelas de todo el mundo usando nuestro modelo neurosecuencial en educación (NME, por sus siglas en inglés), que enseña muchos de los conceptos clave de los que hemos estado hablando tú y yo. Este modelo proporciona ejemplos de estrategias que permiten aplicar estos principios y conceptos en el salón. Los resultados son muy prometedores. Maestros, administradores, padres, madres y niños informan de efectos positivos, y los resultados corroboran su percepción.

Hay muchos otros grupos que están introduciendo también programas *informados sobre el trauma* en las escuelas. Y, como sucede con la definición de la *atención informada sobre el trauma*, los elementos de los distintos modelos y programas varían muchísimo. Sin embargo, todos los programas exitosos tienen un elemento en común: insisten en la regulación y en la conexión.

Oprah: Por lo tanto, ayudar a los niños a regularse es una de las actuaciones clave en las escuelas informadas sobre el trauma. Regular, relacionar y, luego, razonar, ¿verdad? Es indispensable que entendamos la secuencia de conexión emocional.

Dr. Perry: Sí. Por desgracia, nuestras escuelas no suelen estar informadas sobre el trauma y tienden a prohibir muchas de las actividades reguladoras que hemos mencionado: caminar, mecerse, jugar con algo mientras se escucha en clase, escuchar música con los audífonos mientras se hace la tarea... La *regulación somatosensorial*, como las actividades rítmicas de las que hemos hablado, activa la corteza cerebral y facilita que las regiones cerebrales asociadas al razonamiento se hagan más accesibles al aprendizaje.

Las escuelas también tienden a minimizar actividades con poderes curativos y de desarrollo de la resiliencia, como el deporte, la música o el arte. Con frecuencia, se consideran actividades optativas o enriquecedoras, cuando en realidad pueden ser la base misma del aprendizaje académico, gracias a sus elementos reguladores y relacionales. Las actividades pautadas, repetitivas y rítmicas facilitan que las redes reguladoras centrales hiperactivas e hiperreactivas (véase la figura 2) vuelvan a estar *en equilibrio*. La música entra en esta categoría (tanto interpretarla como escucharla); todos los deportes aportan su dosis, y el baile, también. Y, por supuesto, todas estas actividades cuentan también con un elemento relacional importante. Aprendes cuándo debes pasar el balón a tu compañero de equipo, aprendes a moverte junto a tu pareja de baile y sincronizas tu violín con otros miembros de la orquesta. Finalmente, el deporte, la música y otras artes tienen elementos cognitivos; involucran, activan y sincronizan la actividad en todo el cerebro, de arriba abajo y de abajo arriba. Son actividades saludables para todo el cerebro.

Ahora, imaginemos a treinta niños, sentados en filas en un salón, escuchando pasivamente la lección del maestro. Esta no es una manera eficiente de involucrar la parte superior del cerebro. Aprendemos más rápidamente cuando nos movemos y cuando interactuamos con los demás. Cuando practicamos alguna forma de activación somatosensorial durante el aprendizaje, almacenamos la información nueva y recuperamos la información previamente almacenada con más eficacia.

Oprah: ¿Qué sucede cuando el alumno explota y la escuela lo envía a un servicio de atención a la salud mental si esa organización carece de formación o de experiencia con el trauma?

Dr. Perry: Nada bueno. Normalmente, la situación del niño empeora. Lo diagnostican erróneamente y, normalmente, lo hipermedican. Nuestros actuales sistemas de atención a la salud mental infantil carecen de recursos y están sobrecargados. No es raro que haya largas listas de espera en los servicios públicos de salud mental. A veces, las citas son solo una vez al mes; otras, la visita al psiquiatra apenas dura quince minutos. El promedio de visitas a las que acuden las familias antes de desistir es de unas tres. Nuestros sistemas de atención a la salud mental tienden a centrarse en las crisis.

Dicho esto, hay muchos lugares cuyos equipos clínicos se han formado en trauma y están haciendo un muy buen trabajo. En una situación ideal, el niño pasará por un proceso de evaluación que examinará su historia de desarrollo que, básicamente, es una evaluación detallada de *¿qué te pasó?* Una buena evaluación también determinará las necesidades y las fortalezas del niño. A partir de ahí, el equipo puede elaborar un plan de tratamiento personalizado que aprovechará las fortalezas del niño y se centrará en las áreas de necesidad con actividades terapéuticas, educativas o de enriquecimiento adecuadas.

Estos equipos saben que las soluciones *universales* no funcionan. Piensa en lo absurdo que sería que se recetara el mismo antibiótico a todas las personas con dolor en el pecho y tos. Esto es lo que sucede en muchas clínicas que se especializan en una *técnica* concreta. En una clínica que ha aprendido que la terapia cognitivo-conductual centrada en el trauma (TCC-CT) es una intervención basada en la evidencia para el trauma, se empleará esta intervención a todas las personas que hayan pasado por una experiencia traumática. Sin embargo, aunque es útil para algunas personas, no lo es para todas.

Un equipo clínico verdaderamente informado sobre el trauma tiene muchas *herramientas* a su disposición: terapia ocupacional, fisioterapia, logopedia, terapia del lenguaje, enlaces con la escuela, psicoeducación efectiva con la familia y el niño, y acceso a diversas técnicas terapéuticas, como la TCC-CT, la terapia de desensibilización y reprocesamiento por movimientos oculares (EMDR, por sus siglas en inglés), intervenciones somatosensoriales, terapias asistidas con animales y muchas más. A pesar de que es un campo muy reciente, la psicotraumatología cuenta con pruebas preliminares de la eficacia de muchas de estas técnicas cuando se usan en el *momento adecuado* en el proceso de tratamiento.

Esto significa que un enfoque terapéutico eficaz debe seguir la *secuencia de conexión emocional*: hay que abordar los problemas de regulación antes de poder obtener resultados con las terapias relacionales o cognitivas. Por eso desarrollé el modelo neurosecuencial de terapias (NMT, por sus siglas en inglés) sobre el que escribí en mi primer libro con Maia Szalavitz, *El chico a quien criaron como perro*.

En mi opinión, uno de los aspectos más importantes de la curación es reconocer que puede incluir múltiples técnicas y enfoques de tratamiento. Sabemos que el ingrediente clave para una curación eficaz implica el uso de las relaciones saludables para revisar y reelaborar la experiencia traumática. Si tienes un terapeuta y formas con él una conexión segura y estable, el terapeuta se convierte en una parte fundamental de lo que yo denomino *red terapéutica*. Pero recuerda que los momentos terapéuticos pueden ser breves e, idealmente, deberían estar repartidos a lo largo de toda la semana: no se trata solo de pasar una hora a la semana con el terapeuta. Este proceso crea oportunidades para activar recuerdos traumáticos, incluidos los sistemas de respuesta al estrés, de forma moderada, predecible y controlable. A su vez, esto trabaja los sistemas sensibilizados y, con el tiempo, los hará más *neurotípicos* (véanse las figuras 3 y 5).

Oprah: ¿Y si no dispones de los recursos necesarios para acudir a un terapeuta?

Dr. Perry: Muy buena pregunta. La mayoría de las personas que sufren adversidades y traumas *no* tienen acceso a terapia, no digamos ya a un equipo clínico como el que acabo de describir. Sin embargo, estamos descubriendo que tener acceso a varias personas afectuosas y comprometidas es un mejor predictor de buenos resultados tras una experiencia traumática que tener acceso a un terapeuta. La red terapéutica es el conjunto de oportunidades relacionales positivas a las que tenemos acceso durante el día. Y sí, un terapeuta puede ser una parte importante del proceso de curación, pero no es imprescindible. Con esto no quiero decir en absoluto que la terapia no sea útil, sino que la terapia sin *conexión* no es muy eficaz. Idealmente, un niño puede tener conexiones con su familia, con su comunidad y con su cultura, además de con un equipo clínico informado sobre el trauma y su abanico de herramientas.

Y, de nuevo, si examinamos las prácticas curativas indígenas y tradicionales, vemos que son extraordinarias a la hora de crear una experiencia cuerpo-mente total que influye en múltiples sistemas cerebrales. Recuerda, los *recuerdos* traumáticos abarcan múltiples áreas cerebrales. Por lo tanto, estas prácticas tradicionales contienen elementos cognitivos, relacionales y sensoriales. Volvemos a contar la historia; creamos imágenes de la batalla, la cacería o la muerte; nos abrazamos; nos masajeamos; bailamos; cantamos. Reconectamos con nuestros seres queridos, con la comunidad. Celebramos, comemos y compartimos. Las prácticas curativas aborígenes son repetitivas, rítmicas, relevantes, relacionales, respetuosas y reconfortantes, experiencias que sabemos que son eficaces para modificar los sistemas neuronales involucrados en la respuesta al estrés. Estas prácticas surgieron porque funcionaban. La gente se sentía mejor y funcionaba mejor, por lo que los elementos nucleares del proceso de curación se reforzaban y pasaban de una generación a la siguiente. Culturas separadas en el espacio y el tiempo convergieron en los mismos principios para la curación.

Oprah: Si lo pensamos, es extraordinario, sí.

Dr. Perry: Lo es. Nuestros antepasados conocían la importancia de la conexión y la toxicidad de la exclusión. Por el contrario, la historia del mundo *civilizado* está sembrada de políticas y de prácticas que favorecieron la desconexión y la marginación, que destruyeron a la familia, a la comunidad y la cultura. La colonización, la esclavitud, el sistema estadounidense de reservas indias, las escuelas residenciales para indígenas de Canadá, las generaciones robadas en Australia... fueron tan destructivos a lo largo de muchas generaciones porque destruyeron deliberadamente los vínculos familiares y culturales que mantienen conectadas a las personas. Crearon personas traumatizadas y desconectadas en situaciones dolorosas de las que no podían escapar, situaciones que, tal y como hemos explicado, obligan a la persona a disociarse para adaptarse y sobrevivir. Y aunque la disociación es adaptativa en este sentido, da lugar a más pasividad y docilidad por lo que aún es más fácil deshumanizar y explotar a los pueblos traumatizados.

Aunque esto es menos evidente para algunas personas, creo que nuestros sistemas de atención a la infancia, de educación, de atención a la salud mental y de justicia para menores hacen lo mismo con mucha frecuencia. Fragmentan a las familias, debilitan a la comunidad y aplican prácticas que marginan, humillan y castigan.

Oprah: Una vez me acompañaste en una visita a mi escuela en Sudáfrica y hablaste muy elocuentemente acerca del racismo sistémico, del poder desmantelado y del trauma. Habíamos construido la Academia de Liderazgo para Niñas de Oprah Winfrey en 2007, trece años después de la abolición formal del *apartheid* y de la instauración de un gobierno democrático en Sudáfrica. Cuando nos visitaste, teníamos dificultades para crear un sentido de comunidad saludable entre los miembros del claustro.

Los profesores afrodescendientes sentían que los blancos expresaban su superioridad a pesar de que los aceptaban. Esclareciste muchísimo la situación cuando nos explicaste lo que podía estar pasando entre los dos grupos desde el prisma del desarrollo cerebral y de su relación con el sesgo implícito y el racismo. ¿Podrías hacer lo mismo ahora?

Dr. Perry: Por supuesto. Hemos hablado de que el cerebro del niño recibe información sensorial que le permite dar sentido al mundo y establecer asociaciones. Y hemos hablado de que somos criaturas profundamente relacionales y de que nuestro cerebro en desarrollo —comenzando por las áreas inferiores— comienza a crear *recuerdos* de los olores, sonidos e imágenes de *nuestra gente*.

Estos recuerdos existen en un nivel muy profundo, precortical e inconsciente: la manera en que habla y viste nuestra gente, el color de su piel...

Ahora, recuerda que el cerebro está en alerta constante para ver qué sucede en nuestro mundo —el interior y el exterior— y garantizar nuestra supervivencia. Cuando se encuentra ante algo desconocido, su acción por defecto es activar la respuesta al estrés. Más vale prevenir que curar: es mejor asumir que todo lo novedoso es una amenaza potencial.

Ahora, suma a todo esto que el mayor depredador del ser humano ha sido siempre otro ser humano. Nuestra respuesta al estrés ha evolucionado para ser sensible a las relaciones, de modo que, cuando estamos con personas con atributos similares a los de nuestro *clan* de la infancia, nos sentimos seguros. Por el contrario, cuando estamos con personas cuyos atributos difieren de los de *nuestra gente*, el cerebro activa por defecto la respuesta al estrés. Y, cuando esto sucede, nos sentimos desregulados e incluso amenazados.

Oprah: Por eso, cuando tienes un recién nacido y todo el mundo lo quiere ver y pasa de unos brazos a otros, es habitual que el bebé empiece a llorar. Su cerebro reacciona ante lo desconocido.

Dr. Perry: Exacto. Para el bebé, todas esas personas son distintas, nuevas y abrumadoras. Eso activa la respuesta al estrés.

Sin embargo, los cerebros adultos también activan la respuesta al estrés como reacción ante personas distintas al *clan* original. En la mayoría de las ocasiones, esta activación es leve y solo genera cautela, precaución. Pero si alguien tiene una respuesta sensibilizada al estrés o si los atributos de la persona nueva son muy distintos a los del clan original, es posible que la reacción de estrés sea mucho más intensa. Y, cuando eso sucede, volvemos atrás. Perdemos el acceso a las regiones superiores del cerebro, las regiones que almacenan nuestros valores y creencias. Las partes reactivas y más primitivas del cerebro toman las riendas del pensamiento y de la conducta.

Te daré un ejemplo. Una vez conocí a una mujer cuya hija se había unido al Cuerpo de Paz e iba de aldea en aldea en una zona muy rural de África para administrar vacunas a los niños. Era de Minnesota y tenía un aspecto muy escandinavo: alta, rubia y tez blanca y muy pálida.

Oprah: Y llegaba a aldeas cuyos habitantes jamás habían visto a una persona blanca.

Dr. Perry: Precisamente. Así que tenemos a esa joven positiva y de gran corazón, que adora a los niños y está convencida de que está haciendo del mundo un lugar mejor, que llega con todo su entusiasmo a aldeas rurales para combatir la enfermedad. Sin embargo, cada vez que ponía el pie en una aldea, los niños se la quedaban mirando y empezaban a gritar. Pensaban que era un fantasma. Algunos rompían en llanto y otros echaban a correr. Le costó mucho habituarse a ello. Y hasta que su madre no le explicó parte de nuestro trabajo, no entendió que los niños reaccionaban ante lo *desconocido*, no ante ella como persona. El cerebro de esos niños aún no había creado ninguna asociación positiva con la *piel blanca*, por lo que encontrarse con ella era un suceso inesperado y estresante.

Sin embargo, esa es solo la respuesta inicial. Con el tiempo, la joven los trata con afecto, los cuida y los atiende. Los ayuda a alimentarse y los regula cuando se asustan. Los niños aprenden que esta persona blanca que les da amor, cuidados y apoyo es segura y es buena. Y ese aprendizaje queda *fijo* en su cerebro, de modo que, si años después se vuelven a encontrar con una persona blanca, su respuesta por defecto será clasificarla como positiva.

Oprah: E incluso si la nueva persona blanca no es tan amable, no necesariamente anulará la plantilla original de la amable chica blanca de Minnesota, porque esa plantilla se grabó más profundamente en el cerebro a una edad más temprana.

Dr. Perry: Correcto. La primera vez que encontramos a alguien con características (como el color de la piel) distintas a las de *nuestra gente*, comenzamos a establecer asociaciones nuevas que nos ayuden a dar sentido a nuestro mundo, porque, ahora, el mundo incluye a esa persona nueva. El cerebro clasificará, comparará y categorizará a esa persona. Al principio, usará las categorías existentes por defecto: esta persona tiene atributos masculinos, es mayor que yo, es profesor. Sin embargo, a medida que acumulemos interacciones con esa persona, dispondremos de más oportunidades para crear asociaciones nuevas y más matizadas. Llegaremos a conocer las facetas y las complejidades de la persona, más allá de sus *categorías*.

Sin embargo, al mismo tiempo, el cerebro siempre utiliza *atajos*. Y esos atajos no siempre son precisos; nos hacen más vulnerables a los estereotipos y a los *ismos*, es decir, a generalizar los atributos de las personas en función de las categorías amplias a las que pertenecen. Y las categorías más potentes de nuestro cerebro son las que proceden de las primeras experiencias, normalmente de los primeros años de vida. Esto contribuye a nuestra tendencia a los sesgos.

Hace un tiempo, trabajé con un niño pequeño afrodescendiente y le pregunté si ya conocía a algún hombre blanco. Y me respondió que sí, que conocía a uno.

Resulta que la primera persona blanca a la que este niño había visto de cerca (no en televisión) fue un policía que ordenó a su padre que detuviera el coche, le apuntó con un arma, le ordenó que saliera del coche, le gritó, lo esposó y lo metió a empujones en la patrulla. El niño se quedó solo en el coche de su padre, aterrado, hasta que apareció un trabajador social y se lo llevó de allí. Ni siquiera dejaron que su madre lo viera hasta que *demostró* quién era. Como podrás imaginar, la representación interna que ese niño tenía de las personas blancas era muy distinta a la de los niños de las aldeas a los que atendió la voluntaria blanca del Cuerpo de Paz.

Ese mismo niño, que había presenciado la violenta detención de su padre, vino después a verme a mí, un médico blanco que estaba intentando ayudarlo. El punto de partida de nuestra relación no era neutro. Estaba asustado y desconfiaba de mí. En parte porque era un desconocido y en parte porque era blanco. Hicieron falta semanas de trabajo positivo, paciente y amable antes de que pudiera verme con neutralidad. Al final pudimos conectar bien, pero me consideró una excepción. Sus primeras experiencias negativas con personas blancas, reforzadas por muchas experiencias asociadas de racismo explícito e implícito en la escuela y en la comunidad, seguían ahí. Las primeras experiencias relacionales son las más potentes y duraderas.

Debido al procesamiento secuencial de la experiencia, este niño siempre procesará la *piel blanca* primero en la parte inferior de su cerebro. Cuando se encuentra con un hombre blanco desconocido, la asociación original —y, por lo tanto, la asociación por defecto— entre hombres blancos y amenaza activará una respuesta de estrés que puede influir en qué siente, piensa y hace. Es como un estímulo evocador. El cerebro del niño ya habrá activado la respuesta de miedo para cuando cualquier otra información sobre el nuevo hombre blanco pueda llegar a su corteza cerebral. En su corteza cerebral, tiene algún recuerdo autobiográfico de sus sesiones conmigo y esa información almacenada le dice: «El doctor Perry es blanco, pero me trató bien». Sin embargo, en ese momento, con la respuesta de miedo activada, no puede acceder eficientemente a la información. Mirará a ese hombre blanco desconocido y sentirá: «Pero este no es el doctor Perry». Nuestras primeras experiencias crean los filtros por los que pasan obligatoriamente todas las experiencias nuevas.

En el caso de Sudáfrica, hay muchas, muchísimas culturas en un mismo país. Y, durante generaciones, la comunidad blanca reprimió brutalmente a las personas de color. Los profesores afrodescendientes de la OWLAG habían crecido en un mundo donde la resistencia activa al poder blanco y a las políticas, prácticas y leyes racistas podía causarles la muerte. Con frecuencia, las asociaciones relacionadas con la piel blanca inducían el miedo. Muchas personas afrodescendientes desarrollaron una estrategia y un estilo de adaptación fundamentalmente disociativos. Evitar el conflicto; y, si no se puede evitar, obedecer. Las capacidades adaptativas de este tipo están profundamente arraigadas.

Oprah: Y es posible que muchos de los profesores de la escuela se estuvieran aferrando inconscientemente a esas viejas formas de pensar y de comportarse.

Dr. Perry: Claro. El cerebro de las personas no cambió de un día para otro en 1994, cuando las prácticas opresivas del *apartheid* llegaron a su fin. Las personas blancas seguían estando asociadas al dominio y a la marginación. Aunque, en teoría, las cosas habían cambiado, cuando personas que se habían criado en el *apartheid* interactuaban entre ellas, las diferencias de poder se reinstauraban inconscientemente, y se activaban las antiguas pautas de adaptación. Los profesores blancos se sentían cómodos manifestando su opinión y *liderando*. Los profesores afrodescendientes guardaban silencio, evitaban el conflicto y aceptaban sugerencias con las que no necesariamente estaban de acuerdo. Esto provocó muchos problemas en la escuela. Y, sin embargo, cuando hablé con los profesores blancos, decían sinceramente que el racismo no tenía que ver con los problemas de la escuela.

Una de las cosas más difíciles de entender acerca del sesgo implícito y del racismo es que las creencias y los valores no siempre son lo que motiva nuestra conducta. Las creencias y los valores se almacenan en la parte superior y más compleja de nuestro cerebro: la corteza cerebral. Sin embargo, hay otras partes del cerebro capaces de establecer asociaciones, que pueden ser asociaciones distorsionadas, erróneas y racistas. Una misma persona puede tener creencias antirracistas muy sinceras y, al mismo tiempo, albergar sesgos implícitos que dan lugar a comentarios o acciones racistas. Para entender esto, es esencial conocer el procesamiento secuencial del cerebro, así como el poder de las experiencias tempranas a la hora de cargar las partes inferiores del cerebro con todo tipo de asociaciones que crean nuestra visión del mundo.

Oprah: Muchas personas blancas dicen: «En mi casa nadie dice nunca cosas como negra de m*». Hay tanta gente que dice que en su casa nunca se ha hablado mal de los afrodescendientes... Pero no es solo una cuestión del lenguaje que se emplee. Es ver cómo tratan tus padres a personas que no son como tú. Es cómo los ves en sus interacciones con otras personas. Es lo que se dice acerca de ellas. Es el tono emocional que impregna tu hogar cuando se habla de los otros. Eso es lo que asimilas desde el momento en que naces, por lo que modela cómo ves a las personas que no son como tú. Que alguien emplee o no expresiones como negra de m* no es la cuestión. Hay muchísimos más factores que entran en juego.

Dr. Perry: Muchos más. Cuando somos pequeños y formamos nuestras asociaciones primarias acerca del funcionamiento del mundo, quienes más nos influencian son nuestros padres. Y no es tanto lo que dicen como lo que hacen. También nos influyen el resto de los niños y adultos de nuestro entorno. Si eres un niño blanco que nunca ha estado con niños de color, no tienes ninguna experiencia directa que te ayude a construir esas importantes asociaciones relacionales.

Los medios de comunicación también ejercen una influencia muy profunda sobre nosotros. Las imágenes que vemos desde la primera infancia en los medios de comunicación modelan nuestra comprensión del mundo. Para muchas personas blancas, la única experiencia o percepción que tienen de las personas de color se da a través de los medios de comunicación. Cuando yo era pequeño, los estereotipos negativos sobre las personas afrodescendientes impregnaban los medios de comunicación.

Oprah: Conozco a muchas personas blancas que, antes de encontrarse conmigo, no habían conocido a ninguna persona afrodescendiente. Y hubo una época en la que algunas personas blancas tenían a personas afrodescendientes trabajando para ellas para poder decir que conocían a alguna. Sin embargo, tal y como dices, para muchas personas blancas la única experiencia que tenían con personas afrodescendientes era lo que veían en las noticias o en las películas.

Dr. Perry: Cuando yo era joven, se tendía a adjudicar papeles negativos a los hombres y los jóvenes afrodescendientes que aparecían en las películas, como delincuentes, por ejemplo. No eran los detectives, los superhéroes o los científicos. Esta distorsión ejerce una influencia tremenda en la forma en que se organiza nuestro cerebro. Alimenta las asociaciones negativas que las personas blancas crean acerca de las personas de color. Es uno de los grandes factores responsables del sesgo implícito.

Todos creamos nuestra propia versión del mundo, y siempre hay distorsiones. Como ya dije, los atajos que toma el cerebro cuando procesa información nos hacen vulnerables a los sesgos. Todos tenemos una forma u otra de sesgos implícitos (de distorsión del mundo) en función de cómo y dónde hayamos crecido. Calcula la probabilidad de contar con todas las culturas, todas las religiones y todas las etnias en el catálogo de lo *seguro y familiar*, no digamos ya la de estar expuesto a todo ello durante los primeros años de vida. Por eso, debemos aceptar que todos cargamos con más o menos sesgos implícitos.

Oprah: En su libro *Casta. El origen de lo que nos divide*, Isabel Wilkerson cita un estudio de The Sentencing Project, una organización que lucha por la reforma de la justicia penal. Descubrieron que los delitos en los que el sospechoso es afrodescendiente y la víctima es blanca representan solo el 10% de todos los delitos, pero constituyen el 42% de lo que se informa en televisión. Cuando miras las noticias y casi la mitad de todo lo que ves es a personas afrodescendientes cometiendo delitos contra personas blancas, influye en lo que piensas cuando te cruzas con una persona afrodescendiente.

Dr. Perry: Detengámonos un momento a examinar el papel que desempeña el sesgo implícito en una interacción entre un policía blanco novato y un adolescente afrodescendiente a altas horas de la noche. Es una cuestión de funcionamiento dependiente del estado. Ante una amenaza, la parte racional del cerebro se empieza a desactivar y las partes más reactivas y emocionales toman el control. Imagina que eres un policía blanco, que te sientes amenazado y que tienes una pistola. Si las partes inferiores y más reactivas de tu cerebro empiezan a dominar tus cogniciones y tus conductas cuando te sientes amenazado y si tu cerebro cuenta con un generoso catálogo de hombres afrodescendientes como delincuentes peligrosos, es mucho más probable que tengas un comportamiento basado en el miedo (gritar, tensar la situación y disparar) ante un adolescente de color que ante uno blanco. No tienes el cerebro lleno de un catálogo de adolescentes blancos amenazadores.

Si hablamos de sistemas que necesitan formación sobre el trauma, las fuerzas de seguridad deberían ser las primeras en la lista. La formación sobre el trauma, el cerebro, el estrés y el distrés es esencial si vas a trabajar en emergencias y, sobre todo, si vas a ser policía. Cualquiera que tenga la responsabilidad de llevar un arma para servir a la sociedad debería tener una formación exhaustiva en todos estos aspectos.

Oprah: Pero los sesgos implícitos y el racismo no son lo mismo. ¿Dónde está la línea que los separa?

Dr. Perry: El sesgo implícito implica que el sesgo está presente, pero no se *expresa explícitamente*; a veces, incluso se expresa involuntariamente. Por el contrario, el racismo es un conjunto de creencias manifiestas acerca de la superioridad de una raza sobre las demás. En Estados Unidos, el racismo es la marginación y la opresión de las personas de color por parte de sistemas creados por hombres blancos para privilegiar a la población blanca. Se podría decir que el racismo está incrustado en la parte superior y *racional* del cerebro, mientras que el sesgo implícito tiene que ver con los *filtros* distorsionadores creados en las partes inferiores del cerebro. Cuando un niño o un joven están expuestos a creencias racistas manifiestas, por ejemplo, en casa o en sus grupos de iguales, esas creencias pueden quedar *incrustadas* en los filtros. El resultado puede ser un conjunto de emociones y creencias profundamente arraigadas en el que están implicadas múltiples regiones del cerebro.

Oprah: El cambio, sin embargo, es posible. Creo que es importante que mencione ahora una conversación que mantuve en 2018 y que me reafirmó en mi convicción de que la compasión abre la puerta a la esperanza de que incluso la persona más racista pueda cambiar.

Hablé con Anthony Ray Hinton, que estuvo treinta años en el corredor de la muerte en Alabama por un crimen que no había cometido. La disposición de la cárcel era de un aislamiento extremo: él estaba solo en su celda y no podía ver a ninguno del resto de los reclusos en el corredor. Aunque no se hablaban entre ellos, por la noche se oían llantos y lamentos, se oía a hombres que sufrían.

Una noche, Anthony oyó llorar a alguien y se le removió algo por dentro. Gritó: «¿Qué pasa?». Y el hombre le dijo que su madre había muerto.

Anthony estaba muy unido a su madre, y, en ese momento, empatizó con su compañero de corredor. Y esa pregunta, ese acto de compasión, abrió las puertas para el resto de los reclusos. Empezaron a hablar entre ellos con regularidad, a compartir historias y a apoyarse mutuamente. Anthony se hizo muy amigo de un recluso llamado Henry. Más adelante, supo que su amigo Henry era Henry Hays, un miembro del Ku Klux Klan que había sido encarcelado por haber ahorcado a un joven afrodescendiente. Sin embargo, en lugar de poner fin a su amistad, Anthony forjó un vínculo con él en el corredor de la muerte y siguieron siendo amigos.

Dr. Perry: Y apuesto a que, al hacerlo, Anthony cambió a Henry.

Oprah: Sí, hasta tal punto que, la noche en que Henry fue electrocutado, sus últimas palabras fueron que había estado equivocado durante toda su vida. Sus padres le habían enseñado mal, le habían enseñado que las personas afrodescendientes eran el enemigo. Y que no había sabido lo que era el amor hasta que estuvo en el corredor de la muerte.

Dr. Perry: ¡Vaya! Eso es increíblemente potente. Y un ejemplo perfecto de que es posible cambiar incluso el sistema de creencias racistas más odioso. Recuerda que la corteza cerebral es la parte más maleable, más variable del cerebro. Las creencias y los valores pueden cambiar.

Oprah: Por el contrario, cambiar los sesgos implícitos ya es más complicado, ¿no?

Dr. Perry: Sí, cambiar los sesgos implícitos es mucho más difícil. Es posible que creas sinceramente que el racismo es malo y que todas las personas son iguales. Pero esas creencias están en la parte intelectual de tu cerebro, y tus sesgos implícitos, que están en la parte inferior de tu cerebro, seguirán manifestándose a diario: en cómo interactúas con los demás, en los chistes de los que te ríes, en las cosas que dices…

Es muy interesante relacionar esto con el movimiento Black Lives Matter. El asesinato de George Floyd suscitó muchísimas conversaciones acerca del racismo estructural, de los sesgos implícitos y del privilegio blanco. Estas conversaciones aclararon muchos malentendidos y facilitaron la expresión de muchísimo dolor contenido. Y, por supuesto, muchísimas actitudes defensivas: «Nunca he sido racista» o «Mi corazón no alberga ni un ápice de racismo». Bueno, es que el problema no es tu corazón. El problema es tu cerebro. Todos tenemos sesgos profundamente arraigados y las asociaciones racistas son uno de ellos.

Una de las mayores dificultades a la hora de abordar los sesgos implícitos es que primero hay que aceptar que se tienen. Hay que reflexionar sobre cuándo se han manifestado. Hay que anticipar cuándo y dónde es más probable que se manifiesten. Hay que tener el valor suficiente para pasar tiempo con personas distintas a nosotros y que puedan cuestionar nuestros sesgos. Puede ser incómodo, pero recuerda: el estrés moderado, predecible y controlable puede aumentar la resiliencia. Crea nuevas asociaciones, vive nuevas experiencias. Lo ideal es salir a la comunidad y pasar tiempo con personas distintas a nosotros. Hay que crear relaciones reales y significativas para llegar a conocer a esas personas en función de sus cualidades únicas, no de categorías.

Oprah: Eso es lo que puede cambiar de verdad tanto los sesgos implícitos como el racismo.

Dr. Perry: Exactamente. Y por eso es imposible estar en una empresa y abordar estos problemas limitándose a hacer que todos los empleados asistan a un seminario sobre el racismo o a una formación sobre sensibilidad cultural. Es imposible formarse en sensibilidad cultural; lo que hay que hacer es pasar tiempo inmerso en otra cultura, pasar tiempo con otras personas. Anthony Bourdain fue un gran ejemplo de ello. Animaba a las personas a experimentar otras culturas pasando tiempo con los cocineros, preparando su comida, comiendo sus platos y participando en eventos culturales con quienes los celebran. No puedes adquirir sensibilidad cultural con un seminario de tres horas.

Oprah: ¿Eso quiere decir que no debería impartise formación en sensibilidad cultural?

Dr. Perry: No. Lo que quiere decir es que la formación en sensibilidad cultural, que puede ayudar a comprender los elementos intelectuales del aprendizaje, debe ir de la mano de experiencias reales y de relaciones reales. Eso es lo que te ayudará a cambiar. Resulta difícil para muchas personas y, ciertamente, no arregla todo el sistema, pero es un primer paso.

La solución a largo plazo sería minimizar el desarrollo de los sesgos implícitos. Tenemos que pensar en maneras de criar a nuestros hijos con más oportunidades de exponerse en edades tempranas a la magnificencia de la diversidad humana. Y tenemos que cambiar los elementos inherentemente sesgados de muchos de nuestros sistemas.

Oprah: ¿Crees que el trauma está haciendo que la humanidad retroceda?

Dr. Perry: Tal y como comentamos antes, el ser humano siempre ha convivido con el trauma. Así que soy optimista a pesar de todas las dificultades de las que hemos hablado. Creo que la *humanidad* de nuestra especie tiene altibajos. Ha habido periodos de una humanidad extraordinaria y periodos de una inhumanidad terrorífica. Sin embargo, si observamos la historia de la humanidad, todos los principales indicadores asociados a la salud y al bienestar, a la justicia social, a la creatividad y a la productividad están en alza ahora.

Esto no significa que este no sea un momento muy difícil para Estados Unidos como país. Hay mucha polarización y hay mucha gente que usa el miedo para moldear la opinión pública. Los grupos airados y polarizados no escuchan bien, pero comunican el miedo y el dolor y el ansia de cambio.

Tengo la esperanza de que todo mejore al enseñar acerca del trauma y del poder de la conexión. Podríamos invertir en construir barrios y servicios informados sobre el trauma, en apoyar a los artistas, en reconstruir infraestructuras y en levantar espacios en los que las personas puedan crear comunidad. Podríamos dar un salto cuántico en humanidad. Podríamos. Podemos. Pero antes tenemos que entender los efectos omnipresentes y complejos del trauma. Tenemos mucho potencial aún sin expresar.

CAPÍTULO 9

EL MUNDO MODERNO Y EL HAMBRE RELACIONAL

El anciano maorí nos acompañó hasta una puerta a los pies de una suave colina. En la cima de esta, se alzaba un bello edificio rectangular con unos pilares y vigas maravillosamente tallados. La puerta llevaba al marae, *un área cercada que es el centro de la vida comunitaria maorí. El edificio era el* wharenui, *el centro de reuniones de la comunidad. Varias docenas de personas pertenecientes a la comunidad maorí flanqueaban el camino que llevaba al* wharenui. *Uno de los ancianos se acercó a nosotros con una vara en la mano y hablando en maorí en voz muy alta, y luego depositó una hoja de helecho a mis pies. Una anciana empezó a cantar. Se le sumaron otros. Nuestra ceremonia de bienvenida, el* powhiri, *acababa de comenzar.*

Hace veinticinco años, la doctora Robin Fancourt, una pionera de la pediatría en Nueva Zelanda, me pidió que la visitara y le hablara acerca de mi trabajo sobre el cerebro y el trauma en edades tempranas. A mi vez, le pregunté si le sería posible organizar una reunión con curanderos maoríes. Hacía tiempo que me esforzaba por saber más acerca de las prácticas curativas de los pueblos indígenas. El trauma siempre ha formado parte del viaje humano, y nuestros antepasados lo conocían bien. Había pasado tiempo escuchando y aprendiendo de ancianos y chamanes de los pueblos originarios, métis y nativos americanos. Había constatado que las distintas prácticas curativas tenían elementos comunes, sobre todo el uso del ritmo y el énfasis en la armonía con la naturaleza. Sin embargo, sabía que aún me quedaba mucho por entender.

Durante los dos días siguientes, iba a descubrir el trauma y la curación desde la perspectiva de una comunidad maorí. Mi primera lección fue sobre educación. Los ancianos no me pidieron que me sentara para leerme textos o darme una conferencia sobre las prácticas tradicionales de curación. Me sumergieron en su comunidad durante dos días. Con su sabiduría, me ofrecieron una oportunidad de aprendizaje, una experiencia. Lo que podía descubrir era profundo, pero lo que descubriera *dependería de mí. ¿Me abriría lo suficiente para aprender de verdad o me limitaría a filtrar la experiencia a través del prisma de la medicina occidental y a calificarla como una pintoresca nota al pie antropológica?*

La comunidad se reunió en el marae *durante el resto del primer día y durante toda la noche. Nos congregamos en el centro de reuniones, nos sentamos en el suelo y muchos me hablaron acerca de los medios tradicionales. Muy pronto me quedó claro que no hacían una separación conceptual de los problemas o de las soluciones en categorías como educación, salud mental, justicia juvenil o protección a la infancia. Su forma de pensar y ser era integral. Era muy similar a la visión del mundo que los ancianos* cree y métis *habían compartido conmigo. También manifestaban un aprecio verdadero por nuestro viaje hasta el momento presente, una conciencia de que para entender mejor el aquí y ahora teníamos que saber de dónde veníamos y* qué nos pasó, *tanto a nosotros como a nuestros antepasados.*

Cuando alguien hablaba al grupo, se desplazaba a una esquina en la que todos podían verlo y desde la que podía ver a todos. El orador se presentaba trazando el linaje de su familia y, con frecuencia, señalaba algún atributo especial de un antepasado; este trazado explícito de la herencia ancestral aportaba una apreciación continua de las conexiones transgeneracionales. A continuación, hablaban, recurriendo con frecuencia a la narración de historias para transmitir conceptos importantes.

Durante esos dos días, hubo comidas comunitarias. Eran una mezcla de ceremonia, conversación, juegos, narración de historias..., todo ello con muchas risas y abrazos. Parecía una reunión familiar. La calidez y la fuerza de la comunidad eran palpables. Por la noche, dormimos todos juntos en el wharenui, *como una comunidad.*

Ambos días tuve el honor de que dos de los ancianos curanderos me guiaran por el terreno y me acompañaran en un paseo por el bosque y la playa. De vez en cuando, se detenían, se salían del camino para examinar una planta, arrancar una hoja o un poco de corteza o cavar en busca de una raíz. Entonces, me pedían que lo oliera y lo probara, mientras me explicaban sus posibles usos. «Con esto y agua de mar se prepara una pasta». «Ayuda a aliviar el dolor».

Los ancianos fueron muy pacientes con mi curiosidad y se mostraron amablemente divertidos ante mis formulaciones de enfermedad basadas en el modelo médico occidental cuando les pregunté cómo trataban la depresión, las alteraciones del sueño, el abuso de sustancias o el trauma. Se esforzaron en ayudarme a entender que todos esos problemas eran, en esencia, la misma cosa. Todos los problemas estaban interconectados. En la psiquiatría occidental nos gusta separarlos, pero entonces nos perdemos la verdadera esencia del problema. Perseguimos los síntomas, no curamos a las personas.

Para mis anfitriones maoríes, el dolor, el distrés y la disfunción eran el resultado de alguna forma de fragmentación, de desconexión, de asincronía. Hablamos largamente acerca de estas cuestiones. El pueblo maorí, como todos los pueblos colonizados del mundo, se ha visto muy afectado por el trauma histórico. Las consecuencias de la colonización, el genocidio cultural y el racismo han sido devastadoras. Los índices de desempleo, pobreza, alcoholismo, violencia doméstica, problemas de salud mental y de salud física son mucho más elevados entre la población maorí que entre la población general neozelandesa (blanca en un 85%). Una hiperrepresentación similar de personas indígenas y de color en los sistemas de educación especial, de salud mental, de justicia juvenil y de justicia penal se ve también en Australia con los pueblos aborígenes y con los isleños del estrecho de Torres; en Canadá, con los pueblos originarios, y en Estados Unidos, con las poblaciones afrodescendientes, latinas y nativas americanas. El concepto maorí de enfermedad explica estas diferencias mucho mejor que mi modelo médico. La colonización fragmenta deliberadamente las familias, la cohesión de la comunidad y las culturas, y esa desconexión es el epicentro del trauma.

Uno de los elementos fundamentales de las prácticas curativas tradicionales era algo a lo que los maoríes llamaban whanaungatanga. *La palabra alude a las relaciones recíprocas al parentesco y al sentido de conexión familiar. La conexión y la pertenencia surgen a partir de las experiencias y de los retos compartidos. Muchas de las prácticas y de los rituales curativos incluyen la* reconexión, *la articulación explícita de los orígenes de la conexión. Se trata de compartir experiencias como una cacería o una incursión, y luego reconectarse simbólica y literalmente con la familia, con la comunidad y con el mundo natural.*

Los ancianos dejaron claro en todo momento que no rechazaban los avances en genética, inmunología o fisiología y que colaboraban estrechamente con los médicos de formación occidental que atendían a su comunidad. Sin embargo, sentían que una visión de la salud que desmenuzaba la complejidad de una persona en sus componentes —tratados por el médico de los huesos, el médico de la vista, el médico del cerebro, etc.— obviaba los elementos básicos de la salud. Si no se abordaba la conexión (whanaungatanga), *la efectividad potencial de la medicina occidental perdía fuerza.*

Mi visita llegaba a su fin y me acerqué a una anciana que estaba sobre un acantilado que daba al océano. El viento soplaba desde el agua y las olas rompían contra las rocas. El efecto era muy ruidoso, abrumador y rítmico. Le agradecí que hubiera pasado tanto tiempo conmigo. Se dio la vuelta y sonrió. Me puso la mano sobre el corazón y dijo: «Somos sanadores». *Entonces, lleno de mi ego de médico occidental, pensé que quería decir que ella y yo éramos sanadores. Ahora entiendo que lo que intentaba decirme, de nuevo, era que lo que nos sana es el* nosotros *colectivo de la comunidad. Todos nosotros somos sanadores.*

Cuando volví de Nueva Zelanda, lo hice decidido a entender mejor la salud relacional *de los niños con los que trabajaba.*

Tenía curiosidad por ver si podríamos encontrar pruebas de la correlación entre salud y conexión. El primer paso era reconocer que no había formulado preguntas acerca de algunos de los aspectos más importantes de la vida de los niños. ¿Cómo pasaban su tiempo? ¿Qué hacían durante todo el día? ¿Quiénes eran sus amigos, su gente? ¿Dónde se sentían seguros? ¿Y qué les había pasado para que hubieran acabado en el consultorio de un psiquiatra? Había estado demasiado centrado en lo que les pasaba, en los problemas, síntomas y fracasos escolares que debíamos abordar. Nuestra evaluación estándar medía la naturaleza y la gravedad de sus síntomas. No medíamos la naturaleza y la calidad de sus relaciones. Nuestro enfoque de tratamiento no llegaba al corazón de la curación, al whanaungatanga.

Timothy, un niño de diez años, fue uno de los primeros pacientes con los que hablé tras volver de Nueva Zelanda. Llevábamos unos nueve meses atendiéndolo en nuestra clínica; nos lo había derivado un pediatra local, después de haber tenido varios ataques de ira y un comportamiento agresivo con un compañero de clase. Se le había diagnosticado trastorno por déficit de atención e hiperactividad (TDAH) y trastorno oposicionista desafiante (TOD). La medicación que se le había prescrito para tratar sus trastornos no había mejorado sus síntomas, de ahí la derivación a nuestra clínica.

Cuando revisé su historial, vi muchos indicios que explicaban sus problemas actuales. Cuando tenía tres años, la pareja de su madre lo empezó a maltratar físicamente. Convivieron con esta violencia y este maltrato durante unos tres años, hasta que su madre dejó al maltratador, momento en el que se sumieron de inmediato en la pobreza. Su madre luchó por encontrar un trabajo decente. Durante los tres años siguientes, se mudaron a tres ciudades distintas, es decir, tres nuevas escuelas, tres nuevos barrios y tres nuevas comunidades de vecinos para Timothy. Por fin, después de mudarse a Texas, su madre consiguió un trabajo estable. Poco a poco, comenzaron a recuperar cierta estabilidad económica y social. Sin embargo, sus experiencias les habían pasado factura a ambos.

La madre estaba exhausta, deprimida pero funcionando, a duras penas. Timothy presentaba los síntomas clásicos asociados al trauma: hipervigilancia mal diagnosticada como TDAH, alteraciones del sueño, y agotamiento por la privación de sueño y por su respuesta de estrés constante e hiperactiva. A todo eso, había que sumar la inmadurez social. A pesar de que tenía diez años, Timothy había crecido con muy pocas oportunidades para la práctica social. La combinación de ser siempre el niño nuevo y de su ineficiencia en el aprendizaje derivada del trauma desembocó en un retraso significativo en su desarrollo socioemocional. Era como un niño de cinco años en un mundo social de niños de diez años. O no le hacían caso o se burlaban de él. Lo excluían. Cuando se sentía más regulado era cuando estaba solo o con su madre. Quería encajar con la gente, pero carecía de las habilidades para ello. Cuando se mudaron a Texas, se hizo amigo de un niño de seis años de su bloque, pero a los padres del niño les incomodaba la diferencia de edad y desalentaron, y acabaron prohibiendo, que jugaran demasiado tiempo juntos.

En la clínica, Timothy y yo nos sentamos en la misma mesa, en paralelo, dibujando y coloreando.

—¿Sabes? Me he dado cuenta de que nunca te he preguntado por tus amigos —aventuré.

Siguió coloreando, sin decir nada. Era casi como si no me hubiera oído, aunque yo sabía que estaba usando una respuesta evitativa.

—¿Quién es tu mejor amigo?

—Mi mejor amigo es Raymond —respondió sin dudar.

—No recuerdo que me hayas hablado de Raymond.

—Es muy simpático. Fuimos a nadar juntos. Y atrapamos algunas ranas. Le gustan las Tortugas Ninja, como a mí.

Aunque normalmente era bastante retraído y parecía triste, Timothy se mostraba ahora animado y entusiasta.

—¿Van en la misma clase?

Se detuvo, parecía estar pensando.

—No lo sé, no lo pregunté.

No entendía qué estaba pasando.

—¿Va a tu escuela?

—No, vive en Kansas.

—Ah, ¿y cada cuánto se ven?

—Nos vimos el verano pasado. Puede que lo vea el próximo verano cuando volvamos de campamento —dijo con nostalgia, regresando a su tristeza habitual.

Yo también me entristecí. Tenía delante a un niño que me acababa de explicar que su mejor amigo era alguien a quien había conocido en un campamento y con quien había jugado durante unos días. Este chico realmente no tenía amigos. Su familia extensa vivía en otra ciudad y en su escuela lo marginaban por su inmadurez y por su impulsividad. Lo veían como un niño raro. Su madre trabajaba mucho y tenía dificultades para cuidar de él sin ayuda. Cuando la veía, siempre parecía triste.

El contraste entre su mundo y el de la comunidad maorí era impresionante. Los maoríes tenían una densidad relacional y una diversidad de desarrollo enormes: bebés, niños, jóvenes adultos y ancianos compartían el mismo espacio, donde se movían, cantaban, hablaban, comían, reían... Imaginé a Timothy corriendo alrededor del marae *junto a otros niños, hablando de vez en cuando con sus tías, tíos y abuelos. O en el campamento otra vez, cazando ranas con su amigo Raymond. Sonreí. Entonces, de forma más realista, lo imaginé buscando un lugar seguro en la cafetería de la escuela para sentarse solo a la hora de comer; volviendo a casa desde la escuela para llegar a un departamento vacío; esperando a que su cariñosa madre llegara agotada a casa; ocupando el tiempo con videojuegos y televisión.*

El trauma había afectado tanto a Timothy como a su madre. Ambos sufrían de pobreza relacional. Carecían de una red terapéutica de relaciones positivas, las relaciones necesarias para la curación. Timothy y su madre necesitaban conexión, necesitaban whanaungatanga.

Durante las semanas siguientes, nos reunimos con Timothy y su madre en varias ocasiones y modificamos nuestro enfoque terapéutico. Primero, empezamos a atender a su madre en la clínica. Por sorprendente que parezca, muy pocas clínicas infantiles atienden también a adultos. Si tenemos en cuenta la frecuencia del trauma transgeneracional e intrafamiliar, este es otro ejemplo potente de la fragmentación destructiva de nuestros sistemas aislados. *Buscamos un mentor para Timothy en su escuela, lo inscribimos a un programa extraescolar con los guardias de su barrio e interrumpimos toda su medicación. Animamos a su madre a que conectara con un grupo para padres y madres solteros de una iglesia local; ella había crecido como presbiteriana, pero en Texas aún no había encontrado una familia de la iglesia. Nos reunimos con varios de los maestros de Timothy como parte de un proyecto pedagógico individual (PPI). Cuando conocieron las causas subyacentes de su conducta, los maestros se mostraron mucho más comprensivos y uno de ellos se interesó especialmente por él. Timothy había sido invisible, y todos los maestros estaban al límite. Pero, ahora, más gente lo veía en la escuela.*

Seis meses después, Timothy había progresado. Ya no tenía problemas de comportamiento en la escuela y había recuperado un año completo de contenido académico. Tenía un nuevo mejor amigo, con quien jugaba todas las semanas. Era activo en clase, en las actividades extraescolares y en su nueva comunidad eclesiástica. Su madre también estaba mejor. El grupo para padres y madres solteros la ayudó mucho y había empezado a formar amistades nuevas. Las dificultades de Timothy le habían roto el corazón, por lo que verlo progresar fue estimulante para ella.

Y el contagio natural de ver a su madre más contenta no hizo más que alimentar los avances del niño. Las relaciones positivas recíprocas y un nuevo sentido de pertinencia ayudaron a curar a esta pequeña familia. Ese fue el principio de mi exploración del poder de la conexión.

Dr. Perry

Oprah: Dijiste que nuestro mundo sufre de pobreza relacional. Vivimos en entornos en los que vemos a menos personas, e incluso cuando las vemos y conversamos con ellas, no nos escuchamos de verdad ni estamos plenamente presentes. Y esta desconexión nos hace más vulnerables.

Dr. Perry: Sí, creo que es así. Aunque vivimos en un país maravilloso, lleno de buenas personas, creo que, colectivamente, somos menos resilientes. Creo que, como pueblo, hemos perdido capacidad para tolerar estresores porque cada vez estamos menos conectados.

Esta pobreza relacional implica una menor capacidad de amortiguación cuando experimentamos estrés. Cada vez estamos más *sensibilizados* a todo lo que nos parece potencialmente amenazador, como alguien con opiniones políticas distintas a las nuestras. Muchas personas son excesivamente reactivas a dificultades relativamente menores. Y cuando somos demasiado sensibles como resultado de un funcionamiento dependiente del estado, pasamos rápidamente a un estilo de pensamiento y de actuación menos racional y más emocional. Perdemos la capacidad de sopesar con calma la opinión del otro, de reflexionar y de intentar ver las cosas desde su punto de vista.

Oprah: Lo veo a diario. Alguien comete un error o sale a la luz algo que dijo hace mucho tiempo y la *cultura de la cancelación* se impone. Nadie quiere escuchar al otro.

Dr. Perry: La ironía es que toda la comunicación humana se caracteriza por momentos de falta de comunicación y de sincronía, pero luego se arreglan las cosas. Tal y como enseña mi buen amigo Ed Tronick, un pionero de la psicología del desarrollo, las rupturas y las reparaciones interpersonales son buenas para desarrollar resiliencia. Estas rupturas son dosis perfectas de estrés moderado y controlable.

Por ejemplo, conversar fomenta la resiliencia; las discusiones y los desencuentros durante las comidas familiares y los debates encendidos con los amigos son —siempre que luego haya reparación— experiencias que aumentan la resiliencia y la empatía. No deberíamos abandonar airados una conversación; deberíamos regularnos. Reparar las rupturas. Volver a conectar y crecer. Cuando nos alejamos, perdemos todos. Todos tenemos que mejorar nuestra capacidad de escucha, de regulación y de reflexión. Esto requiere que seamos capaces de perdonar y de ser pacientes. Las interacciones humanas maduras exigen que hagamos el esfuerzo de comprender a las personas que son distintas a nosotros. Pero si no comemos en familia, si no salimos con amigos para mantener largas conversaciones cara a cara y nos comunicamos solo a través de mensajes de texto o por Twitter, no podemos crear la saludable dinámica positiva de ida y vuelta de la conexión humana.

Oprah: Los momentos agradables y positivos son fantásticos, por supuesto, pero lo que dices es que el verdadero crecimiento surge de los momentos más complicados, de las conversaciones más difíciles. Y debemos afrontar esos momentos con la conciencia de *¿Qué te pasó?*

Dr. Perry: La empatía es la capacidad de ponernos en el lugar del otro, tanto en el sentido emocional —sentir en cierta medida lo que el otro pueda estar sintiendo— como en el cognitivo, es decir, ver la situación desde su perspectiva. Si abordamos una interacción con una actitud empática, se reduce la probabilidad de que tengamos una percepción negativa de lo que sucede. Y es de esperar que eso nos permita conocer mejor al otro, incluso si se trata de alguien a quien ya conocemos. Podemos confiar en que sabremos más de su historia, lo que a su vez nos permitirá estar un poco más regulados en nuestra forma de interactuar con él o ella.

Cuando alguien está siendo maleducado, nuestra respuesta típica es dejar que sus emociones nos contagien: nos desregulamos y reflejamos su comportamiento maleducado. Pero si abordamos la interacción desde una actitud regulada y empática, nuestra respuesta cambia.

Oprah: Y eso lo cambia todo. También dijiste que el cerebro humano no está diseñado para el mundo moderno. Hablemos un poco más de eso.

Dr. Perry: Bueno, los seres humanos somos seres humanos (en esta forma genética) desde hace unos doscientos cincuenta mil años. Y durante el 99.9% de ese tiempo vivimos en tribus de cazadores-recolectores formadas por grupos multifamiliares relativamente pequeños. Por lo tanto, nuestro cerebro está *adaptado* a los atributos y las complejidades sociales de esos grupos pequeños. Durante casi toda nuestra existencia como seres humanos, nuestra *red* social ha sido muy reducida: solo *conocíamos* a entre sesenta y cien personas. Es posible que nos relacionásemos con otros grupos con lazos de parentesco semejantes y con algún elemento cultural común, pero, fundamentalmente, nuestro *mundo* era pequeño y estaba inmerso en la naturaleza. Teníamos más diversidad de desarrollo: los adultos, los jóvenes y los niños compartían los mismos espacios durante todo el día. Había más proximidad física, más contacto físico y más conexión.

Nuestros sentidos evolucionaron para observar los ritmos diarios, los colores, la luz y los sonidos de la naturaleza, además de las señales verbales, y aún más las no verbales, de nuestros grupos sociales, relativamente pequeños, pero complejos: los clanes y las tribus.

Sin embargo, ahora vivimos de un modo muy distinto a como lo hacíamos hace miles de años. Hemos inventado el mundo moderno. Y, cuando este mundo y sus innovaciones nos alejan de nuestras capacidades y preferencias genéticas, tenemos problemas.

Nuestro desafío actual es que el ritmo de la innovación supera la velocidad a la que podemos solucionar problemas. Durante los últimos dos mil años, el índice de cambio en nuestro mundo —en la demografía, la tecnología, el transporte...— se ha disparado. Tal y como dijo el escritor y bioquímico Isaac Asimov: «Lo más triste de la vida actual es que la ciencia acumula conocimiento a mayor velocidad que la sociedad acumula sabiduría».

Parte de la dificultad de dejarnos arrastrar por las innovaciones que nos alejan de la naturaleza y de nuestras preferencias *sociales* es que se estresan los sistemas neuronales involucrados en el monitoreo. Nuestros sistemas de respuesta al estrés se agotan al tener que monitorear constantemente la cacofonía sensorial del mundo moderno: los sonidos de la calle, del tráfico, de los aviones, las radios, los televisores, el zumbido de los refrigeradores, de los ventiladores de las computadoras... La vida en un entorno urbano somete a estos sistemas a una presión aún mayor; cada vez que nos cruzamos con un desconocido en la calle, nuestro cerebro se pregunta: «¿Seguro y familiar?», «¿Amigo o enemigo?», «¿De confianza o no?» una y otra y otra vez. Escaneamos los atributos de cada persona y los comparamos con nuestro *catálogo interno* de *seguro y familiar*. Esta vigilancia constante del entorno social puede consumir una parte importante de nuestro ancho de banda.

Al mismo tiempo, nos rebelamos contra la naturaleza. Usamos luz artificial para mantenernos despiertos por la noche. Comemos productos extremadamente procesados, muy distintos a los alimentos para cuya digestión evolucionó nuestro cuerpo. Todo esto estresa a nuestro cuerpo y, sobre todo, al cerebro.

Y el estrés se agrava muchísimo si, además de todo eso, también nos tenemos que preocupar por la vivienda, la comida o el empleo. La imprevisibilidad y las inseguridades de la pobreza agotan el ancho de banda de los sistemas de respuesta al estrés de tal modo que resulta extraordinariamente difícil aprovechar las *oportunidades* que se puedan presentar para escapar de la pobreza.

Oprah: Ya hemos hablado de que la pobreza puede provocar traumas. Pero, tal y como estás señalando, la pobreza económica no es lo único que debe preocuparnos. Hay una epidemia de soledad y de aislamiento.

Dr. Perry: Sí, y la pobreza de las relaciones en la sociedad moderna me preocupa mucho. En nuestro trabajo, hemos visto que el mejor predictor de la salud mental actual es la *salud relacional* actual, o la conexión. Esta conexión depende de dos cosas: de las capacidades básicas que hayamos desarrollado para establecer y mantener relaciones y de las *oportunidades* relacionales que tengamos en la familia, el barrio, la escuela, etc.

En pocas palabras, la vida moderna proporciona menos oportunidades para las interacciones relacionales. En un entorno multifamiliar y multigeneracional, las interacciones sociales continuas son una rica fuente de regulación, recompensa y aprendizaje. Antes vivíamos así. En 1790, en el 63% de los hogares estadounidenses vivían cinco o más personas; solo en el 10% vivían dos personas o menos. En la actualidad, las cifras prácticamente se han invertido: en 2006, solo el 8% de los hogares contaba con cinco o más personas; el 60% tenía dos o menos. En un estudio reciente de comunidades urbanas seleccionadas en Estados Unidos, Europa y Japón, hasta el 60% de todos los hogares eran unipersonales.

A esto debemos añadir el efecto del tiempo que pasamos frente a las pantallas. En casa, en el trabajo, en la escuela…, pasamos horas y horas delante de una pantalla: un promedio de más de once horas diarias. Cada vez comemos menos en familia; nuestras habilidades conversacionales están desapareciendo. El arte de narrar historias y la capacidad de escuchar están en decadencia. El resultado es una población más ensimismada, más ansiosa, más deprimida y menos resiliente.

Oprah: ¿Crees que todo esto se traduce en menos empatía?

Dr. Perry: Bueno, la capacidad de demostrar empatía es una función de redes neuronales clave en el cerebro, y estas redes se organizan en función del uso. En otras palabras, de la misma manera que para hablar con fluidez necesitamos exponernos a muchas conversaciones y estímulos verbales, la *fluidez empática* requiere una repetición suficiente de interacciones relacionales afectuosas. Y nuestro mundo moderno no ofrece esas oportunidades a nuestros niños.

En situaciones extremas, si un bebé no recibe unos cuidados constantes, seguros, estables y afectuosos, no desarrollará la capacidad vital de establecer y mantener relaciones saludables. Y, en función de una serie de distintas experiencias de desarrollo, podrá desarrollar diferentes problemas con la intimidad, las habilidades sociales o la conducta interpersonal.

Oprah: Sé que has trabajado con personas que no han desarrollado la capacidad de empatizar.

Dr. Perry: Sí, recuerdo una vez que fui a una cárcel a entrevistar a una mujer que había asesinado a una joven madre para arrebatarle a su bebé y criarlo como si fuera suyo. Cuando leí su historial y hablé con ella, su desconexión se hizo dolorosamente evidente.

Sin embargo, cuando sabes *lo que le pasó*, lo entiendes. La habían abandonado a los seis días de nacer. Luego pasó unos meses en un centro de acogida —donde tuvo varios cuidadores— antes de entrar en el sistema de hogares de acogida. Es decir, desde su nacimiento, no había experimentado ningún tipo de permanencia relacional. No pertenecía a nadie, no pertenecía a ningún lugar. A los dieciséis años, había vivido ya en siete estados, doce ciudades y veintiséis direcciones distintas. Nunca fue a la misma escuela durante dos cursos seguidos. El periodo más largo en el que vivió en el mismo lugar fue de ocho meses. Carecía de conexiones con la familia, con la comunidad o con los lugares.

Esta mujer no tenía remordimientos ni expresaba ningún sentimiento real por la madre a la que había asesinado o el bebé que robó. Mientras hablábamos, transmitía vacío y frialdad. Carecía de empatía. Sin embargo, y tal y como hemos explicado en el capítulo 3, no podemos dar lo que no se nos ha dado. Si nadie te ha hablado nunca, no puedes hablar; si nunca te ha amado nadie, no puedes amar.

Oprah: Pero, aparte de casos extremos como este, dijiste que nuestra capacidad colectiva para la empatía, para sentir el dolor del otro, ha cambiado.

Dr. Perry: Sí, exacto. Hablo de una empatía subdesarrollada o inmadura. Si los niños pequeños oyen pocas palabras, aprenderán a hablar, pero lo harán con menos fluidez. Lo mismo sucede cuando los niños tienen pocas interacciones relacionales: desarrollarán habilidades sociales, pero serán menos maduros, más egocéntricos y estarán más ensimismados. Esa es la conclusión a la que han llegado ya varios estudios. Ha habido un cambio significativo en las medidas de empatía: el adulto en edad universitaria típico es un 30% *menos empático* y más ensimismado que hace veinte años. Un estudio documentó un aumento del 40% en la psicopatología entre los alumnos universitarios estadounidenses durante los últimos treinta años; los autores sugieren que esto está relacionado con los «cambios culturales hacia objetivos extrínsecos, como el materialismo y el estatus social, y el alejamiento de los objetivos intrínsecos, como la comunidad, el sentido de la vida y la filiación». Esto no significa que los jóvenes de hoy sean malos o peores que antes, pero es un claro ejemplo de cómo nos moldean nuestras experiencias vitales; lo que nos pasa es importante, y todos somos, en mayor o menor medida, un reflejo de los atributos relacionales de nuestra familia, comunidad y cultura.

Muchas veces, cuando pienso en los cambios que han experimentado nuestra estructura familiar y nuestra cultura, me viene a la cabeza la película *Avalon*, de Barry Levinson. La escena inicial muestra una gran reunión familiar multigeneracional el Día de Acción de Gracias. El departamento es relativamente pequeño, pero todas las generaciones están allí en un caos bullicioso y lleno de afecto. El final de la película nos transporta a un Día de Acción de Gracias posterior, en el que vemos a una familia nuclear —antaño parte de la gran familia— que *tuvo éxito* y se trasladó a una zona residencial; sus miembros están sentados en paralelo, sin hablar y comiendo comida congelada en bandejas individuales frente a la televisión.

El tejido social transgeneracional de nuestra sociedad se está deshilachando. Nos estamos desconectando. Creo que eso nos hace más vulnerables a la adversidad y que es un factor significativo en el aumento de la ansiedad, de los suicidios y de la depresión que vemos en la actualidad, incluso antes de la pandemia por COVID-19.

Oprah: Crees que está relacionado con la desconexión.

Dr. Perry: Sí. La desconexión y la soledad en nuestra sociedad desempeñan un papel importante en el aumento de la ansiedad, las alteraciones del sueño, el abuso de sustancias y la depresión que estamos presenciando.

Un estudio reciente de un equipo de investigación de Harvard concluyó que, de todos los factores que intervienen en la depresión, los más potentes estaban relacionados con la conexión: «Los efectos protectores de la conexión social estaban presentes incluso en personas que corrían un riesgo mayor de desarrollar depresión debido a una vulnerabilidad genética o a traumas en edades tempranas». Nuestro trabajo corrobora esa observación, sin duda. Una de nuestras conclusiones principales fue que, cuando se evalúa la salud mental actual de alguien, la historia de la salud relacional durante su infancia —su conexión— es tan importante, si no lo es más, como su historia de adversidad. Y para los niños y los jóvenes que sufren experiencias traumáticas, el mejor predictor de su salud mental actual es su nivel actual de conexión.

Recordemos a los ancianos maoríes y su creencia de que el trauma, la ansiedad, la depresión y el abuso de sustancias son *la misma cosa*, y todo está relacionado con nuestra conexión, con nuestro sentido de pertenencia.

Oprah: Sí, estoy de acuerdo. Antes mencioné que una de las cosas más profundas de las que me di cuenta tras haber escuchado a miles de personas compartir sus historias personales es que todo el dolor es el mismo; tan solo elegimos distintas formas de expresarlo. Y, más allá de eso, creo que todos estamos aquí para aprender del dolor de los demás. Por lo tanto, la pérdida de comunidad y el aislamiento social que sentimos todos es fuente de un gran dolor colectivo.

Dr. Perry: La desconexión es una enfermedad. Creo que los ancianos maoríes tienen razón, y que hay cierta correlación entre el aumento del índice de suicidios y el desgaste cada vez mayor de nuestro tejido social.

Ahora criamos a nuestros niños y jóvenes en entornos relacionalmente empobrecidos y sobrecargados sensorialmente debido a la proliferación de tecnologías basadas en pantallas.

Oprah: Todos estamos demasiado apegados a los celulares. Nadie establece contacto visual.

Dr. Perry: Cierto. Hay más mensajes de texto, tuits y publicaciones en redes sociales, pero menos conversaciones reales.

Creo que no tenemos suficientes momentos de conversación tranquila para escuchar a un amigo sin distracciones. Ese tipo de interacción lleva a conexiones humanas de una calidad muy distinta. Son más profundas. Creo que es lo que todos anhelamos, y muchos de nosotros recurrimos a las redes sociales para encontrarlo, pero, en última instancia, esas interacciones no satisfacen nuestro anhelo.

Al mismo tiempo, los índices de suicidio, ansiedad y depresión juveniles no hacen más que aumentar. Nuestra cultura es muy *avanzada*, y somos muy ricos, muy creativos y muy productivos, pero las disparidades y desigualdades en todos nuestros sistemas siguen marginando, fragmentando y socavando la cohesión comunitaria y social.

Es posible que tengamos un sistema de educación pública bastante bueno y que contemos con una tecnología asombrosa, pero seguimos sin satisfacer las necesidades relacionales básicas, ni las de los niños ni las nuestras. Son muchas las personas que se sienten vacías y que buscan la conexión, a veces de maneras muy poco saludables.

Oprah: Y eso sucede en todos los niveles socioeconómicos. Ser rico no protege a nadie de la ansiedad o de la depresión.

Dr. Perry: Aunque eso es cierto, estar en el escalafón más bajo de cualquier diferencial de poder hace que la vida sea mucho más complicada. Si no perteneces al grupo de los populares, la marginación puede intensificar el sentimiento de no pertenencia.

Tal y como ya comentamos, el cerebro escanea continuamente el entorno social en busca de señales que nos digan si pertenecemos al grupo o no. Cuando alguien recibe señales —muchas de ellas inconscientes— que indican que sí, que encaja, que pertenece al grupo, sus sistemas de respuesta al estrés se calman y le dicen que está a salvo. Se regulan y se sienten recompensados. Sin embargo, cuando las señales le indican que no pertenece al grupo, que no encaja, sus sistemas de respuesta al estrés se activan. Y las señales de *no encajas* son nuestra respuesta por defecto a cualquiera que no conozcamos, sobre todo si no tiene los atributos de nuestro grupo familiar. Vemos a esa persona como una amenaza potencial.

Oprah: Lo vemos como *el otro*.

Dr. Perry: Sí. Ahora, piensa lo que eso significa en nuestro mundo moderno. Como ya dijimos, si vives en un área urbana, es probable que veas a cientos de personas *nuevas* cada día, y tu cerebro tiene que examinar constantemente a esos cientos de personas. «¿Amigo o enemigo?» «¿Me ayudará o me atacará?». Es agotador. Consume ancho de banda emocional. Es habitual que las personas que viven en entornos urbanos aprendan a ignorar por completo a los demás y desconectarse emocionalmente de ellos. Es posible que pasen junto a nosotros y ni siquiera den muestras de habernos visto. Esta interacción hace que nos sintamos invisibles, pero es posible que, para ellas, sea una forma de protegerse.

Muchos hemos tenido la experiencia de quedar *agotados* después de un día de viaje, incluso si no hemos hecho más que esperar en algunas filas y estar sentados en un avión. Esto sucede porque nuestro cerebro estaba examinando sin cesar miles de nuevos estímulos. Recuerda: activar nuestros sistemas de respuesta al estrés durante periodos de tiempo prolongados es física y emocionalmente agotador, incluso si la activación es moderada.

Por lo tanto, parte de ese aumento de la ansiedad en nuestro mundo moderno se debe al constante bombardeo de novedades y a la ausencia de una conexión relacional que lo contrarreste.

Oprah: Entonces, a medida que nuestro mundo se expande y nos encontramos cada vez con más personas, el cerebro se ve sobrepasado.

Dr. Perry: Sí, y como resultado empieza a usar atajos para gestionar a todas esas nuevas personas. Nuestro cerebro solo puede gestionar un número limitado de relaciones plenamente recíprocas. Curiosamente, al margen de lo que comentábamos, este número es de entre ochenta y cien personas, el tamaño de un grupo grande de cazadores-recolectores.

Oprah: Se necesita mucha energía y tiempo para conocer a alguien nuevo, y nuestro cerebro tiene un espacio limitado. Quizá eso explique por qué las mudanzas son tan complicadas.

Dr. Perry: Claro. Cuando llegas a una comunidad nueva, al haberte alejado de lo que te resulta familiar, tu cerebro va a estar constantemente intentando gestionar toda esa novedad. Y eso es muy complicado cuando se carece de anclajes relacionales reales en el entorno nuevo. Las relaciones irán surgiendo, pero lleva su tiempo. Por eso somos más vulnerables en los seis primeros meses después de un cambio importante, después de haber dejado atrás lo seguro, lo estable y lo conocido para comenzar a construir un nuevo conjunto de conexiones.

Piensa en las chicas de tu escuela. Son jóvenes increíbles, pero se les alejó de su contexto social y se les introdujo en un entorno completamente nuevo para ellas. La vulnerabilidad seguirá ahí hasta que puedan reconstruir la conexión.

Oprah: Por eso intento encontrarles familias de acogida, para que siempre tengan un lugar adonde ir. Un lugar seguro.

Dr. Perry: Eso es muy inteligente, porque la conexión es lo que nos ayuda a gestionar las transiciones y a regularnos ante un bombardeo incesante de novedades.

Oprah: Entonces, ¿qué hace la gente si no puede recurrir a una comunidad? Recurrir a los dispositivos electrónicos. Objetivamente, eso no tiene nada de malo, pero, al final, lo que hay es una conexión superficial.

Dr. Perry: En ocasiones, veo un intento casi frenético de sentirse conectado mediante la obtención de más *amigos*, *seguidores* o *me gusta*. El deseo de pertenencia, de tener un clan, es potentísimo, pero, como dices, las conexiones que se establecen en las redes sociales son, con frecuencia, superficiales.

Oprah: Claro, porque los *amigos* o los *seguidores* no están contigo cuando estás enfermo, cuando te divorcias o cuando te sientes solo. No se sientan a la mesa con sus vecinos, ni siquiera, en muchos casos, con sus familias.

Pienso de nuevo en lo que dijiste acerca de que la desconexión es una enfermedad. ¿Podría clasificarse el aislamiento como una nueva forma de trauma?

Dr. Perry: Creo que, en algunas situaciones, el aislamiento y la soledad pueden sensibilizar los sistemas de respuesta al estrés. Por lo tanto, en ese sentido, sí, pueden ser traumáticos. Por ejemplo, poner a alguien en régimen de aislamiento. El momento en que se produce el aislamiento también es relevante. Recuerda a la mujer a la que entrevisté en la cárcel y que fue abandonada cuando era una recién nacida.

Creo que sería razonable considerar la pobreza relacional —la falta de conexión— como una adversidad. La pobreza relacional puede interferir con el desarrollo normal, influir en cómo funciona el cerebro y aumentar el riesgo de sufrir problemas de salud física y mental. No es buena de ninguna manera.

Oprah: Sobre todo para los niños.

Dr. Perry: Sí. Todos queremos formar parte de un grupo y, sin embargo, se margina, excluye o incluso acosa a muchos niños. Puede ser devastador. La exclusión puede tener efectos profundos y duraderos.

En muchos aspectos, uno de los resultados de la pobreza relacional de nuestra sociedad es una forma de inanición social y emocional. En este sentido, nuestros niños se mueren de hambre.

Oprah: Creo que a la mayoría de las personas les costará entender este concepto, porque, a primera vista, da la impresión de que los niños de nuestra cultura lo tienen todo. ¿Qué quieres decir con que se mueren de hambre?

Dr. Perry: Me refiero a que hay distintos tipos de alimento. Una de las cosas de las que no somos conscientes en las sociedades occidentales es de lo potente e importante que es el contacto físico para nuestro desarrollo físico y emocional.

Oprah: Interesante.

Dr. Perry: El contacto es tan esencial para un desarrollo físico y emocional saludable como las calorías y las vitaminas. Si no cargamos en brazos a los bebés, si no los acunamos, si no experimentan la amorosa calidez del contacto con un cuidador, no crecen. De hecho, pueden morir.

Oprah: ¿Morir en el sentido literal?

Dr. Perry: Sí, en el sentido literal. Y muchas personas en nuestra sociedad, incluidos niños y jóvenes, están hambrientas de contacto. Aún no comprendemos bien qué es el contacto físico saludable. De hecho, tenemos escuelas donde se enseña a niños muy pequeños, cuyo impulso es correr para abrazar a un compañero de clase o a la maestra, que eso no se hace. Al mismo tiempo, las maestras y otros cuidadores tienen prohibido tocar a los niños. Pero para un niño de tres o cuatro años es, simplemente, perjudicial pasar ocho horas seguidas sin tocar o abrazar a otra persona o jugar a pelearse con ella.

Oprah: Esta es una de las cosas que más me perturbaron cuando oí que se había separado a niños de sus padres en la frontera entre México y Estados Unidos. Colleen Kraft, la exdirectora de la Academia Americana de Pediatría, dijo que lo que la impresionó fue que los cuidadores tenían prohibido tocar a los niños pequeños. Los bebés gritaban y lloraban y los cuidadores tenían orden de no tocarlos. Así que les daban juguetes y más juguetes y más juguetes. Tiene que haber una manera de permitir un contacto saludable al tiempo que se protege a los niños del contacto no deseado.

Dr. Perry: Este es un ejemplo clásico de una recomendación política bienintencionada, pero totalmente desconocedora de las necesidades de desarrollo de los niños. La intención es ayudar a los niños reduciendo al mínimo la probabilidad de un contacto no adecuado o de maltrato, y, al mismo tiempo, proteger al personal de acusaciones falsas. Sin embargo, en lugar de reflexionar y de encontrar opciones razonables para garantizar un contacto saludable en un entorno controlado, se aplicaron normas absolutas de *contacto cero*.

Es un tema habitual en nuestra cultura: somos reactivos, damos prioridad a soluciones cómodas y cortoplacistas, somos reacios al riesgo y usamos objetos materiales en lugar de relaciones como recompensa. «Toma, aquí tienes un juguete». «Pórtate bien y te regalaré algo». Dar juguetes en lugar de ofrecer un contacto calmante es una práctica absolutamente errónea. Es el resultado de una política totalmente ignorante del desarrollo infantil y desinformada sobre el trauma, y otro ejemplo de la necesidad de cambiar nuestros sistemas.

Oprah: Cuando me enteré, me puse a llorar. Tenemos que hacerlo mejor. Sabemos hacerlo mejor. Sabemos que el contacto humano es saludable. Sabemos que pasar demasiado tiempo frente a una pantalla no puede sustituir a un amigo, maestro, entrenador o progenitor.

Dr. Perry: Como dije antes, la velocidad a la que inventamos nuestro mundo supera nuestra capacidad para entender el efecto de las innovaciones. La televisión, los videojuegos, los celulares, las computadoras..., todos son relativamente nuevos. Y aún desconocemos el efecto total de estos dispositivos en el cerebro en desarrollo, en la forma en que los niños pensarán y procesarán la experiencia. Sin embargo, ahora ya empezamos a entender el efecto perturbador que pasar once horas diarias frente a una pantalla puede tener en nuestro desarrollo social. Todos hemos visto el efecto perturbador que tienen los mensajes de texto o las llamadas durante las comidas familiares o las conversaciones con amigos. Y el efecto distractor de navegar por internet durante una clase o una reunión de trabajo.

Oprah: Te he oído hablar de *tecnohigiene*. Me encanta. ¿Podrías explicar qué significa?

Dr. Perry: Básicamente, significa que creo que tenemos que desarrollar *normas* sociales acerca de cuándo y cómo usar las nuevas tecnologías. Siempre hemos inventado normas nuevas a medida que hemos inventado nuevas tecnologías.

Pensemos en las normas de higiene actuales, por ejemplo. El descubrimiento de la relación entre la enfermedad, las bacterias y las aguas residuales fue uno de los avances más importantes en la historia de la medicina. Aunque ahora nos resulte inconcebible, los cirujanos no solían lavarse las manos antes de las intervenciones quirúrgicas; la gente evacuaba donde le parecía y las comunidades vertían las aguas residuales en fuentes de agua potable. Sin embargo, a medida que supimos más acerca de las bacterias, las infecciones y las enfermedades, vimos que teníamos que hacer mejor las cosas. Se desarrollaron múltiples protocolos de higiene. Enseñamos a los niños a que hagan sus necesidades en el inodoro. Nos lavamos las manos después de evacuar. Mantenemos las aguas residuales alejadas del agua potable.

Creo que necesitamos *normas* universales como estas que regulen el uso estándar de la tecnología. Zonas y horarios sin celulares, *dosificación* y frecuencias adecuadas de tiempo frente a las pantallas, etc. Por ejemplo, sabemos que pasar tiempo de modo ininterrumpido frente a las pantallas es perjudicial para el desarrollo saludable de las habilidades del lenguaje, la atención o la concentración en niños pequeños, por lo que la Academia Americana de Pediatría ha emitido recomendaciones acerca de la edad y los límites de tiempo. A medida que sepamos más, podremos desarrollar y modificar algunas de estas recomendaciones de *higiene*.

Oprah: ¿Es cierto que los niños menores de dos o tres años ni siquiera deberían ver ninguna pantalla porque es perjudicial para el desarrollo del cerebro?

Dr. Perry: Probablemente no sea lo mejor para ellos.

Oprah: ¿Por qué?

Dr. Perry: Porque la manera en que está organizado nuestro cerebro hace que tengamos un sesgo visual; aunque tenemos varios sentidos, la visión tiende a ser la dominante. Las imágenes pueden evocar respuestas potentes porque nuestro cerebro prefiere el contenido visual colorido y en movimiento. Si combinamos las dos cosas en una pantalla, capturamos la atención del espectador.

Y eso no es necesariamente negativo..., hasta que se convierte en algo tan agradable y atractivo para el cerebro que empezamos a preferirlo a cualquier otra información sensorial menos estimulante y animada. Un bebé o un niño pequeño atrapados en una pantalla se están perdiendo otras formas fundamentales de aprendizaje sobre el mundo. Deberían explorar cómo se sienten las cosas, cómo huelen, cómo saben. Deberían dar sentido a su mundo usando todas sus herramientas sensoriales.

Como sabes, los bebés y los niños pequeños se lo meten todo en la boca. Intentan ver a qué sabe una flor morada. Están dando sentido al mundo. Pero si pasan las tres cuartas partes del día viendo una pantalla, sin tocar, sin sentir, sin moverse o sin interactuar con otros seres humanos, estarán desarrollando a un nivel inferior partes clave del cerebro que en esa etapa se están organizando rápidamente.

La mejor manera de enseñar a hablar a un bebé no es ponerlo frente a una pantalla, sino hablar con él. Cuando se estudia cómo los niños adquieren el lenguaje, se ve que la fluidez se asocia a la cantidad de palabras que se intercambian de una manera interactiva, conversacional. No por la cantidad de palabras oídas en un dispositivo.

Oprah: Y queremos que los niños establezcan conexiones en la vida real con otros niños y adultos. Como dijiste antes, los sistemas de empatía en el cerebro se desarrollan cuando hay múltiples oportunidades para la estimulación.

Dr. Perry: Por lo tanto, idealmente, si un niño crece en un hogar relacionalmente *rico*, con muchas oportunidades para experimentar interacciones seguras, estables y enriquecedoras, estará desarrollando su capacidad para conectar y su resiliencia. Esta es la idea central de todas las prácticas tradicionales de curación y crianza que aprendí de los ancianos indígenas.

Su comprensión de la primacía de la conexión humana refleja una sabiduría que hemos perdido en el mundo actual. Resulta irónico que las culturas que el mundo moderno ha marginado sean, precisamente, las que cuentan con la sabiduría que necesitamos para curar los males modernos.

CAPÍTULO 10

QUÉ NECESITAMOS AHORA

Hace años, interpreté al personaje de Sethe en la versión cinematográfica de Beloved, *la desgarradora novela de Toni Morrison.*

Sethe era una antigua esclava, atormentada por la terrible muerte de su hija, Beloved. En la película, Beloved vuelve a Sethe reencarnada en una niña discapacitada que Sethe acoge en su casa. Durante el resto de su vida, Sethe se sacrifica por Beloved a medida que su relación se vuelve cada vez más invalidante y complicada.

Un día estábamos rodando una escena en la que Sethe debía arropar a Beloved en la cama. La única instrucción que recibí del director, Jonathan Demme, fue:

—Ahora, arrópala.

Así que me acerqué a la cama y metí cuidadosamente las cuatro esquinas de la cobija bajo el colchón.

—¡Corten! —gritó Jonathan desde detrás de la cámara—. Oprah, no la estás arropando.

Así que repetí el proceso aún con más cuidado y metí las cuatro esquinas de la cobija bajo el colchón.

—¡Corten! —Jonathan se acercó hacia mí—. ¿Qué estás haciendo?

—Arropándola —respondí. Sentí cómo el miedo y el bochorno crecían dentro de mí, pero no entendía por qué.

—Estás haciendo la cama —me dijo—. No estás arropando a tu hija en la cama.

En ese momento entendí lo que pasaba. Lo entendí muy bien. Miré fijamente a Jonathan.

—No sé qué quieres decir exactamente con arropar *—dije en voz baja—. No sé cómo se hace.*

Al fin, ambos entendimos lo que sucedía. Jonathan me enseñó con ternura cómo plegar con cariño la cobija alrededor de mi hija. Mientras rodeábamos juntos la cama, sentí que me inundaba una oleada de dolor.

No recuerdo que nadie me haya arropado nunca.

¿QUÉ TE PASÓ?

Nunca he sabido lo que se siente cuando alguien te cubre con una cobija con esa intención tan afectuosa.

El amor de madre debe de ser eso.

Años después, estaba en la cocina con mi amiga Urania y con su hija pequeña, Kylee, cuando Urania le preguntó a Kylee si quería comer algo. La niña dijo que sí.

Urania fue al refrigerador y sacó unas fresas. Las lavó y empezó a hacerles cortes con un cuchillo. Era evidente que lo había hecho muchas veces. A medida que el cuchillo avanzaba alrededor de la fresa, empezó a surgir la forma de una delicada rosa. «¡Una rosa de fresa!», exclamé asombrada. Urania depositó las bellísimas fresas en un plato y se las dio a su hija. Al verlo, se me llenaron los ojos de lágrimas. La ternura con la que lo hizo me rompió el alma.

Y de nuevo me dije: «El amor de madre debe de ser eso».

Mi madre y yo tuvimos una relación complicada. Como ya mencioné, pasé mi primera infancia (mis primeros seis años de vida) con mi abuela. No tengo ningún recuerdo de mi madre de esa época.

Cuando mi abuela enfermó, me trasladaron de un día para otro a Milwaukee para vivir con mi madre. No fue un reencuentro maternofilial. Sentí que no era bienvenida.

La noche que llegué a Milwaukee, la señora Miller, la mujer que le alquilaba una recámara a mi madre, me echó un vistazo y dijo: «Tendrá que dormir en el porche». La señora Miller era de piel clara. Casi podía pasar por blanca, así que no tenía la menor intención de dejar que «esa cría negra» se quedara en su casa.

Mi madre dijo: «Está bien».

Hasta entonces, siempre había dormido en la cama de mi abuela. En el porche cerrado, se oía el ruido de la calle. Cuando vi a mi madre cerrar la puerta de casa para acostarse en la cama donde yo había pensado que también dormiría, me atenazó una aterradora sensación de soledad que me hizo llorar. Imaginé que un ladrón entraría en el porche y me secuestraría o que alguien rompería la ventana y me estrangularía. Esa primera noche, me puse de rodillas y le pedí a Dios que enviara ángeles para protegerme.

Cuando me desperté en la mañana, el terror había desaparecido, pero la sensación de inseguridad mientras dormía persistió durante gran parte de mi vida. Mi alma había aprendido algo. A los seis años, sentí que estaba sola y que Dios era el único que me cuidaría.

Mi dolor y la resolución que lo siguió se convirtieron en un ciclo que se repitió en múltiples ocasiones. Creo que ese ciclo ha sido, de manera muy profunda, el hilo conductor de mi vida. Las dificultades a las que me enfrenté de niña me permitieron reconocer el dolor de los demás y preocuparme por él. Veo en los demás un anhelo de validación tan intenso como el que yo sentía de niña. Miles de personas han tenido el valor de compartir sus historias conmigo porque su historia era la mía. Su dolor era el mío. Porque todo el dolor es el mismo.

Oprah

Oprah: Hay muchas historias maravillosas de personas que explican que han podido *romper el ciclo* de maltrato o de trauma en su familia. ¿Es posible evitar por completo la transmisión de los efectos negativos o tóxicos de esa experiencia a la siguiente generación?

Dr. Perry: Primero, creo que es importante aclarar que la mayoría de las víctimas de maltrato no se convierten en maltratadores. Por otro lado, cada vez está más claro que prácticamente todas las personas que han sufrido maltrato se han adaptado de maneras que afectan a cómo se relacionan con los demás. No tiene por qué ser una *patología*, pero puede influir en la forma de establecer y mantener las relaciones.

Esto nos devuelve a la conversación anterior, cuando hemos hablado de por qué hay personas que parecen buscar relaciones de maltrato. Nuestro cerebro, nuestra mente, nos arrastra hacia patrones familiares, incluso cuando estos patrones son negativos. Acabamos repitiendo patrones inadecuados y, con frecuencia, ni siquiera nos damos cuenta de ello. Muchas veces, la gente que nos rodea lo ve con más claridad que nosotros.

Oprah: Sí. Y a menudo no puedes cambiar realmente las cosas hasta que no las ves por ti mismo. Supe desde muy pequeña que si quería conseguir algo en la vida, lo tendría que conseguir sola. No había andamiaje, como lo llamas tú, para mí. Sin embargo, a lo largo de los años, hubo algunos maestros y profesores muy especiales que invirtieron tiempo en cultivar el potencial que veían en mí. Y a eso es a lo que te refieres. Realmente puede bastar con que unas cuantas personas te vean desde un prisma distinto y se tomen un tiempo para ayudarte. Mis maestros no tenían una educación informada sobre el trauma. Ahora que hay personas que sí la tienen y que tu innovador trabajo está teniendo un efecto dominó en el mundo, ¿albergas la esperanza de que más personas puedan curar sus heridas?

Dr. Perry: Tengo más esperanza que hace veinte años. He pasado la mayor parte de mi carrera intentando comprender y ayudar mejor a niños, jóvenes y adultos que han sufrido algún trauma. Para nosotros, se produjo un gran avance cuando por fin pudimos convertir parte de la compleja neurociencia en modelos útiles para el trabajo clínico.

El modelo neurosecuencial nos permite crear una versión de cómo parece que se ha organizado el cerebro de una persona; es como una inspección de vivienda. Al preguntar por la *historia* de la construcción de la casa —el *¿qué te pasó?*—, podemos identificar los problemas más probables. ¿Qué podemos esperar que suceda si no dejamos que fragüe el cemento de los cimientos? ¿O si no instalamos correctamente las tuberías del segundo piso?

Una vez que conocemos el origen del problema, podemos comprender mejor cómo lo podemos solucionar. Usamos una secuencia que replica la de la construcción original de una casa —el cerebro— para diseñar un plan de *restauración/reforma*. Con las áreas problemáticas en mente, podemos proporcionar experiencias —tanto educativas como terapéuticas— que pongan en marcha y reorganicen los sistemas afectados por el abandono, la adversidad y el trauma. Tenemos una idea más clara de cómo seleccionar y secuenciar las experiencias terapéuticas, una mejor comprensión de qué podemos hacer para ayudar y cuándo debemos hacerlo.

Aún nos queda mucho que aprender, pero somos bastante optimistas. Cientos de miles de niños, jóvenes y adultos de más de veintiséis países se han beneficiado ya de servicios clínicos y pedagógicos basados en este enfoque del neurodesarrollo e informado sobre el trauma.

Recuerda a Mike Roseman. Cuando por fin iniciamos el enfoque *abajo-arriba*, que lo ayudó a regular sus redes reguladoras centrales sensibilizadas al trauma, se trataba de una versión beta del modelo neurosecuencial: abordar los problemas del cerebro en la secuencia adecuada y centrarse en las redes inferiores antes de pasar a los problemas de las regiones superiores.

Oprah: Regular, relacionar y, luego, razonar como tú dices.

Dr. Perry: Permíteme que te dé otro ejemplo, aún más detallado, de cómo funciona esto. Hace unos veinte años nos pidieron que viéramos a Susan, una niña de siete años que había sido adoptada cuando tenía dos; su comportamiento estaba abrumando a sus padres, a sus maestros y a sus terapeutas.

Cuando la adoptaron, a los dos años, Susan no hablaba y tenía problemas de sueño, *berrinches* prolongados, ausencias y conductas autolesivas, como rascarse la cara y arañarse la piel hasta que sangraba. A medida que fue creciendo, la atendieron fisioterapeutas, terapeutas ocupacionales, tutores, especialistas en salud mental de la escuela, maestros de refuerzo, pediatras especialistas en desarrollo, psicólogos y psiquiatras. Llevaban cinco años cambiando sus diagnósticos y tratamientos y la mejoría había sido mínima.

Al principio de su vida, Susan sufrió adversidades profundas y apenas tuvo conexiones relacionales. Muy probablemente, los *cimientos* de su casa eran débiles y frágiles. Era hija de una madre soltera con problemas de salud mental, a la que habían separado de sus propios padres cuando tenía cuatro años y que había pasado toda su infancia y adolescencia en una sucesión de hogares de acogida. Al cumplir los dieciocho años, quedó fuera del sistema y sola. Inmediatamente después se quedó embarazada, pero era incapaz de cuidar de Susan. El sistema de protección de menores le retiró a la niña cuando esta tenía cuatro meses y finalmente le quitaron la patria potestad. Susan pasó a estar bajo la tutela del Estado. El trauma transgeneracional de este tipo no es raro en muchos de los niños que dependen de los servicios de protección de menores de nuestro país.

Cuando separaron a Susan de su madre, estuvo en un centro de acogida durante dos meses. Luego pasó por tres casas de acogida hasta que, por fin, la adoptaron. Solo podemos imaginar su *visión del mundo* en relación con la seguridad y la fiabilidad de los adultos. El proceso de construcción de su casa sufrió interrupciones constantes; la instalación eléctrica, la plomería y la estructura se vieron afectados por un periodo de dos años de una activación impredecible, incontrolable y extrema de sus sistemas de respuesta al estrés. No es de extrañar que presentara los síntomas clásicos de un sistema disociativo sensibilizado. Como hemos visto, sus autolesiones eran un intento de regularse a sí misma. Cuando se encontraba ante un dolor o un distrés inevitables, se disociaba (de ahí sus crisis de ausencia). Y el elemento de activación de su respuesta al estrés también se sensibilizó (véase la figura 5): sus berrinches eran el equivalente infantil de la respuesta de huida o lucha. Era una niña aterrada, confundida y con retraso del desarrollo.

Parte del problema era que tanto el sistema educativo como el de salud mental —por no hablar de sus padres— veían a Susan como a una niña de siete años. Sin embargo, aunque cronológicamente tenía siete años, su desarrollo no era el de una niña de esa edad. Tenía las habilidades sociales de un bebé, las habilidades reguladoras de una niña de dos años y las habilidades cognitivas de una niña de tres. Sus padres, maestros y terapeutas insistían en intentar razonar con ella. Le explicaban las normas y trataban de averiguar *por qué* hacía todas esas cosas *malas*. Lo hacían lo mejor que podían, pero no entendían el funcionamiento dependiente del estado o las dificultades de desarrollo que se podían esperar dada la historia de Susan.

Nuestro modelo neurosecuencial nos permitió diseñar un plan terapéutico que comenzaba por los *cimientos*, es decir, las partes inferiores del cerebro de Susan. Tenía dificultades importantes de integración sensorial —no soportaba que la tocaran, la abrumaba que más de una persona hablara a la vez, no toleraba el contacto de ciertos tejidos sobre la piel, se enterraba bajo montones de almohadas, cobijas y más...—, así que empezamos por crear un conjunto de experiencias somatosensoriales predecibles y pautadas: cobijas pesadas, introducción gradual de masajes terapéuticos y una *dieta sensorial* enriquecida diseñada por un terapeuta ocupacional informado sobre el trauma. No nos centramos en los problemas de Susan con sus iguales, ni en su incapacidad para prestar atención en clase, ni en sus síntomas depresivos, ni en sus estallidos de rabia, ni siquiera en sus trastornos del habla. Seguimos una secuencia. Comenzamos por los sistemas inferiores, sabiendo que abordaríamos el resto de los problemas más adelante en el proceso de tratamiento.

Una parte clave del enfoque neurosecuencial es ayudar a los padres, a los maestros y a los clínicos a conocer la *etapa* y observar el *estado*. Es decir, queremos ayudarlos a que aprendan cuáles son las capacidades reales de desarrollo del niño: su etapa real, y no la de su edad. Y queremos ayudarlos a que tomen conciencia de la dependencia del estado del niño. Los animamos a que se pregunten: «¿Está este niño en un estado en el que puede *escuchar* eficazmente lo que le estoy tratando de decir o enseñar?».

Es sorprendente la frecuencia con la que obviamos esta pregunta. Como comentamos, si el niño está demasiado desregulado, no estará abierto a ningún aprendizaje o experiencia nuevos. Y si seguimos esperando que el niño preste atención, se concentre y aprenda, estaremos erosionando la sensación de seguridad que pueda tener con nosotros. Dañaremos el vínculo empático que nos une, del que depende cualquier posibilidad de cambio. Así que cuando el niño se encuentra en un estado en el que no puede aprender, nos tenemos que olvidar de *enseñar*, de *entrenar* y de *razonar*. Debemos centrarnos en estar presentes y en regularnos si notamos que nos empezamos a sentir frustrados, ofendidos o enojados porque no nos hace caso. Si damos un paso atrás y nos calmamos, podremos acceder a nuestra corteza cerebral para recordar cómo podemos ayudar al niño a regularse. Y la relación sobrevive, de modo que le podremos enseñar otro día.

Trabajamos con Susan durante cuatro años. Su progreso fue lento, pero constante. Las técnicas terapéuticas principales fueron evolucionando: de somatosensoriales a rítmicas y reguladoras (incluyendo el trabajo con un perro de terapia), a relacionales y, finalmente, a principalmente cognitivas (como la terapia cognitivo-conductual centrada en el trauma). Lo más fascinante es que acabamos usando muchos de los mismos métodos terapéuticos que habían fracasado anteriormente. No había nada intrínsecamente *malo* en los métodos anteriores, simplemente se habían aplicado en un momento en el que Susan no se podía beneficiar de ellos. Neurosecuencial. Lo importante es la secuencia. El cerebro se desarrolla, procesa la información sensorial entrante y se cura siguiendo una secuencia.

Al final del proceso terapéutico, Susan estaba en un salón normal y en el curso que le correspondía por edad; tenía algunos amigos y ya no presentaba conductas explosivas ni se autolesionaba. Había adoptado formas de regulación disociativa más saludables y aceptables socialmente: la lectura, el arte y el teatro. Estaba desarrollando su capacidad para ser amable y compasiva. Sus padres ya no estaban agotados y quemados.

Oprah: Y la lección es que no importa lo que haya pasado, tenemos la oportunidad de cambiar el guion.

Dr. Perry: Exactamente. Nunca es demasiado tarde. Curarse es posible. La clave reside en saber por dónde empezar el proceso. Y en adaptarse a las necesidades de desarrollo de la persona.

Oprah: Recuerdo una conversación con Belinda Pittman-McGee, que dirige el centro Nia Imani, en Milwaukee, un centro de acogida de transición a largo plazo para mujeres jóvenes sin hogar que están embarazadas o tienen niños pequeños. Me explicó que, con frecuencia, las mujeres llegan al centro con trastornos conductuales como la irritabilidad o la incapacidad de mantener un trabajo, el tipo de cosas que pueden aparecer cuando se crece en un entorno traumático. Cuando les empieza a hablar del trauma, me decía que comienzan a entender que sus dificultades con las emociones y los comportamientos inadecuados tienen que ver con *lo que les pasó*. Darse cuenta de esto puede ser verdaderamente transformador para personas que se han etiquetado a sí mismas como malas o estúpidas y que creen que ese es su destino.

Dr. Perry: No puedes imaginarte cuántas personas se sienten increíblemente aliviadas cuando se les explica cómo funciona su cerebro y por qué funciona del modo en que lo hace. No les damos una etiqueta psiquiátrica. Solo les decimos que esa es la manera en que se han organizado y que es lo esperable teniendo en cuenta *lo que les pasó*. Entonces, los ayudamos a entender que el cerebro es maleable, *plástico* y susceptible de cambio. Y juntos elaboramos un plan que ayude a cambiar algunos de los sistemas que parecen estar causándoles problemas.

Oprah: Es reconocer que «Lo que pasé hizo que tenga este tipo de sentimientos. No soy la única. Y tiene sentido». Tiene sentido que si eres una mujer agotada con tres o cuatro hijos y una historia de trauma, tengas dificultades para cargar sola con todas las responsabilidades. La salud se ve afectada de maneras de las que ni siquiera somos conscientes.

Y, entonces, descubres que el motivo por el que te sientes tan sobrepasada es que no has encontrado una buena manera de regularte. Por eso es tan importante cuidar de una misma. Si no sabemos regularnos, ¿cómo podemos criar a nuestros hijos o trabajar de un modo eficaz?

Dr. Perry: Esto es importantísimo. Muchas veces nos piden que ayudemos a niños y jóvenes que han sufrido maltrato o han vivido experiencias traumáticas, o que asistamos a una comunidad tras un acontecimiento traumático. Y cuando les digo que necesito trabajar también con los adultos, se quedan desconcertados. Pero si los adultos que conviven, enseñan y tratan a esos niños no están regulados, no podrán estar plenamente presentes de un modo compasivo y regulado. Son esos momentos de presencia plena los que regulan, reconfortan y curan a los niños. Si ayudamos a los niños, pero no atendemos las necesidades de los adultos, nuestro trabajo tendrá un efecto escaso. Este es uno de los principios básicos de cualquier enfoque informado sobre el trauma: hay que ayudar a los adultos que trabajarán en primera línea con los niños y los jóvenes.

Este cambio de enfoque es un reto para algunos de nuestros sistemas. Por ejemplo, en el sistema de salud mental infantil, el *paciente* es el niño. El modelo económico del sistema no acostumbra a incluir pagar a un profesional para que pase tiempo con el maestro, el entrenador o ni siquiera los padres del niño. Esta es una perspectiva corta de miras. Sabemos que un adulto desregulado no puede regular a un niño desregulado. Un adulto agotado, frustrado y desregulado no puede regular a nadie.

Tal y como dijiste antes, si no nos cuidamos, no seremos eficaces en nuestro papel de maestros, de líderes, de supervisores, de padres, de entrenadores, ni en ningún otro. El autocuidado es fundamental. Por desgracia, muchas personas se sienten culpables cuando cuidan de sí mismas; ven el autocuidado como algo egoísta. No es egoísta, es esencial. Recuerda: la herramienta más importante que tienes para ayudar a otros a cambiar —ya seas padre o madre, maestro, entrenador, terapeuta o amigo— eres *tú*. Las relaciones son la moneda de cambio.

Oprah: Tenemos que cuidar de nosotros mismos para poder estar presentes. Y esto es especialmente importante si tenemos en cuenta que muchos de nosotros cargamos con traumas o adversidades pasadas. Yo no sería quien soy sin mi trauma. Así que lo asumo. Lo reivindico. Y, al hacerlo, creo que he encontrado la manera de ponerlo al servicio de los demás. Empatía, compasión y perdón. Todo ello forma parte de la práctica que me hace avanzar en cada decisión o encuentro de mi vida.

Dr. Perry: Sí, y esto nos lleva de nuevo a la sabiduría postraumática. Cuando hemos experimentado la adversidad, podemos llegar a un punto en la vida en que somos capaces de mirar atrás, reflexionar, aprender y crecer a partir de la experiencia. Creo que es muy difícil entender a la humanidad a no ser que se sepa algo acerca de la adversidad. La adversidad, las dificultades, las decepciones, la pérdida, el trauma…, todo ello puede contribuir a la capacidad de ser ampliamente empáticos, de llegar a ser sabios. En cierto modo, el trauma y la adversidad son regalos. Lo que hagamos con ellos depende de cada uno.

Oprah: Es muy interesante que digas eso. Cuando era pequeña, quería vivir como en *Leave It to Beaver*, tener la perfecta familia americana. Esa era mi idea de lo que debía ser una familia. Leche y galletas en casa, mamá y papá juntos, el paquete completo. Sin embargo, no me hubiera convertido en el ser humano evolucionado en el que aún me estoy convirtiendo si lo hubiera tenido todo a mi disposición o si hubiera tenido todo lo que quería en el momento en el que lo quería.

Dr. Perry: Pienso lo mismo. De todos modos, también es cierto que esa sabiduría puede salir muy cara. Y, para muchas personas, el dolor no desaparece jamás. Los sabios aprenden a llevar su carga con elegancia, con frecuencia para proteger a otros de la intensidad emocional de su dolor.

Oprah: Esto me recuerda a Anthony Ray Hinton, el hombre que pasó treinta años en el corredor de la muerte por un crimen que no había cometido. Durante los primeros tres años de su condena, no pronunció ni una sola palabra. Estaba tan deprimido y desesperado que sentía que Dios le había arrebatado la voz. Sobrevivió gracias a su capacidad para disociarse. Recurrió a su imaginación y se ofreció a sí mismo experiencias de todo tipo. Jugó en Wimbledon y ganó en cinco ocasiones. Jugó en la NBA, conoció a la reina de Inglaterra, se casó con Halle Berry... y lo hizo todo en su mente.

Dr. Perry: Fue capaz de usar su superpoder disociativo para protegerse del dolor incontrolable e inevitable de su encarcelamiento.

Oprah: Y luego encontró la manera de convertirlo en algo bueno: la sabiduría y la elegancia de las que estabas hablando. Cuando empezó a conectar con los otros reclusos del corredor de la muerte, convenció al alcaide para que le permitiera organizar un club de lectura. Pensaba que los demás no sabían cómo viajar mentalmente, como hacía él, pero que los libros podrían ayudarlos a hacerlo. Quería que tuvieran una manera de empezar a curarse, tal y como había hecho él.

Durante nuestras múltiples conversaciones, he mencionado varias veces un programa que hice con Iyanla Vanzant hace ya años. Ella dijo que hasta que no cures las heridas del pasado, seguirás sangrando. Las heridas sangrarán y mancharán tu vida, con el alcohol, las drogas, el sexo, el exceso de trabajo... Hay que tener el valor de exponer la herida y empezar a curarla.

Esta es la lección que espero que todo el mundo saque de nuestras conversaciones. Tenemos que comprender y curar las heridas del pasado antes de poder seguir avanzando.

Dr. Perry: No puedo evitar pensar que esto también es válido para una sociedad, no solo para un individuo. ¿Cómo puede nuestra sociedad avanzar hacia un futuro más humano, socialmente justo, creativo y productivo si no se enfrenta antes a su trauma histórico colectivo? Tanto el trauma vivido com el infligido. Si realmente queremos comprendernos a nosotros mismos, tenemos que entender nuestra historia, nuestra verdadera historia. Porque el residuo emocional de nuestro pasado nos persigue.

Oprah: Pero eso no puede suceder hasta que haya un punto de inflexión en la conciencia: la conciencia de lo que nos hemos hecho a nosotros mismos como seres humanos, de cuál es la verdadera condición humana, de lo que nos ha hecho el trauma. Será entonces cuando nos demos cuenta de que tenemos que hacer algo distinto.

Dr. Perry: Los elementos básicos son la conciencia sumada a la conexión. Juntos, pueden generar una comunidad informada sobre el trauma.

Oprah: Creo que eso es lo que de verdad necesita el mundo en este momento. La verdadera compasión se da cuando eres capaz de ver realmente a otra persona, y ofrecer tu compasión a otro ser humano cambia la naturaleza de nuestras relaciones, de nuestras comunidades y de nuestro mundo. El reconocimiento de un ser humano por parte de otro ser humano es lo que nos une. Preguntar *¿Qué te pasó?* amplía la conexión humana.

Dr. Perry: Es fácil sentirse desalentado y abrumado por los numerosos problemas de nuestra sociedad, desmoralizado por las desigualdades, las adversidades y los traumas que están demasiado presentes en nuestro mundo. Sin embargo, si estudiamos la historia, veremos que la trayectoria global de la humanidad es positiva. El mundo está lleno de personas amables, capaces y creativas. Somos una especie curiosa. Continuaremos descubriendo, inventando y aprendiendo. Podemos hacer de nuestro mundo un lugar seguro, más justo y humano para todos.

EPÍLOGO

El joven estaba en la alberca con el agua hasta la cintura mientras dirigía una sesión de gimnasia acuática para mayores. Llevaba una camiseta azul con el logo de la residencia de ancianos, un silbato colgado de un cordón y una etiqueta con su nombre en letras grandes. Aunque no alcanzaba a leerlo, sabía quién era: Jesse, el joven del capítulo 3. La última vez que lo había visto, hacía diez años, estaba inconsciente en una cama de hospital.

Observé por la ventana cómo Jesse dirigía con entusiasmo a ocho miembros de la residencia para que siguieran los movimientos. Iba de uno a otro, sonriendo, corrigiendo sus posturas, ayudando con suavidad a una señora a mover el hombro... Era evidente que se sentían cómodos con él y que él se sentía cómodo con ellos. Se divertía. Se divertían. Formaba parte del grupo.

La primera vez que evalué a Jesse fue por una interconsulta solicitada por el equipo clínico de otro estado. Tras la evaluación inicial en persona, que llevamos a cabo cuando Jesse aún estaba en coma, hice un seguimiento de su progreso y asesoré a distancia a su equipo. Jesse se despertó aproximadamente un mes después. Aunque al principio presentaba señales de daño cerebral grave, poco a poco fue recuperando toda su funcionalidad, a excepción de algunos aspectos de su memoria a largo plazo, especialmente en lo relativo a la memoria narrativa. La memoria autobiográfica de su vida antes del coma se componía de fragmentos desorganizados. Cuando se le preguntaba acerca de personas, lugares y acontecimientos, le resultaba imposible recordar. El equipo de neurología creía que era una consecuencia de su lesión cerebral. Por mi parte, que había visto múltiples casos de amnesia postraumática, no estaba tan seguro. Mi recomendación fue que de momento se dejara pasar. Que hiciéramos que volviera a caminar, a hablar, a moverse y a socializar. Podíamos hacer un seguimiento de su memoria y centrarnos en las habilidades de la memoria a corto plazo. Lo más importante era que lo lleváramos a un lugar seguro, estable y afectuoso por primera vez en su vida.

Al principio, Jesse necesitaba un centro que pudiera atender necesidades especiales debido a su plan de rehabilitación. La trabajadora social del equipo, que era mucho más inteligente que yo, sugirió que lo ingresáramos en una comunidad local para jubilados que ofrecía distintas clases de alojamiento residencial, desde departamentos independientes o habitaciones individuales tipo residencia, a habitaciones más tradicionales para personas en rehabilitación con necesidades especiales. A varios de los responsables de la comunidad se les daba una vivienda allí como parte de su remuneración, y la pareja de la trabajadora social era uno de ellos. Los dos vivían juntos en el campus de la comunidad de jubilados y accedieron a acoger *a Jesse. Era una verdadera comunidad, con varios edificios, un jardín, gimnasio con alberca y sala de ejercicios, biblioteca, peluquería, varios comedores y una cafetería. Era el lugar ideal.*

Jesse fue trasladado allí y fue aceptado al instante por el personal y por los residentes. Aunque al principio recibía educación *en casa, al cabo de un año ya podía ir caminando hasta la escuela pública. Era capaz de asimilar el contenido académico y no tenía problemas de comportamiento ni en la escuela ni en la residencia. Sin embargo, aunque entabló algunas amistades, no se sentía demasiado próximo ni cómodo con sus iguales; les caía bien a todos, pero no acababa de intimar con ninguno. Sus mejores relaciones eran las que mantenía con sus padres de acogida y con los residentes ancianos. Empezó a trabajar como auxiliar de transporte y ayudaba a los residentes a moverse por el complejo y a desplazarse a las distintas citas que tenían en la comunidad. Aprendió a manejar. A los dieciocho años, le permitieron mudarse a uno de los departamentos independientes, justo al lado de sus padres de acogida. Se graduó de la escuela. Ahora, a los veintitrés años, era legalmente independiente, pero seguía vinculado a sus padres de acogida, que lo consideraban parte de la familia. Estudiaba a tiempo parcial en un centro de formación, centrándose en las clases de educación física con la intención de convertirse en*

EPÍLOGO

fisioterapeuta. En la comunidad de jubilados había ascendido al cargo de subdirector de ocio, y el alojamiento y la comida formaban parte de su remuneración. Había encontrado su hogar seguro, estable y afectuoso. Miles y miles de momentos terapéuticos no estructurados en su comunidad lo habían ayudado a curarse.

De vez en cuando, me ponía en contacto con mis colegas para que me pusieran al día. Aún me preguntaba qué habría pasado con la memoria de Jesse. Había tenido una infancia horrible: maltrato en múltiples formas, traición relacional, abandono y una humillación inenarrable. Sin embargo, una vez recuperado de la lesión cerebral, no se mostraba impulsivo, agresivo, distraído ni hostil. Aunque presentaba reactividad fisiológica ante determinados estímulos evocadores, no tenía trastorno de estrés postraumático ni otros síntomas fácilmente observables relacionados con el trauma. Su funcionamiento emocional y conductual nunca llevó a que el mundo adulto —o él mismo— buscara ayuda para su salud mental.

Su neurólogo era el doctor Anderson, que había trabajado con Jesse durante todos esos años. Tenía previsto viajar a la ciudad, así que lo llamé para preguntarle cómo estaba Jesse. Me sugirió que lo viera por mí mismo y le preguntó a Jesse si estaría dispuesto a almorzar conmigo.

—No te acordarás, Jesse —le dije cuando nos vimos—, pero soy uno de los médicos que trabajó con el doctor Anderson cuando sufriste el traumatismo craneal. Gracias por acceder a reunirte conmigo.

Sonrió y me tendió la mano.

—Bueno, gracias por haberme ayudado entonces.

Fuimos hasta la cafetería-comedor, hicimos fila para pedir la comida y nos sentamos. Hablamos de cosas intrascendentes. Me preguntó por Texas y yo le pregunté por sus estudios. Y así seguimos hasta que me preguntó, educadamente:

—¿Viniste aquí para analizarme?

—No, para eso tendrías que pagarme —bromeé.

Sonrió. Nos miramos, ambos plenamente presentes en un momento de conexión silenciosa.

—De todos modos, sí que tengo curiosidad por saber cómo va tu memoria.

El rostro se le entristeció lentamente. Se quedó contemplando un lugar lleno de algún recuerdo doloroso. Dejé que los sonidos de la cafetería llenaran el momento.

Una señora mayor se acercó y besó a Jesse en la frente.

—Gracias por las flores —le dijo—. Me han alegrado el día.

El gesto interrumpió su contemplación y reapareció el Jesse animado y sonriente.

—Sabía que te gustarían. ¿Qué te parece si esta tarde salimos al jardín y tomamos más?

Mientras la mujer se alejaba, Jesse parecía avergonzado. No por la interacción, sino por su anterior momento de tristeza.

—Cuando te estabas recuperando de tu lesión en la cabeza, el doctor Anderson dijo que no recordabas nada de tu infancia —comencé.

Jesse se encogió de hombros.

—No me gusta pensar en nada de eso.

—Si no quieres, no tenemos por qué hablar de ello.

—No pasa nada. Es solo que no me gusta pensar en ello y tampoco quiero molestar a nadie.

—Lo entiendo. Seguramente ya sepas que trabajo con muchas personas, tanto niños como adultos, que han pasado por experiencias vitales terribles. Y cada una de ellas me ha ayudado a entender mejor cómo puedo ayudar a otros. Así que, cuando estés preparado, me encantaría aprender de ti. —Mientras le hablaba, me observaba atentamente—. Tuviste un comienzo muy difícil en la vida, Jesse. Y ahora estás aquí, después de todo lo que pasaste, estudiando, con un buen trabajo, con muchas relaciones fantásticas, y pareces bastante feliz. Creo que me podrías enseñar mucho.

—A veces me cuesta dormir. —Asentí con la cabeza—. Pero entonces me levanto y hago ejercicio o salgo a correr. Me ayuda *mucho. Y si hay demasiada gente, me pongo muy nervioso. Si estoy fuera durante demasiado tiempo, necesito volver a casa.*

—Pero aquí siempre estás rodeado de gente, Jesse.

—Sí, cierto. Bueno, lo que quiero decir es que no me gusta estar rodeado de gente joven, de niños. Demasiado ruido, demasiado barullo.

En ese momento, me di cuenta de que muchas de sus señales evocadoras procedían del catálogo de estímulos sensoriales de los niños y la infancia. Las voces de los niños, los olores, los juegos, los dibujos animados, los alimentos...: su infancia estuvo tan impregnada de la sensación de peligro que su cerebro, en su intento por dar sentido al mundo, asociaba casi todo lo que había en su pequeño y violento mundo con una amenaza. Sin embargo, su nueva vida, su reinicio, transcurría en un mundo de ancianos. La residencia estaba llena de experiencias sensoriales totalmente distintas a las de un salón lleno de niños o a un hogar para jóvenes. El tipo y la velocidad de los movimientos, el tono de las voces, los olores, las imágenes, los horarios, la música, las preferencias televisivas..., todo era distinto. Las interacciones relacionales también eran diferentes, más paralelas y menos evocadoras que las de su infancia. La ubicación había sido una genialidad aún mayor de lo que había pensado al principio. En este entorno había muchos menos estímulos evocadores que pudieran desregular a Jesse. Aquí pudo tener experiencias más moderadas, predecibles y controlables. Tenía más control sobre las interacciones; empujaba a los ancianos en sillas de ruedas, dependían de él. Con el tiempo, pudo construir todo un nuevo catálogo de experiencias seguras y familiares que proporcionó la base para su recuperación. Y los miles de interacciones positivas y sanadoras que se produjeron a lo largo de esos diez años de existencia estable lo fortalecieron.

—Entonces, ¿la pérdida de memoria...? —pregunté.

Me miró con una leve sonrisa agridulce.

—Lo recuerdo prácticamente todo.

¿QUÉ TE PASÓ?

—Me lo suponía. Una de las cosas que he aprendido con los años es que lo que te pasó no desaparece. Esas experiencias de la infancia te pueden afectar de muchas maneras. Y siempre hay formas de ayudar a las personas a sanar. Así que si alguno de tus recuerdos te perturba o te sientes confundido o alterado, no dudes en avisarme. Hay maneras de ayudar a que el trauma sea más fácil de llevar—. Le di mi tarjeta.

Cuando terminamos de comer, un grupo de mujeres mayores se lo llevó a la siguiente sesión de gimnasia, una clase de zumba adaptada a la tercera edad. Mientras se alejaba por el pasillo, miró mi tarjeta, se giró para despedirse y se fue bailando.

Aún hablamos un par de veces al año. Jesse está bien. Y los dos seguimos aprendiendo.

Dr. Perry

EPÍLOGO

Mi madre, Vernita Lee, falleció el 22 de noviembre de 2018.

Nuestra relación fue conflictiva hasta el final.

Lo cierto es que no se empezó a interesar de verdad por mí hasta que me hice famosa. Me resultaba difícil decidir cómo cuidar de ella. ¿Qué le debía a la mujer que me dio la vida? La Biblia dice: «Honra a tu padre y a tu madre», pero ¿qué significa eso en realidad?

Decidí que una de las maneras de honrarla era cuidar de ella económicamente. Siempre me aseguré de que tuviera todo lo que necesitaba para vivir con comodidad, pero nunca hubo una conexión real entre nosotras. Creo que los espectadores que me veían por televisión me conocían mejor que mi madre.

Cuando su salud se empezó a deteriorar hace unos años, me di cuenta de que me tenía que preparar para su muerte. Unos días antes del Día de Acción de Gracias, mi hermana Patricia me llamó para decirme que creía que había llegado el momento. Volé a Milwaukee.

Permanecí sentada junto a mi madre durante horas en una habitación que le gustaba mantener a unos 26 °C. Vimos repetidamente episodios del programa de concursos de Steve Harvey y de la serie One Live to Live. Intenté pensar en algo que decir. Llegué incluso a leer el folleto que nos había entregado el centro de cuidados paliativos. Mientras leía sus consejos, no podía dejar de pensar en lo triste que era que yo, Oprah Winfrey, que había entrevistado a miles de personas, tuviera que leer un folleto para saber qué decirle a mi propia madre.

Cuando por fin llegó la hora de irme, algo me dijo que sería la última vez que la vería. Sin embargo, cuando me levanté, aún no había encontrado las palabras. Solo pude decir: «Hasta luego, nos vemos». Y me fui, irónicamente, a dar una plática.

Esa misma noche, durante el vuelo de regreso a casa, la vocecita de mi cabeza me susurró de pronto algo que en mi corazón sabía que no era cierto: «Te vas a arrepentir de esto. No has terminado el trabajo». En ese momento, me sentí como una hipócrita. Si me hubiera encontrado con alguien en mi situación, le habría dicho: «Vuelve y dile lo que debes decir».

Así que di media vuelta y volví a Milwaukee.

Me pasé otro día en aquella calurosa habitación, pero las palabras seguían sin llegar.

Esa noche recé pidiendo ayuda. A la mañana siguiente, medité. A punto ya de salir por la puerta, tomé el celular y me fijé en la canción que estaba sonando: Mahalia Jackson cantando Precious Lord. Si tenía que recibir una señal, era esa. No tengo ni idea de cómo Mahalia Jackson llegó a mi lista de reproducción. Mientras escuchaba la letra —«Amado Dios, dame la mano / guíame, ayúdame a levantarme / estoy cansada, no tengo fuerzas, estoy agotada / llévame a la luz. Dame la mano»—, de repente supe lo que tenía que hacer.

Cuando entré en la habitación de mi madre, le pregunté si quería escuchar la canción. Asintió. Entonces tuve otra idea: llamé a mi amigo Wintley Phipps, predicador y cantante de góspel, y le pedí que le cantara Precious Lord a mi madre moribunda. Desde su mesa de desayuno y por FaceTime, cantó la canción a capela y rezó para que nuestra familia «no tuviera miedo, solo paz».

Vi que mi madre se había emocionado. La canción y la oración habían creado una especie de abertura para ambas.

Empecé a hablar con ella, de su vida, de sus sueños y de mí.

Las palabras habían llegado por fin.

—Tuvo que ser duro para ti. Sin haber ido a la escuela, sin ninguna profesión, sin saber qué te deparía el futuro cuando quedaste embarazada. Estoy segura de que mucha gente te dijo que lo mejor sería deshacerte del bebé —dije.

Asintió.

—Pero no lo hiciste —proseguí—. Y te quiero dar las gracias por haber tenido a ese bebé. —Me detuve un instante—. Sé que hubo muchas ocasiones en las que no sabías qué hacer. Lo hiciste lo mejor que pudiste, y me parece bien. No pasa nada. Así que ahora puedes irte sabiendo que todo está bien. Todo está bien en mi alma. Hace mucho tiempo que todo está bien.

EPÍLOGO

Fue un momento sagrado y hermoso, uno de los momentos de mi vida de los que me siento más orgullosa. Ya de adulta, había aprendido a ver a mi madre con otros ojos, no como la madre que no me cuidaba, ni me protegía, ni me quería ni entendía nada de mí, sino como una chica muy joven, aún casi una niña, asustada, sola y sin las herramientas necesarias para ser una madre afectuosa.

Hacía años que la había perdonado por no ser la madre que necesitaba, pero ella no lo sabía. Creo que en nuestros últimos momentos juntas pude liberarla de la vergüenza y de la culpa por el pasado.

Volví y terminé el trabajo que quedaba por hacer.

Perdonar es renunciar a la idea de que el pasado podría haber sido distinto. Pero no podemos avanzar si nos seguimos aferrando al dolor de ese pasado. Todos los que hemos quedado rotos y marcados por un trauma tenemos la oportunidad de transformar esas experiencias en eso de lo que el doctor Perry y yo hemos estado hablando: en sabiduría postraumática.

Perdónate, perdónales. Sal de tu historia y emprende el camino hacia tu futuro.

Mi amigo, el poeta Mark Nepo, dice que el dolor es necesario para conocer la verdad.

Pero no es necesario mantener vivo el dolor para que la verdad siga viva.

Me reconcilié con mi madre cuando dejé de compararla con la madre que hubiera deseado tener. Cuando dejé de aferrarme a lo que debería o podría haber sido y me centré en lo que era y en lo que podía llegar a ser.

Porque si de algo estoy segura es de que todo lo que te pasó también estaba pasando para ti. Y, durante todo ese tiempo, durante todos esos momentos, te ibas fortaleciendo.

Fuerza por fuerza por fuerza es igual a poder.

Lo que te pasó puede ser tu poder.

Oprah

RECURSOS

Esperamos que este libro te haya llevado a reflexionar acerca de cómo te entiendes a ti mismo y a los demás y que hayamos despertado tu interés. El alcance de los temas relacionados con el trauma es amplísimo, y las consecuencias de la adversidad en el desarrollo son omnipresentes y profundas. Evidentemente, nuestro libro no habría podido abarcarlas todas; si quieres saber más, aquí encontrarás algunos buenos puntos de partida.

LECTURAS RECOMENDADAS

El chico a quien criaron como perro y otras historias del cuaderno de un psiquiatra infantil
Bruce D. Perry y Maia Szalavitz
Este libro, publicado por primera vez en 2006 y revisado y actualizado en 2017, sigue la evolución del trabajo del doctor Perry con niños y jóvenes afectados por el abandono, el trauma y la adversidad en la infancia. Es un complemento excelente para este libro y profundiza en algunos de los conceptos principales que se abordan en *¿Qué te pasó?*

El cuerpo lleva la cuenta: cerebro, mente y cuerpo en la superación del trauma
Bessel van der Kolk
El doctor Van der Kolk es un pionero e innovador en el campo del trauma. Este clásico, publicado en 2014, describe el desarrollo de su investigación, su enfoque terapéutico y su pensamiento acerca de los complejos efectos del trauma en el cerebro, la mente y el cuerpo.

Born for Love: Why Empathy Is Essential—and Endangered
Maia Szalavitz y Bruce D. Perry
Publicado en 2010, este libro se vale de historias y de ejemplos de casos para ilustrar la importancia fundamental de la empatía —y del amor— en el desarrollo y en la salud. Los autores destacan la importancia de ser conscientes de los cambios de la conexión social en el mundo moderno y abordan muchos de los temas sobre la *conexión* que se tratan en *¿Qué te pasó?*

Juntos: El poder de la conexión humana
Vivek H. Murthy
En este libro publicado en 2020, Vivek H. Murthy, cirujano general de los Estados Unidos en las administraciones de Obama y Biden, aborda la importancia de la conexión humana y el efecto de la soledad sobre nuestra salud física y emocional. Estos temas se tratan en muchas de las conversaciones de *¿Qué te pasó?* y *Born for Love*, pero Murthy, como líder de la profesión médica, los examina desde una perspectiva única y muy valiosa.

El pozo más profundo: sanar los efectos a largo plazo de las experiencias infantiles adversas
Nadine Burke Harris
Publicado en 2018, el libro describe cómo la doctora Harris, la primera cirujana general del estado de California, descubrió los estudios de 1998 sobre las experiencias infantiles adversas y las correlaciones entre el trauma infantil y el riesgo de desarrollar problemas de salud físicos que estos estudios documentaban. Y aún más importante, defiende cambios en la atención sanitaria que ayuden a identificar, prevenir y corregir el efecto de las experiencias infantiles adversas en la salud.

PARA SABER MÁS ACERCA DE

EL CEREBRO Y LA NEUROCIENCIA:

BrainFacts.org: es el recurso más fiable, preciso y accesible para cualquier persona interesada en el cerebro. Es una iniciativa de información pública surgida de la colaboración entre la Society for Neuroscience, la Kavli Foundation y la Gatsby Charitable Foundation. Contiene materiales para educadores, alumnos y profesionales y es un punto de partida magnífico para empezar a profundizar en el estudio del cerebro.

PREVENCIÓN DEL MALTRATO Y APOYO A LAS FAMILIAS:

Prevent Child Abuse America (preventchildabuse.org): es la mayor y más antigua organización de Estados Unidos dedicada a la prevención. Es un buen punto de partida para aprender acerca de innovadores programas de apoyo a las familias que han mostrado su eficacia para reducir el maltrato y el abandono.

EXPERIENCIAS ADVERSAS EN LA INFANCIA (ACE):

Sección de Experiencias Adversas en la Niñez de la División de Prevención de la Violencia de los CDC (https://www.cdc.gov/violenceprevention/aces/index.html): este sitio es un tesoro de recursos educativos, artículos de investigación e implicaciones políticas asociadas a las experiencias adversas en la infancia. Es la fuente más fiable de información precisa sobre las experiencias adversas en la infancia.

EL MODELO NEUROSECUENCIAL Y EL TRABAJO DEL DR. PERRY:

The Neurosequential Network (Neurosequential.com): este sitio presenta la investigación, los programas clínicos y otras actividades educativas de la Neurosequential Network (una comunidad de práctica que abarca veintiocho países y docenas de disciplinas).

Visita **_WhatHappenedtoYouBook.com_** para conseguir la lista completa de las publicaciones citadas en este libro y muchos más recursos sobre el trauma, la resiliencia y la curación.

CRÉDITOS Y AGRADECIMIENTOS

Los autores queremos manifestar nuestro agradecimiento a todos los niños, jóvenes y adultos que han compartido sus vidas con nosotros. Sus historias son regalos de vulnerabilidad y de valentía. Escribir un libro es un esfuerzo de máxima colaboración. Queremos dar las gracias a las muchas personas de Harpo, Flatiron, Melcher Media, la Neurosequential Network y otros que han entregado su tiempo, su energía y su creatividad para ayudar con este libro. Queremos expresar un agradecimiento especial a Jenna Kostelnik Utley, Bryn Clark y Lauren Nathan por liderar el proyecto. El equipo directivo de la Neurosequential Network —Jana Rosenfelt, Emily Perry, Diane Vines, Steve Graner, Erin Hambrick y Kristie Brandt— merece un reconocimiento especial por la calidad y el desarrollo de gran parte del trabajo del doctor Perry que aparece plasmado en este libro.